江村八十年

费孝通与一个江南村落的民族志追溯

王莎莎 著

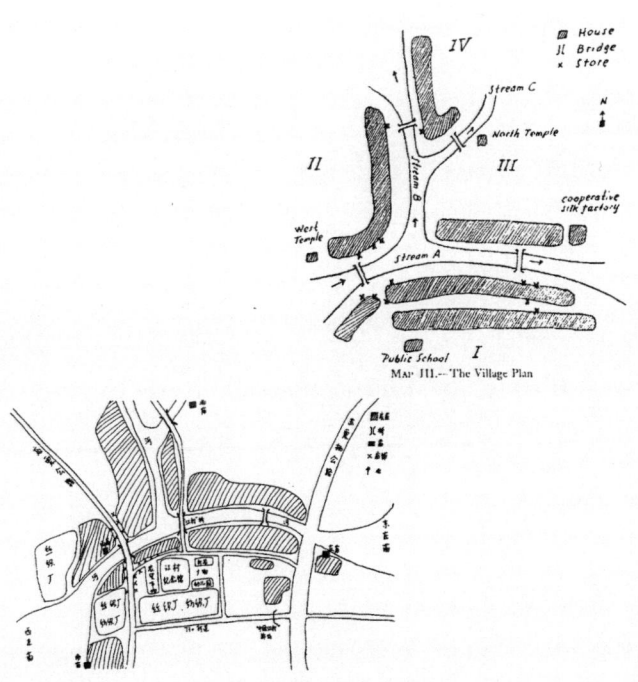

学苑出版社

▶ 村口的"中国江村"牌楼

◀ 传统与现代的交接

▶ 作者2013年在江村费孝通费达生纪念馆

◀ "拜阿太"仪式

▶ 东庙烧香塔

◀ "请上祖"仪式

▶ 村民一起做糕

◀ 在江村仪式活动中扮演重要角色的蹄髈

▶ 熏青豆

◀ 村里越来越多的新别墅

▶ 乡村企业中现代化的电脑织机

◀ 家户中自行生产的家庭小工业

目录

序　言　八十年后的江村重访 / 001

第一章　江村作为一种研究范式 / 001
一、江村研究与中国社会 / 004
二、费孝通对利奇的回应：江村研究的时空扩展 / 006
三、从江村研究到文化自觉 / 009
四、江村研究谱系的书写 / 016
五、人类学回访：社会变迁研究的理论与方法 / 099

第二章　江村概况 / 105
一、村落空间的形塑 / 108
二、居住空间的变化 / 111
三、乡村工厂 / 117
四、家族与姓氏 / 119
五、饮食生活 / 121

第三章　家庭、婚姻与亲属关系 / 125
一、家庭结构的变迁 / 128
二、"两头婚"的发明 / 133
三、亲属关系与娘舅权威 / 140

第四章　经济生活：生计方式的变迁 / 145

一、农工相辅的集体记忆 / 150

二、乡村工业的兴起历程 / 151

三、苏南模式的兴衰 / 152

四、成为赚取工资的人 / 157

五、互惠与资本 / 160

六、信任与借贷 / 164

七、网络时代的生计方式 / 166

第五章　仪式象征：习俗与信仰的延续 / 175

一、人生仪礼 / 177

二、周期性节日及习俗 / 195

三、请上祖仪式 / 198

四、民间信仰 / 200

第六章　江村记忆的空间表达 / 215

一、费孝通、费达生纪念馆的建造 / 219

二、村落记忆的影像留存 / 222

三、物的记忆：江村历史文化博物馆 / 225

四、江村记忆的空间书写 / 227

第七章　结语 / 237

参考文献 / 245

附录1　《吴江报》(后《吴江日报》)对费孝通来访的报道 / 257

附录2　吴江县老县长于孟达谈费孝通 / 285

附录3　《吴江县庙港公社开弦弓村接待外宾情况汇报》
　　　　（1981年）/ 300

后记 / 305

序 言
八十年后的江村重访

对人类学而言，重访研究是一种方法，它是对人类学家曾经做过详尽田野调查的地方社会的再一次的深入调查，它的核心在于时间轴意义上对于社会与文化变迁的觉察、体验和了悟。换言之，凭借这种调查，可以深度地揭露在时间意义上的某个固定地点所产生的种种变化，由此为人类学的定点研究提供一种时间脉络上可以持续追溯的线索，注意到社会的变化如何体现在一个小地方的实实在在的改变。[1]在这方面，重访是最为容易去开展的一种体现人类学历史关怀的方法，这个历史很显然不是宏大话语下的补充性的案例，更不是超越了事件发生顺序的抽象意义的结构性的大历史的时间，而是能够真正感受到时间存在的一种事件发生的序列。这种序列之中隐含着一种变与不变的辩证法。这种辩证法为人类学的独特性的知识生产提供了一种可行性框架，从中可以窥视到人自身所处社会的改变乃至巨变。

江村便是这样一个地方，在距离江南重镇吴江县十几公里的七都镇的开弦弓村，一个由中国著名的人类学家、社会学家及民族学家费孝通所最早从事人类学田野调查的地方，人类学重访的方法得到了一种真正的贯彻和体现。费孝通作为人类学家的最初的最为完整的训练就始于开弦弓村，后来这个村子甚至因为费孝通的存在而换名，借用了他在其英文版博士论文中为便于称谓所起的"江村"这个名称，很显然，"虚假的"名字盖过了其真实的名字，开弦弓村由此而改换成为费孝通意义上的江村。

1　庄孔韶：《行旅悟道——人类学的思路与表现实践》，北京大学出版社2009年版。

费孝通几乎用其一生中差不多三分之二的时间行走在中国以及世界的各个地方，其中有27次之多是在江村这个村子做重访研究[1]，可以说，他作为一个受英国功能论人类学训练的中国人类学家，完成了对研究空间的断崖式、切面化、单向度的社会与文化解释意义上的自我超越，他用"行行重行行"的步伐和节奏，使人类学家田野工作一般所缺失的拉长时间线索的历史追溯变成了现实，他的一次次江村之行缀连在一起就是一幅江村地方社会与文化生活变迁的风景画。只可惜很多人并没有真正从这个角度去理解江村，很多人也只是把它们当成了一种资料搜集意义上的重访，然后去填补论题的空白，而非真正从一个具体的、有故事的村落变迁意义上去体悟历史的改变或者转型。

带有清晰意识的重访工作实际上不仅是费孝通本人，在20世纪80年代以后，他的学生们也开始了这种有益的探索。在那个时代，这倒不一定是学术研究本身所需，而是伴随着中国改革步伐的加快，时不待我地需要一批社会研究者真正能够应对中国的现实存在和转变而提出问题，发现问题，并解决问题。此外，这一阶段的种种变化也催生了一批用心于中国问题的研究者。就重访研究而言，最为重要的便是澳大利亚的人类学家葛迪斯在20世纪50年代中期所做的那次影响西方学术界的重访，那是新中国建立之后一个西方人眼中江村新变化的忠实记录。[2] 而费孝通自己的江村重访差不多也就是在此时开始形成并一发而不可收的，虽然二访前后出现过两个很长时间的空档，但是自1981年三访开始直到他生命的晚期，对于江村这个小村落的重访都没有真正地停止过。[3]

---

1 基于王莎莎通过调查整理而重新提出的费孝通二十八访江村的说法。

2 葛迪斯（W. R. Geddes）为澳大利亚悉尼大学人类学教授。他在江村调查的具体时间是1956年5月12—15日。调查结果后来用英文发表：W. R. Geddes, 1963, *Peasant Life in Communist China*: *The society for applied anthropology*, Rand Hall, Cornell University, Ithaca, Neo.

3 费孝通1936年做江村的田野调查，到1957年的4月26日—5月16日做了第二次的重访江村，1981年10月1—4日做了第三次的重访，接下来便是比较致密的回访，直到2003年最后一次重访，共访江村28次之多。

大约江村调查五十年也就是1986年时，费先生把这份重访江村的任务交给了他在恢复社会学之后指导的第一个博士研究生沈关宝教授，沈教授后来的调查出了一本书[1]；江村调查六十年的时候，北京大学社会学人类学研究所牵头召开了一系列以江村调查为主题的学术会议[2]；而到了江村调查七十年（2006）的时候，费孝通却已在一年前离开了这个世界，这项重访的任务被其家人委托到费先生一名已经毕业多年的博士生周拥平的手中。周在江村住了很长时间，带着一份崇敬之心试图把江村七十年的变化用笔来描述下来，他完成了这份工作并将其出版。[3]这中间当然还有在英国读书的中国研究者常向群基于江村的田野调查所完成的博士论文。[4]

再接下来就是2016年的"江村八十年"。我依然记得当年费先生的女儿费宗惠和女婿张荣华把我叫到他们位于北京冰窖口胡同的家里，先是高度评价了我此前在费孝通诞辰一百周年时带领学生所做的对于《费孝通文集》全面阅读所留下的成果《费孝通与乡土社会研究》一书[5]，接下来很恳切地希望我们借助这些阅读去编订一份详尽的《费孝通年谱长编》。这当然是我乐于去做的，没有太多犹豫就接受下来。另外一个任务就是他们希望我的一个博士生可以在江村八十年来临之际去重访江村，由此真正去延续费孝通江村重访研究的学术传统。作为费先生晚年弟子，这项任务对我而言，既光荣又有着重大的压力。我后来指派2012年秋季入学的博士研究生王莎莎从事这项研究，她差不多是从社会学本科、硕士到人类学博士一直由我来指导的一个学生，在接到这份"命题作文"之后，她马不停蹄地准备起相关的文献研究，并在2013年的秋天到江村从事实地的重访研究，至翌年四月底离开，前后半年有余。

---

1 沈关宝：《一场静悄悄的革命》，上海大学出版社2007年版。
2 潘乃谷、马戎主编：《社区研究与社会发展》（上、中、下），天津人民出版社1996年版。
3 周拥平：《江村经济七十年》，上海大学出版社2006年版。
4 常向群著，毛明华译：《关系抑或礼尚往来？——江村互惠、社会支持网和社会创造的研究》，辽宁人民出版社2009年版。
5 赵旭东主编：《费孝通与乡土社会研究》，社会科学文献出版社2010年版。

王莎莎对江村的重访研究至少有两点特别引起了我的注意：一是电商进入到江村的新变化，二是"两头婚"的新家庭模式。就前者而言，这是费孝通生前所未曾发生过的新事物，电商在当下江村人的生活中已是一种不可小视的新作为，八零后乃至九零后的年轻人开始在家里独立经营起网店，"淘宝"、"天猫"的存在成为他们天天要去注视和浏览的虚拟空间里的真实对象。这些注视和浏览，悄悄地改变着他们的生活方式和价值观念。而后者，是一种婚姻模式的改变，这种改变很明显是由20世纪80年代中期所推行的计划生育政策在经历二十几年的问题积淀和发酵所引发的，这种新模式也体现了当地人的一种适应性很强的生活与行动的策略。这种新模式的细节都在本书中有所交代，其核心便是男女双方同时在各自家里准备新房，由此而体现出来一种"新郎讨新娘"以及"新娘讨新郎"的"讨来讨去"的对等模式，这里所要求的是男女双方要同时举办婚礼，而住在新郎新娘两家的时间也会做一种按天换算的平均分配，这在当地叫"两头走动"。而生育出来的孩子虽然大部分还姓男方的姓氏，但也因为特殊原因而第一个孩子姓女方姓氏，第二个才姓男方姓氏的案例，这在当地叫"顶门头"。原来"顶门头"完全是由男性来承担的事情，现在则男女同时都可以担当了，这恐怕是80年代中后期以来生育子女少之后的一种当地人的自我应对。换言之，这里不再是传统严格意义上的单方面倚重男方的父子轴的婚姻形式，而是男女双方都开始进入到继嗣的社会再生产的过程中来，形成双系抚育和继承的一种新的家庭结构模式。这是针对计划生育政策后效的一种策略性的反应，以适应新的人口环境的一种新的生活形态。

王莎莎在江村完成的这篇调查可以看作费孝通江村调查的延续，亦可以看成江村重访研究的第三代的传承。无论怎样，这种学术传统的核心魅力就是在于一个研究者脚踏实地地到田野之中，用自己的身体和头脑去切实感受当地所发生的种种变化，了解那里的人自我适应的新选择、新机制以及新途径，所有这些必然要从实地的调查中来，并从切身的感受中得到认识上的提升。王莎莎的写作及其后来的修改都是坚持在这样的思路下展开的。我想她在田野报告中所描记下来的很多细节内容终将在江村历史文献的遗存中留下一笔，她的不懈努力也必将使其成为江村重访研究队伍中的一分子，她细致的重访研究所梳理出来的学术史脉络以及田野调查资料和分析也会为后来的研究者提供实际借鉴。很显然，在中国人民大学人类学研究所攻读博士学位的这三年里，她付出了艰辛的努力并对此项事业投以极大的学术热情，因此今天有这样的丰硕成果出版也就不足为奇了。

中国的乡村研究，或者就民族志意义的乡村研究而言，费孝通1939年英文出版的《江村经济》无疑是具有划时代的里程碑意义的著作[1]，得到了现代人类学的奠基人之一的马林诺夫斯基的首肯[2]。中国的乡村由此不再是一种他人眼中为了猎奇而去阅读的旅行日记、游记以及传教见闻之类的作品，而是一项严肃的对于一个长江下游太湖边的普通村落的实地考察，以及基于这种完整考察所撰写出来的一份经典的民族志报告，由此让西方人知道了一个真实发生着的而非其对东方文化想象中的中国。对于这个村子，它的信息是完整的，富有启发性，书中对于中国乡村土地的理解甚至到了今天都引人深思。

费孝通基于这样一个研究，在经过将近半个世纪之后所提出来的"小城镇，大问题"的主张，不论是在过去还是在现在都是一个值得去关注的研究主题。[3] 城镇化绝不是完全的大城市化，城镇化也不是完全地消灭掉乡村！在中国的土地上，有太多的人依赖土地而生存，从土地中获得深厚的回报，他们割舍不下的是一种会被不断勾起的乡愁。在这个意义上，土地成为他们家园的一部分，也成为了在情感上可以依赖

---

1 Hsiao-Tung Fei, 1939, *Peasant Life in China：A Field Study of Country Life in the Yangtze Valley*. London：Routledge & Kegan Paul.

2 赵旭东：《历史·回应·反思——由"重读〈江村经济·序言〉"所想到的》，载潘乃谷、王铭铭主编：《田野工作与文化自觉》（上），群言出版社1998年版，第558—583页。

3 费孝通的这篇文章写成于1983年9月20日。参阅：《小城镇 大问题》，载费孝通：《费孝通文集》（第九卷：1983—1984），群言出版社1999年版，第192—234页。

和逃往的目的地。[1]费孝通为此曾经留下名著《乡土中国》,而"乡土中国"这个概念的真实含义就是一个受到土地所束缚的中国(earthbound China),这种束缚绝不是一种压迫,更不是一种让人不舒服的感受,而是生活在那时人和土地之间的一种相互依赖的关系以及难舍难分的情感状态。此时可以想象一下马林诺夫斯基对于西太平洋初步兰岛民社会与文化的种种研究所透露出来的那种互惠关系的人类学理解,可以想见,这种理解在费孝通有关乡土中国的理解中间似乎又得到了一种神似的表达,但却保持着各自文化下所塑造出来的对一般人性的理解和感悟,在马林诺夫斯基那里是割不断的互惠,在费孝通这里则是坚韧不拔的乡土,这恐怕就是人类学家的在差异性之中的共同性与共同性之中的差异性的辩证法。在今天很多时候,这是无法在新的师承关系中去加以发展的,很多学生跟老师之间往往貌合神离,更有甚者,学到尽头仍不知师者所云。

在指导莎莎的博士论文写作中,我尽可能地使其在一种自由探索的氛围中去做田野研究和理论思考。我曾经在她做田野的过程中因参加会议去过一次江村,同她一起参加了一场由当地村民举办的婚礼,一起调查了几户农民的生活状况,这一切都是在共同讨论、彼此分享田野的基础上去敦促她的一种尝试,这种尝试也许在博士论文写作和修改完成之后会因各种原因而暂停,但是对莎莎可能会形成很持久的一种追求,成为其生命力的一个重要组成部分。无论别人如何看待,她自己无疑实现了对于自我性情的超越,这可能是一个学者在其人生价值中最值得去书写和记忆的一笔了。

毫无疑问,不论是早期还是当下,中国的社会研究更多的是跟中国的乡村研究紧密地联系在一起,这里无可否认的一点就是,一种文明观念的对立曾经使西方的中国研究者把视角更多地放置在中国的乡村,中国乡村似乎成为西方眼中最为值得去描摹的他者,或是西方文明已经不

---

1 赵旭东:《礼物与商品——以中国乡村土地集体占有为例》,载《安徽师范大学学报》(人文社会科学版)2007年第35卷,第5期,第395—404页。

复存在的田园牧歌般生活的早期形态，因此而得到大尺度、重口味的渲染，即：一端是高度工业化的西方文明，到处充斥着难以解决的社会问题，却又是现代发达文明发展到极致的代表，对此似乎谁都无法去加以抗拒和超越；而在线条的另外一端则是"落后的"东方文明，恰好成为西方发达文明所映射出来生活图景的反面，充满了阴郁的色彩，满是贫困、愚昧、疾病和痛苦的行为。这些自以为善意的描写无法摆脱整体性地站在西方优胜者立场上的对于西方以外世界的一种民族志的想象。就《江村经济》而言，它的笔调是明快且简洁的，但其中也隐含着一个中国本土研究者在做出最为底层观察之后所表露出的不满，这种不满使得费孝通清晰地意识到农民生活处境的制造者究竟是谁，应该如何去劝慰这些制造者良心发现，因为在费孝通的视野中所注视和觉悟到的是好端端的良田沃土一点点被光环无限的现代文明大刀阔斧的改造所吞噬掉了。[1]乡土社会资源的"水土流失"所带来的一个直接后果便是乡村生活完整性的丧失，"村将不村"的局面实际在费孝通研究中国长江以南的江村之始就已悄然发生，并一直持续到现在，在未来还会有一种更加难于摆脱的延续。

　　乡村在这个意义上成为一个各种力量都汇聚于此的实验场，而先入为主的发展理念在这里影响着外来者的对于中国乡村的理解。在这些人的眼中，不论藏于内心之中的深层心理结构，还是外露于言语之间的话语表述，都无一例外地共同性地指向中国农民生活的本身，认为那里一定是存在问题的，是需要"他们"这些作为外来人的"乡村建设者"要去加以改造的，为此他们才可以毫无阻碍地走进乡村并以一己之见指手画脚地摆布乡村，而"乡村成为问题"几乎成为这些人先入为主的用以说明自己存在价值如何高尚的一个紧箍咒[2]，随时可能将其抛向他们所选

---

[1] Hsiao-Tung Fei, 1939, *Peasant Life in China*: *A Field Study of Country Life in the Yangtze Valley*. London: Routledge & Kegan Paul. P.286.

[2] 赵旭东：《乡村成为问题与成为问题的中国乡村研究》，《中国社会科学》2008年第3期，第110—117页。

中的乡村，乡村由此在他们下了一番力气的规划和建设之后真的可能发展或者进步了，但乡村真的也就不再是原来意义上的乡村了，乡村成为了发展者眼中理想他者的一种模塑或猎物，在那里出现了高楼大厦，出现了车水马龙。我2014年深秋去江村时，闻知村里的孩子都被送到镇上中心小学或者更远的地方读书，每天早起会有家里预备的高级轿车专门送到学校，下午放学之后再被接回来，并且早晚在乡村都出现了令人烦心的堵车局面。我惊讶于这种只有现代性驱力之下才会出现的现代化进程的魔咒般的改造能力，人们会在生活上变得方便很多，人们会在闲暇时间上增加很多，但人们忧愁的事情似乎一点也没有减少，他们忧愁于孩子的读书、孩子的发展，更忧愁于何时可以过上和城里人一样的日子，这种工业化的道路确实使他们的生活发生了巨变，但在这种巨变的背后实际深藏着的是对于维持这种高品质生活的确定性的莫名的担忧。由于地利，今天江村的人显然不需要辛苦地出外打工就能过上比较优越的生活，但他们却要不得已使自己一下子转换成为来村里打工者的雇主、房东和中间人。这恐怕是他们之前的生活中未曾想到过的一种生活样式，但在今天却实际存在着，并且这种转变似乎每天都在翻新。

在此意义上，江村的存在无疑可成为观测中国近半个世纪乃至更长时间发展变化的一个晴雨表，但是江村的发展绝不可能完完全全地代表中国，因为"中国"的含义究其本质而言就绝非单一性的存在而是多样性的包容。中国有千千万万个乡村，这些乡村因为人的差异而体现出来千姿百态的样式，晚年的费孝通曾经提出"多元一体"的概念去应对"江村能否代表中国的论争"，这个"多元"是实实在在、毋庸置疑的，而"一体"则是一种文化认同意义上的建构，它具有一定的抽象性和容括性，但正因为这种抽象性而可以把多样性的差异统合在一起，形成一个完整的一体性的存在。在此意义上，我们就需要去深度领会这一概念的另一面，那就是抽象的一体观念的构建一旦完成并被认可，实际上也就很难被撼动，因为它是建立在所有人对于这一抽象存在的象征物、制度设置以及机构运行的认同和同意的基础之上，这也就成为一体可以持久稳固存在的合法性基础。但多元的运行逻辑从来都是与一体的抽象性和唯一性之间在做着一种反向的运动，即它是在具体之中得以表现，是持续地处在一种分化的过程之中，难以用某种固定模式及类型划分的方式去理解一个所谓作为整体的乡村，它一定是一种个体化的存在。每个乡村在一定意义上都是带有独立特色的，由此我们才能真正看到不一样乡村的真实存在，由此我们才会对那么多具体存在的乡村的差异性及其不可归类性不会表现出来某种莫名的惊讶。这就是我们需要去深入理解的费孝通"多元一体"逻辑背后的另一面，即真实世界之中的"一体多元"。[1] 江村发展的故事告诉我们，江村必然是一个独立的存在，它不可能涵盖中国所有的差异性存在的乡村，但它成为理解中国近 80 年来乡村发展的一条重要线索，这是一条富有启发性的线索，凭借于此，我们可以找寻到打开其他乡村发展模式差异、困顿和瓶颈的钥匙。

　　显而易见，依赖于土地而生活的乡村是具有共同性的，而由现代性生发出的离土的转型也是共同的，但在这种共同性的下面所真正能够浮现出来的生活现实却是富有差异性的。乡村一定不是人类生活的终极形式，但是乡村也不会那么快就在这个世界消失得无影无踪，乡村自有其生命力存在，它也有能力去做一种属于自己的创造性的转化。[2] 在过去，也许有太多的"城市教训乡村"的故事、传闻以及笑话的发生，但在未来，在人类由于过度城市化的发展之路上遭遇一个又一个的困境和打击之后，反过来"乡村教训城市"的日子大概不会太过遥远，而且很多先知先觉者已经开始了这种受教育的努力，他们来到乡村，和农民共同去营造真正属于他们自己的生活，修缮房屋，整理环境，帮助贫困者，所有这些努力如果不是带着一种城里人教育乡下人的自以为是的高傲姿态，似乎都应得到接受和鼓励，因为这些行为如果被看成是用乡村新鲜的空气、绿色的食品、有机的生态以及满眼的绿色去"教育"那些曾经

1　赵旭东:《一体多元的族群关系论要——基于费孝通"中华民族多元一体格局"构想的再思考》，《社会科学》2012 年第 4 期，第 51—62 页。

2　赵旭东:《乡村的创造性转化》，《中国农业大学学报》（社会科学版）2008 年第 2 期，第 189—191 页。

不可一世的城里人，或许是一种不错的属于中国自己的乡村发展之路。

曾几何时，西方是以彻底的抛弃乡村为代价而完成了他们的城市化的现代发展之路，但无疑他们为整个人类造下了太多的遗憾，在他们的忏悔声中，我们需要一种文化的自觉，这种自觉便是我们并不需要那么快地走向单一化的拥挤的现代之路，我们为此而保留下了一份乡村自我发展的氛围宽松的文化遗产，即我们没有完全抛弃乡村，更没有把乡村看成问题之所，我们尝试着让乡村里的人去发展出来一条自己改造自己以适应现代发展的道路。这恐怕就是费孝通当年在江村的调查，在云南禄村的调查，甚至在最早的金秀瑶族那里的调查都试图要去加以说明和倡导的。在很早的时候，费孝通的田野实践就在尝试着走一条用乡村去教育城市的发展之路，这条路的不断拓展也许就会在今天太湖之滨的江村结出硕果，并通过一代又一代人前赴后继的重访研究为我们所切实地感受到。

最后，希望王莎莎的研究可以在这个道路上去做一种理解中国意义上的发展和延伸，也希望有更多关注中国乃至世界乡村发展研究的学者能够真正关注于中国的乡村在未来的命运及其种种的转变，并关注于费孝通及其后来者笔下的江村在未来的茁壮成长。在一定意义上，学术就是一代又一代人的薪火相传，没有这种传递，学术就成为僵死的学问，束之高阁，烂于书柜，这样的案例岂止是那些历史上风光无限今天却默默无闻的一个又一个绝学呢？中国乃至世界的乡村研究也是有着同样的道理。我相信"事在人为"的大道理，却不太相信一种天才逻辑的存在；我相信"心想事成"的小情调，却不特别赞同"坐以待毙"的决定论。天才会因为自己的小聪明而对外部世界表现出一种不屑一顾，由此而与外部世界隔绝，最后一事无成；而愚笨者则会因为日复一日的"心向往之"的追求和行动而成就自己的梦想。如果真有所谓上帝造人之说，那在这一点上，上帝所做的相对还算是很公平的。

赵旭东（中国人民大学人类学研究所所长，教授，博士生导师）
二〇一六年十月二十日晨写于京西南书房

第一章

江村作为一种研究范式

江村在世界及中国人类学、社会学史上是一个有着特殊意义的村落。我国人类学家、社会学家费孝通1936年夏在此进行了田野考察并写作了闻名世界的人类学作品 Peasant Life in China（又名《江村经济》）。他的导师，著名英国人类学家马林诺夫斯基，在为该书写作的序言中，评价"这是人类学实地调查和理论工作发展中的一个里程碑，此书有一些杰出的优点，每一点都标志着一个新的发展"[1]。

　　在国内学界看来，《江村经济》首先是中国老一代社会科学家力图了解中国"社会变迁"过程的最早尝试之一；其次，该书在中国现代社会科学的形成中占有重要一席，因为它事实上是30年代初吴文藻等中国学术前辈力倡社会科学本土化的一个直接结果。[2] 可见，费孝通"无心插柳"的江村调查不仅开启了他自身的第一次学术生命，同时这部学术专著也在世界及中国人类学、社会学史上写下了浓墨重彩的一笔。

　　此后，江村人生活的发展变化持续受到国内外学界的关注，中外人类学、社会学者曾不远万里来此进行学术研究。20世纪80年代以来，更是有不计其数的研究者到访江村。因此，以江村研究为核心，一系列追踪考察的学术作品与成果不断呈现在世人眼前。其中，有以社会变迁为主题的阶段性追踪研究，如 Peasant Life in Communist China（共

---

[1] 费孝通：《江村经济：中国农民的生活》，商务印书馆2001年版，第13页。
[2] 甘阳：《〈江村经济〉再认识》，《读书》1994年第10期。

产主义中国的农民生活，1963）、《江村五十年》(1986)、《一场悄悄的革命——苏南乡村的工业与社会》(1993)及《江村七十年》(2006)等；同时，也有偏向单独考察经济、家庭或习俗等专题的研究，如《重访江村》(1957)、《农工之间——江村副业60年的调查》(1996)、《论中国家庭结构的变动》(1982)及《关系抑或礼尚往来——江村互惠、社会支持网和社会创造研究》(2006)等。

可以说，中国村落研究成千上万，但没有任何一个村落像江村那样受到学者的"钟爱"。他们比照费孝通的《江村经济》进行追踪考察，费孝通自身也在不断通过回访江村来加深和扩展对中国社会变迁的认识。因此，费孝通的研究、中外学者对江村和费孝通的研究、费孝通的学生的研究，以及费孝通的学术造就和社会影响力，使得江村研究形成了一个谱系。几代学者的考察、书写、影像留存使得这个村落的社会变迁有迹可循，也使得历时性的人类学分析能够得以实现。因此，笔者在江村调查八十年（1936—2016）之际，重新梳理和回顾费孝通与江村的学术脉络，并通过对该村的田野民族志考察，来描述和探讨中国乡村如何面对世界文化转型。

另一方面，费孝通晚年显赫的政治和学术地位所带来的社会影响，以及如此多的社会科学工作者持续到访江村，进行长期或短期的社会考察，也使得当地人逐渐自觉地认识到自身所在村落的特殊地位和重要意义，特别是费孝通、费达生这样兼备学术权威和政治地位的人物曾与当地人建立的情感并对他们生产生活持续地关怀。因此，江村人也在有意记录和留存他们在村落中的场景。可见，学者与江村人之间的认知和互动，对当地人的社会记忆和历史观的形成均产生了深远的影响，这为江村的历史书写赋予了特殊的学缘意涵。费孝通逝世以后，费孝通费达生纪念馆和江村历史文化博物馆在村中的建立更是将村落集体记忆的表达推向了极致。可见，今天的江村所呈现出来的时间上的研究谱系和空间上的记忆表征之间的互构也值得予以人类学的考察和分析。

一、江村研究与中国社会

"江村"是费孝通为其考察村落开弦弓村所起的学名,这个村庄现今是隶属江苏省吴江市七都镇。1936年7月3日至8月25日,费孝通在姐姐费达生的建议下,来到这里参观,并在此进行了为期一个多月的社会调查。作为一位社会人类学者,费孝通当时敏锐地抓住了这个村庄所体现的研究价值:"开弦弓是中国国内蚕丝业的重要中心之一,因此,可以把这个村子作为在中国工业变迁过程中有代表性的例子。"[1] 在详细了解了当地人的生产、消费、分配和文化生活之后,他便前往英国伦敦经济学院人类学系深造。江村的调查材料得到该系为费孝通指定的业师弗斯(R. Firth)博士的青睐。之后,马林诺夫斯基(B. Malinowski)教授便亲自指导费孝通。经历了两年的课程训练和研讨会(Seminar)方式的学习,费孝通以他在开弦弓村的调查资料为基础完成了博士论文的写作。并且,"论文通过的那天晚上,由导师马林诺夫斯基把这篇论文介绍给 Routledge 书局出版"[2]。费孝通的论文题目是:"*Kaihsienkung: Economic Life of a Chinese Village*"(开弦弓,一个中国农村的经济生活),在编辑的建议下,最终将书名定为 *Peasant Life in China*(《中国农民的生活》)。该书出版后,在国外学术界轰动一时,成为外国人了解中国农村社会的必读作品。1939年国内的《图书季刊》[3] 上也对该书在海外的出版予以介绍。但其中文版的问世却是等到了1986年,名为《江村经济:中国农民的生活》,与海外初版相差近五十年的时间。

马林诺夫斯基为该书作的序言中,表达了他对该书几个方面的"里程碑"意义的理解。首先,"这是一个土生土长的人在本乡人民中间进

---

[1] 费孝通:《江村经济:中国农民的生活》,商务印书馆2001年版,第39页。
[2] 同上书,第2页。
[3] 国立北平图书馆图书季刊编辑部:《Fei, Hsiao-Tung: Peasant life in China(费孝通:江村经济)》,《图书季刊》,1939年第1卷第4期。

行工作的成果"¹。人类学的田野范式至此开始跨越"文野之别","未来的人类学不仅对塔斯马尼亚人、澳洲土著居民、拉美尼西亚的特罗布里恩德群岛人和霹雳的俾格米人有兴趣,而且对印度人、中国农民、西印度群岛黑人、脱离部落的哈勒姆非洲人同样关注"²。因此,文化变迁、文化接触和现代文化的传播成为了人类学调查和理论工作的基本主题。其次,在马林诺夫斯基看来,他在《江村经济》中最欣赏的一章是有关蚕丝业的介绍,因为它展现了家庭企业如何有计划地变革成为合作工厂,以适应现代形势的需要,即"传统文化在西方影响下的变迁"³。这一点是那个时代社会变革的最为重要的核心力量,即工业化如何改变传统的生活方式。

E. 丹尼森·罗斯爵士也阐明了《江村经济》在科学文献中的地位,"我认为这篇论文是相当特殊的。据我所知,没有其他作品能够如此深入地理解并以第一手材料描述了中国乡村社区的全部生活。我们曾经有过统计报告、经济研究和地方色彩浓厚的小说——但我未曾发现有一本书能够回答好奇的陌生人可能提出的各种问题"⁴。他们在费孝通对江村农民生活的描述中,看到了现实中国社会的缩影以及未来中国社会变迁的动力。

在国际学界,费孝通笔下所描写的"江村社区"中人们的生活紧密地与"中国社会"的现实结合在一起。基于该书的启发,1957年随新西兰访问团来华的澳大利亚人类学教授葛迪斯(W. R. Geddes)最早提出希望能够到江村进行社会调查,"我常常希望知道之后的这些年那里的人们情况是怎样的?是不是在破坏了传统村落的同时产生了一个新的村落?"⁵当时在周恩来总理的准许下,他的愿望得以实现,并成为最早重

---

1 费孝通:《江村经济:中国农民的生活》,商务印书馆2001年版,第13页。
2 同上书,第15页。
3 同上书,第13页。
4 同上书,第17页。
5 W. R. Geddes, *Peasant Life in Communist China*: *The society for applied anthropology*, Rand Hall, Cornell University, Ithaca, Neo, 1963, p. 7.

访江村的学者。葛迪斯在江村进行了为期四天的访问虽然短暂，但他仍然获得了丰富的一手资料，并与二十年前费孝通所描写的农民生活进行了对照比较，写作了长篇重访论文 *Peasant Life in Communist China*（《共产主义中国的农民生活》）。1981年，英国皇家人类学会授予费孝通赫胥黎奖章，在他的老师弗斯的来信中，也提出了以江村四十多年社会变迁为演讲主题的建议。可见，费孝通的江村研究不仅引发了西方学者对中国社会研究的兴趣，这个村落的变迁过程同样受到海外学界的关注，他们将江村的生活变化看作是中国社会最前沿、最深刻的图景。

二、费孝通对利奇的回应：江村研究的时空扩展

在中国确立以村落社区为基础而进行的社会学、人类学调查研究的范式最早要追溯到20世纪30年代燕京大学社会学系的吴文藻教授所带领的社会学中国化的"先遣队"，费孝通正是其中的一员，而他在江村进行的田野工作也成为这一时期以中国村落社区为研究单位的代表作之一。中国社会学的早期传统中，一个最为突出的特征便是以人类学方法作为其底色的研究传统，特别注重实地的社区研究、个案的细致呈现以及文化理解的意义把握。[1] 第一代运用严格的社会人类学理论和方法对中国社会进行研究的，不是来自西方的"远方来客"，而是被从中国本土派往英美学习社会科学的一批青年学者，三四十年代，费孝通、林耀华等就已比较系统地学习过社会人类学，在他们的研究中，社会人类学的民族志方法被较为完整地运用，其对经济、亲属制度、信仰与仪式等方面的旨趣也得以较充分的表述。[2] 另一方面，有别于乡村建设一派将乡村界定为"有问题的乡村"，学院派的中国乡村研究更愿意对乡村进

---

1 赵旭东：《社会学在中国的创造性转化》，《中国社会科学报》，2016年6月7日，第8版。
2 王铭铭：《社会人类学的中国研究》，《中国社会科学》1997年第5期，第111页。

行整体性的社会结构描述。[1]在他们看来，乡村社会系统而完整地保存着社会文化的基本要素，因此在一个社区单位中进行民族志的考察和书写是了解中国社会的第一步。他们的研究的目的也非常明确，即以一个乡村社区作为样本，或者是实验室，进行社会文化特质的观察和描述，再进一步与其他地区进行比较，得出一些共同性的特征。因此，这一时期的中国乡村研究为世界提供了丰富的社区研究案例。

在1962年伦敦政治经济学院纪念马林诺夫斯基的演讲会上，汉学人类学家弗里德曼（Maurice Freedman）作了"A Chinese Phase in Social Anthropology"的演讲，延续马林诺夫斯基的"社会学的中国学派（Chinese School of Sociology）"，打破过去人类学研究"未开化民族"的传统范式，跨越"文野之别"，将研究文明国家的社会和文化作为社会人类学的新天地。

20世纪80年代，费孝通重新开始思考新时期背景下中国人类学应有的学科价值。1980年美国应用人类学会授予费孝通马林诺夫斯基年度奖，他以《迈向人民的人类学》为题发表了演讲，他回顾了自己从早期的农村社区调查到新中国成立后的少数民族调查的研究经历，强调了其研究目的都是为中国社会更好地进行改革提供事实依据，帮助广大人民发展、富裕起来。因此他认为，"真正的应用人类学必须是为广大人民利益服务的人类学"[2]，这是他所谓的"迈向人民的人类学"的基本涵义，也是他学术关怀的"二度转向"[3]。

然而，费孝通的同门师弟——埃德蒙·利奇（Edmund Leach）在1982年出版的 Social Anthropology（《社会人类学》）一书中对中国的人类学者所做的本土人类学研究作品予以评价，他列举了1934—1949年

---

[1] 赵旭东：《乡村成为问题与成为问题的中国乡村研究——围绕"晏阳初模式"的知识社会学反思》，《中国社会科学》2008年第3期，第111页。

[2] 费孝通：《迈向人民的人类学》，《社会科学战线》1980年第3期，第114页。

[3] 赵旭东：《马林诺夫斯基与费孝通：从异域迈向本土》，载《本土异域间》，北京大学出版社2011年版，第291页。

四位中国人类学者的作品，但唯独对费孝通的 Peasant Life in China 予以肯定的态度。他认为，"该书不仅是这一时期最早的人类学作品，也是最成功的、最'马林诺夫斯基式'的；费孝通并没有将其所描述的社会系统笼统地概括为整个中国的情况；该书的价值在于其功能主义的风格，即在小范围的社区当中对关系网络的研究非常细致，等等"[1]。1990年，费孝通收到乔健寄送的这本书后，以《人的研究在中国——个人的经历》来回应利奇，将他的讨论概括为中国本土人类学研究中蕴含的两个问题。

利奇的第一个质疑是，研究者以自己的社会为研究对象是否可取？费孝通认为，社会人类学者最初以研究异文化为学科之本，见识的根源在于通过内省异文化与本文化的比较而提出理论的思考。费孝通回顾了自己从事人类学的缘由，在那个生逢社会巨变的时代，他是想学习到一些认识中国社会的观点和方法，并以此知识来推动中国社会的进步。[2] 无论是在江村还是在云南三村的田野经验，他用实践证明了自己的本土社会人类学研究既有"进得去"的先天优势，也有"出得来"的学术素养。即使是在江村调查 60 周年之际的反思，他还是强调"实际上并没有所谓'本文化'和'异文化'的区别，这里只有田野作业者怎样充分利用自己的或别人的经验作为参考体系，在新的田野里去取得新经验的问题"[3]。

利奇的第二个质疑是，像《江村经济》这样的微型社区研究能否概括中国国情？费孝通认为，把一个农村看作是全国农村的典型，用它来代表所有的中国农村，那是错误的，但把一个农村看成是一切都与众不同、自成一格的独秀，sui generis，也是不对的。[4] 以江村为例，它位

1　Edmund Leach, *Social Anthropology*, Oxford University Press, 1982, pp.126—127.
2　费孝通：《人的研究在中国——个人的经历》，《读书》1990 年第 10 期，第 5 页。
3　费孝通：《重读〈江村经济〉序言》，《北京大学学报（社会科学版）》1996 年第 4 期，第 11 页。
4　费孝通：《人的研究在中国——个人的经历》，《读书》1990 年第 10 期，第 7 页。

于江苏南部地区，手工业发达，农、副、商各业均有，可以作为一类中国农村的代表，它虽然有自己的个性和特点，但也同中国的其他农村一样，是在同一的大趋势中推进的。江村所取得的经验，无疑会影响其他的村子；它所面临的问题也将从其他村子的实践里取得启发而获得解决，我们正在以无比的热情，追踪观察这一极其生动的过程，并力求如实地记录下来，为历史留下脚印。[1]而另一方面，费孝通在90年代也反思了以江村为例的微型社会学在空间、时间和文化层次上所受到的限制。[2]因此，他进一步研究范围从乡村逐步扩展到小城镇、城乡关系、区域发展的研究。

三、从江村研究到文化自觉

可以说，在费孝通的江村研究中，已经蕴含了他一生所思考的大部分核心议题，包括乡土工业、城乡关系、绅士作用、人伦秩序以及文化自觉的意识等。费孝通1936年在江村考察时，已经看到了乡镇企业是中国农村经济发展和城乡一体化建设的必由之路。他的姐姐费达生在江村帮助农民开办生丝精制运销合作社，是我国农民自己办的最早的乡镇企业之一，并以此来提高农民的经济收入。正是这一点引起了费孝通的研究兴趣，他自发地对该村农民的经济和生活进行了人类学的调查。那时他已然看到，"中国农村的基本问题，简单地说，就是农民的收入降低到不足以维持最低生活水平所需的程度"[3]。在这样的历史现实下，促使费孝通以"富民"为志，以自身所学的社会科学的知识来研究如何解决中国的贫困问题。在江村的实地调查中，他已明确地感觉到在我国农村地区对现代工业的需要。

---

[1] 费孝通：《江村五十年》，《社会》1986年第6期，第23页。
[2] 费孝通：《重读〈江村经济〉序言》，《北京大学学报（社会科学版）》1996年第4期，第17页。
[3] 费孝通：《江村经济：中国农民的生活》，商务印书馆2001年版，第236页。

1938年，费孝通从伦敦经济学院毕业归国，那时他的家乡已被日军占领，江村的合作工厂也已被破坏，他从抗战后方昆明登陆，在云南大学吴文藻协助建立研究中心，继续进行对内地农村的考察，他进一步看到了，"在一个人口众多、土地有限的国家里，要提高农民的生活水平，重点应该放在发展乡村工业上"[1]。新中国成立后，20世纪50年代初期，农村实现了土地改革，农民走上了合作化的道路。1957年费孝通重访江村，看到村庄农业发展迅速，但副业受到忽视，乡村工业衰落，商品经济萧条，集镇日益萎缩，农民的日子没有以前好过。因此，他再次提出了"乡土工业"的问题，并提醒农民要注意积累。但这样的主张与当时国家的政策相抵触，并未被接受。单纯的粮食生产政策受到来自人口不断增长的挑战，农民再次陷入贫困。

20世纪80年代初期，费孝通重新恢复了社会和政治地位后，他又开始进行农村调查研究工作，1981年三访江村，他所看到的农村现实印证了他一直以来的富民主张——"工业下乡"，将多种多样的企业尽可能分散到广大的农村中去，大量不脱离农业生产的劳动者可以成为工厂的劳动力，工业、副业、农业相互结合，促使农村经济发展，农民收入提高。

此后，费孝通将研究课题扩展到中国城乡发展道路上来，1982年四访江村开始，他将研究范围逐步扩大，从农村社区研究提升到集镇研究，并提出了"小城镇"的概念。起初，他对吴江县正在兴起的几种功能各异、类型不一的小城镇予以了描述和分析，确定了"类别、层次、兴衰、分布、发展"的十字研究题目。1982年底，江苏省委决定发展小城镇，并成立小城镇研究课题组。1983年9月27日上午，在江苏省小城镇研究讨论会举行期间，江苏省小城镇研究会正式成立。[2] 通过调查研究，他认为，吴江小城镇兴盛的主要和直接的原因是社队工业的迅速

---

[1] 费孝通：《中国城乡发展道路——我一生的研究课题》，《中国社会科学》1993年版第1期。

[2] 叶南客：《江苏省小城镇研究会在宁成立》，《江苏社会科学》1983年第14期。

发展，而不能说是多种经营、商品流通的结果。[1] 在集镇上兴办的乡镇工厂吸收了农村的剩余劳动力，农民收入也随之增加。此外，他还发现小城镇的复兴缓解了70年代中期人口过度向城市集中的压力，农民"离土不离乡，离乡不背井"[2]。费孝通认为这是农民群众在实际生活中闯出来的道路，可见乡镇工业的繁荣促使了乡村的富裕和农业现代化的发展。

由于各地乡镇企业的兴起，不同类型的乡镇都开始走上了工业化的道路，但依据各自客观历史、地理、社会、文化等条件的不同，其发展路径也各具特点，因此，费孝通开始思考"发展模式"[3]的概念。1984年，他将调查范围从苏南的小城镇延伸至苏北，并在《小城镇 苏北初探》一文中，首先提出了"苏南模式"这个名词。1986年，在浙江温州考察，又概括了"温州模式"，随着全国范围内的调查区域的开展，进而还有"民权模式"、"侨乡模式"以及"珠江模式"，等等。费孝通的研究跨出了江苏省界，从沿海到边区，行行重行行，使他注意到经济发展的地理区域基础的存在。1987年费孝通在甘肃调查时，产生了利用其特有的历史传统，恢复农牧贸易基地，建立一个经济协作区来发展农牧两大区域之间贸易的想法。[4] 这标志着他的研究工作又进入了一个新的层次，即：区域发展研究。

东南沿海和西北地区的实地调查使费孝通意识到中国沿海地区与内地特别是边区发展不平衡的问题，因此他强调西部的经济开发和社会发展的重要意义，而西部的开发又离不开少数民族的发展，少数民族与汉族共同富裕繁荣，是一个重大课题。1988年，费孝通在青海、甘肃

---

1 费孝通：《小城镇，大问题》，载《爱我家乡》，群言出版社1996年版，第73—74页。

2 朱通华：《论"离土不离乡"》，载《江苏省小城镇研究课题组》编《小城镇，新开拓：江苏省小城镇研究论文选》（第2集），江苏人民出版社1986年版，第185—186页。

3 模式是指在一定地区，一定历史条件下，具有特色的经济发展路子。载费孝通：《中国城乡发展的道路——我一生的研究课题》，《中国社会科学》1993年第1期。

4 费孝通：《农村、小城镇、区域发展——我的社区研究历程的再回顾》，《北京大学学报（哲学社会科学版）》1995年第2期。

两省和宁夏、内蒙古两个民族自治区实地考察后，提出关于建立黄河上游多民族经济开发区的建议；在考察南岭山脉时，提出以香港为中心的华南经济区的整体发展；1989年，在黄河三角洲考察，提出继珠江三角洲和长江三角洲之后，建立黄河三角洲开发区的设想；1991年，以发展山区经济为重点，提出"点—线—面"的发展方针，推动西南云贵高原的全面发展；1994年，针对西北黄土高原和西南熔岩地区的扶贫开发问题，研究这两个区域的治理方案。另一方面，费孝通还观察到区域间经济协作的社会现实。例如，淮海和中原两个区域经济协作组织的出现；在东北地区以及环渤海地区经济区域的发展前景；1992年，提出发展欧亚大陆桥经济走廊的设想……

至此，费孝通已经看到"全国一盘棋"的格局："中国经济的两条龙：长江、大陆桥；还有两只虎：华南虎、东北虎。似乎看到了龙腾虎跃的局面，看到我们这个小农经济延续几千年的国家城乡一体现代工业化的前景"[1]。在他看来，区域发展的课题是比小城镇研究更大问题，还需要进一步认真探索。

费孝通将以上的研究工作，视为中国农民如何解决基本物质需要的问题，也就是人的生存问题，他概括为"人文生态"层次。1990年，费孝通在八十岁生日之际，在东京举办的研讨会上，发表了以"人的研究在中国"为题目的演讲，他意识到"人们带着思想上一直到行为上多种多样的生活方式进入共同生活，怎样能和平共处确是已成为一个必须重视的大问题了"[2]。1992年，他在山东考察时，参观了曲阜的孔庙、孔府和孔林，认识到在中国文化对人的研究由来已久，回顾自己从三十年代以来对人的研究都没有跨出解决中国贫困问题这一生态层次，而对人与人之间的关系的研究还未足够觉醒，费孝通将此称之为"人的心态关

---

1 费孝通：《农村、小城镇、区域发展——我的社区研究历程的再回顾》，《北京大学学报（哲学社会科学版）》1995年第2期。

2 费孝通：《人的研究在中国——个人的经历》，《读书》1990年第8期。

系"[1]。那么，在中国走到小康之路之后，人的心态研究必然要跟着生态研究提上日程。

在心态研究的层次上，费孝通在孔林想到了孔夫子从正面入手研究人与人之间的心态关系，但孔夫子是落入了封建人伦关系，没有超越社会现实。进而，他又想到他的老师潘光旦的"位育论"，在全球的大社会中要使人人能安其所、遂其生，这就不仅是个生态秩序，而且是个心态秩序。[2] 在对人的心态的认识上，费孝通结合自己一生的学术历程，对个人、群体和社会这三个层次的研究维度进行了反思，指出社区研究不仅应研究社会结构，还要研究活生生的人，应从生态（人与自然的关系）的研究进一步发展到关于人们的心态研究，并应致力发掘中国几千年以来的关于人、关于中和位育的经验。[3]

费孝通在"魁阁"时的研究工作是延续《江村经济》而所做的社区研究，并采用类型比较和理论与实际结合的方法，以达到更清楚地认识中国社会的目的。但在理论上，仍然更倾向于对社会人的认识。在这一点上，表达最清楚的就是他的《生育制度》。然而，潘光旦在看到这种社会学思路之后，认为他忽视了生物个人对社会文化的作用，应将生物人和社会结合起来。

费孝通的"第二次学术生命"，除了继续行行重行行，通过实地观察来为中国社会的经济发展和城乡建设分析研究外，更重要的是他将理论思考提升到个体的思想意识。在这方面，哈佛商学院的埃尔顿·梅岳（Elten Mago）教授对工厂中工人工作效率的研究启发了费孝通对社会结构中人的因素的发现。因此，他回到了潘光旦在为《生育制度》所写序言《派与汇》中提出的中和位育的新人文思想那里。"新人文思想依我的

1　费孝通：《孔林片思》，《读书》1992年第9期。

2　费孝通：《中国城乡发展的道路——我一生的研究课题》，《中国社会科学》1993年第1期。

3　费孝通：《个人·群体·社会———一生学术历程的自我思考》，《北京大学学报（哲学社会科学版）》1994年第1期。

理解就是一面要承认社会是实体，社会史群体中分工合作体系的总称，也是代表群体维持这分工合作体系的力量，这个体系是持续的超过于个人的存在、发展和兴衰；但社会的目的还是在使个人能得到生活，就是满足他不断增长的物质及精神需要，个人是活的载体，可以发生主观作用的实体；社会和个人是相互配合的永远不能分离的实体。"[1]

因此，费孝通晚年在《试谈扩展社会学的传统界限》一文中，阐述了社会学的"科学"和"人文"的双重性格，并更为强调社会学本身所蕴含的"人文思想"，这是指导社会成员更好地认识、理解自我与社会之间关系的知识和精神财富，社会学的人文性决定了其应研究一些关于"人"、"群体"、"社会"、"文化"、"历史"等基本问题，特别是挖掘中国丰厚的自身历史文化传统。[2] 在此，他提供了六个值得学界去研究和探讨的问题，即：究"天人之际"、人的精神世界、文化与"不朽"、社会关系中"只能意会"的部分、"讲不清楚的我"以及"心"的范畴。此外，在方法论上，费孝通也要求在主流的实证主义的研究方法外，还应借鉴全人类各种文明中所蕴藏的思考方式，在中国的本土传统中，如诸子百家、儒家道家以及宋明理学，都值得重视，特别是其中谈及的人与人、人与社会，人与自然之间的关系要义。

在这一点上，以认识人及其文化为己任的人类学的研究也许更加易于把握这样的主题，特别是此时西方人类学的研究范式已经从结构功能论的传统经由象征符号的探讨而转向了人文主义的文化解释。1973 年，美国人类学家克利福德·格尔茨出版了论文集《文化的解释》，标志着人类学从以科学理性为指导的经验论转向了人文关怀的解释学，使人类学摆脱了结构功能论的束缚。格尔茨看重生活的象征形式，并致力于以"深描"（thick description）的方式对文化的意义给予解释。"我把文化看

---

[1] 费孝通：《个人·群体·社会——一生学术历程的自我思考》，《北京大学学报（哲学社会科学版）》1994 年第 1 期。

[2] 费孝通：《试谈扩展社会学的传统界限》，《北京大学学报（哲学社会科学版）》2003 年第 3 期。

作是人自己编织的意义之网,因而认为文化的分析不是一种探索规律的实验科学,而是一种探索意义的阐释性科学,我所追求的是阐释,阐释表面上神秘莫测的社会表达方式。"[1]格尔茨将文化看成是象征体系,而对文化的理解则转变为阅读、翻译和解释这个体系。

在这个意义上,费孝通所强调的社会学的"人文"性格与格尔茨的人文主义的文化解释观彼此呼应,然而,他们之间所不同的是,强调文化解释的人类学者仍然是在西方既有的学术传统轨迹之中,将人本身的意义重新放回到对异文化的理解中去,而作为本土人类学者的费孝通则是希望通过借助中国自身历史文化传统中的智慧来认识和理解个人、群体、社会与文化。因此,他认为今天的人类学者应该有一种本土文化意识的觉醒,并进一步提出了"文化自觉"的概念。

《江村经济》已然意味着社会人类学跨越了"文野之别",而在当前中国社会发展的现实境遇下,费孝通强调现代人类学应该在研究和指导文化变迁中起到重要作用,为社会更好地进行改革提供事实基础。虽然乡村社区的研究有其自身的局限性,但是在以农村社会为主体的中国,拥有较为完整的人文世界的农村社区仍然应是研究中国社会文化变迁的入口。

以全盘社会结构的格式作为研究对象,这对象并不能是概然性的,必须是具体的社区,因为联系着各个社会制度的是人们的生活,人们的生活存在于时空的坐落的社区当中。每一个社区有它一套社会结构,各制度配合的方式。[2]因此,他以最熟悉的江村作为观察中国社会变迁的"窗口",在他身体力行的坚持下,一种以江村的村落空间为场所的追踪研究自20世纪30年代以来得以延续至今。费孝通及其同行共同为江村研究留存了近一个世纪的研究谱系,他们不仅为中国社会学、人类学提

---

1 [美]克利福德·格尔茨:《文化的解释》,纳日碧力戈等译,王铭铭校,上海人民出版社1999年版,第5页。
2 费孝通:《乡土中国》,(美)韩格里、王政译,外语教学与研究出版社2012年版,第177—178页。

供了本土理论和方法,还为中国的乡村研究加进了时间维度,使得历时性的社会变迁在微观社区中的表达得以呈现。

四、江村研究谱系的书写

"江村"是开弦弓村的学名,费孝通为了记录他在开弦弓村所做的社会考察开始编写《江村通讯》,这是仿照他在广西调查时写作的《桂行通讯》。在1936年7月3日至8月25日期间,他一共写了七篇通讯,这七篇通讯中他概述了自己在开弦弓村进行研究的动机和希望,并简要描述了当地的航船、区位组织、人口限制、童养媳以及学校教育等方面内容。[1] 他回忆说:"之所以叫江村,是因为被研究的将是吴江的一个村子,也是江苏的一个村子,我自己的另外一个名字(费彝江)中也有一个'江'字,这样就叫'江村'了。"[2]

根据文献记录,费孝通曾为胞姐费达生代笔,写作过她在当地的蚕丝改良工作,费孝通与开弦弓村的"学缘"也由此埋下伏笔。

(一)费达生在开弦弓村的蚕丝改良工作

江苏吴江县历来以蚕丝著称,这一区域的农民以饲蚕缫丝为第二收入来源。20世纪初,一方面伴随工业革命而来的现代生产机械化日趋兴起,中国传统的制丝技术开始落后于其他国家和地区;而另一方面,农民仍然墨守成规,以土法养蚕。蚕丝质量日趋下降直接影响了蚕丝出售的价格,进而使得当地农民收入不断下降。

为了改变中国蚕丝业的现状,江苏女子蚕业学校开始在吴江的农村展开技术变革的计划和实验。这项实验的推广者就是费达生,那时费达生正是该校的学生,而主持这种蚕丝科技革新推广事业的是时任江苏

---

1 费孝通:《费孝通全集·第1卷,1924—1936》,内蒙古人民出版社2009年版,第457页。

2 邱泽奇:《费孝通与江村》,北京大学出版社2004年版,第11页。

省立蚕业学校校长的郑辟疆[1]。在他看来，中国蚕丝业向以农村妇女为主力，从事栽桑、养蚕、缫丝、织绸，为了便于接近广大蚕农，指导推广先进技术，必须培养一批女性科技人才，因此，他创办了"女蚕"，并亲自制定了"女蚕"的四条教育方针，即："1. 启发学生的事业思想；2. 树立技术革新的风尚；3. 以自力更生和节约的办法充实实习设备，提高教育质量；4. 坚决向蚕丝业改进途径进军，使学生有用武之地。"[2] 正是在这样的治学思想下，他将学校教育和社会实践紧密结合，一批批"女蚕"被培养出来，并成为农村中蚕丝改良活动的技术力量。

由于当时在农村中普遍使用的土种养蚕方法出丝率低且品质较差，郑辟疆认为要革新蚕丝业首先要从改良蚕种入手，因此他一方面委派学校的学生去日本学习蚕业，同时也聘请日本的蚕丝专家来华协助蚕种改

---

[1] 郑辟疆（1880—1969），字紫卿，盛泽镇人。18岁考入杭州西湖蚕学馆，四年后，毕业留校任教，再留学日本，培养出个体大、成熟快的新蚕种和生命力强、极易成活的山地桑。回国后，先后受聘于山东青州蚕桑学堂、山东省立农业专科学校，编纂养蚕学、栽桑学8种教科书。这是我国近代第一批蚕桑学教材。民国7年（1918年），他受聘担任江苏省立女子蚕业学校校长，在校内设原种部、养蚕部和蚕种推广部。带领师生赴吴江县乡村实地考察，指导农民科学养蚕，用洋种代替土种，改良土丝缫制方法。抗日战争时期，他率领蚕校先迁到上海租界，继又撤到四川。在四川积极宣传和推广良种，创立蚕业指导所桑苗圃、蚕种场、冷藏场等，促进川南蚕业发展。解放后，他留任苏州蚕桑专科学校校长，1956年又兼任苏州丝绸工学院院长，直到逝世。他是第一届全国人大代表，第一届全国政协特邀代表，第三、四届全国政协委员，中国蚕学会第一届名誉理事长等。1950年，他与费达生喜结良缘。是时郑70岁，费49岁。黄炎培闻讯赋诗祝贺："真是白头偕老，同宫茧是同心；早三十年结合，今朝已近金婚。"1960年，在他主持下研制成D101型定纤自动缫丝机，并在全国推广，一直使用至今。郑辟疆还校译《蚕桑辑要》《广蚕桑说辑要》《豳风广义》《野蚕录》等蚕桑学著作。（引自吴江市地方志编纂委员会：《吴江县志》，江苏科技出版社1994年版，第850页。）1988年8月，费孝通曾以题为"记姊丈"赋诗："丝结同工茧，敏劳近百年。蚕桑创前程，育才志不迁。事屑千秋业，师生奋共肩。恩泽遍乡里，立像崇先贤。"（引自费孝通：《费孝通诗存》，群言出版社1999年版，第62页）

[2] 费达生、曹鄂：《对我国蚕丝事业的革新和发展作出重要贡献的郑辟疆》，中国科学技术出版社1993年版。

良。优良的蚕种被培育出来后,如何将其应用于村落中蚕农的养殖活动中去,是实现蚕丝改良的关键。因此,他在女蚕学校专门成立了蚕业推广部,主要在农村推广优良蚕种,并指导蚕农的养殖技术。这个部门的由蚕校早期的毕业生胡永絮、费达生分别任正、副主任。对蚕业改良之促进上,则设育蚕指导所于吴江之震泽开弦弓村,继及于无锡之堰桥,吴县之光福等处,于是育蚕改良之声日高,而新蚕种业随之展开。[1] 蚕校的技术改良活动开始选择确定在开弦弓村,与当时村里的小学校长陈杏荪有着一定的关联,他笔述了这一关联的发生过程:

> 江苏素称蚕丝区域,但育蚕家成绩之良否,悉听天时之自然,不加入人力之补救,以致历年失败,倾家荡产者,往往有之。杏荪等有鉴于此,于民国十二年,吴江震泽市议会开夏季常会,与沈秩安先生等提出议案,本区设立育蚕指导所,议决通过,规定经费六百元,适省立女子蚕业学校校长郑紫卿先生,鉴于吾国蚕业日见衰落,提倡改良,增设推广部出外巡回演讲。是年冬,郑紫卿先生偕推广部费达生先生胡永絮先生等来开弦弓村演讲,听者动容。而震泽市总董倪次阮先生,亦以议会议决之育蚕指导所,委托郑紫卿先生规划一切,郑先生即毅然允以震泽区与女蚕校合办,经费不敷,由推广部补助,地点指定开弦弓,定名为吴江县震泽市省立女蚕校推广部合办蚕丝改进社。[2]

1923年,江苏省立浒墅关女子蚕校校长郑辟疆带领青年女教师费达生等,到吴江县震泽、双扬、开弦弓(即江村)等地宣传土丝改良。[3]

---

1 郑辟疆:《省女蚕所负时代之任务及今后之改进》,《江苏教育》1933年第2卷第5期,第87页。

2 陈杏荪:《开弦弓生丝精制运销合作社经过概况》,《合作月刊》1930年第2卷第9—10期,第43—45页。

3 王淮冰:《江村报告——一个了解中国农村的窗口》,人民出版社2004年版,第7页。

1924年，郑辟疆与费达生、胡永絮来开弦弓演讲，其时震泽市也委托女蚕校设立育蚕指导所，并在开弦弓村与省立女蚕校推广部合办蚕丝改进社，由陈杏荪召集历年育蚕失败的蚕户20家，连同陈共21家，于翌年春，在费达生的指导下从事育蚕改进试验。[1] 费达生当时对陈杏荪校长的印象是：

> 开弦弓村有个陈杏荪，他很起劲，是村里的小学校长，要求去他们那里演讲，郑先生答应了。开完会（演讲）后，看展览，看蚕、丝模型和照片。乡下人看得很起劲，高兴地对陈杏荪说能否请先生明年再来村里，教我们学养蚕。演讲后，我和郑先生等人回到船里，陈杏荪校长和乡长来了（送行），对郑先生一躬到地，客气得不得了。在河滩边一躬到地，到今天我都记得。[2]

确定了技术改革实践的地点后，蚕校推广部向开弦弓村派出了养蚕指导员，第一次去的有四人，即胡咏絮、费达生、张兆珍和许杲。

> 当她们乘坐的小船刚摇进村，岸上就有人喊叫着："洋先生来了！洋先生来了！"男女老少都跑到河边来观看，指指划划，议论着她们那白衣黑裙的衣装打扮，以及携带的花洋伞、小皮箱等物件，她们把行李搬进预先安排的一家姓齐人家的西房里，附近的村民都过来围观，一群小孩子堵在门口，有些大胆的还走进房来看她们带来的新蚕种、蚕具和消毒药品。[3]

"洋先生"们的生活安顿好之后，第二天她们就开始在陈杏荪的协

---

[1]《庙港镇志》编纂委员会：《庙港镇志》，浙江大学出版社2002年版，第160页。

[2] 沈汉：《蚕丝人生：费达生女士口述》，载李小江主编《让女人自己说话——独立的历程》，三联书店2003年版，第239—240页。

[3] 余广彤：《费孝通和姐姐费达生》，中央文献出版社2007年版，第20页。

助下组织蚕农建立蚕业改进社。由于蚕丝业是当地村民的第二大收入来源，人们对这种外来的科技改良活动抱有谨慎和疑虑的态度，一开始并不是所有人家都愿意加入她们宣传的改进社，所以最初只有因养蚕失败而致贫的一些农户接受指导。费达生等人在宣传和培训中强调了使用改良蚕种的家户，便不可再养土蚕，但蚕农出于对新蚕种的担忧，有一些农户仍然私下偷养土种蚕。费达生发现了这一情况后，着急生气之余，还是耐心地向村民讲解缘由，同时更加细致地排查蚕室并加强了消毒措施。这一年，蚕茧结出后，改良蚕种都获得了丰收，因而最终得到了开弦弓村民的广泛认可。就此，蚕校这一时期的"技术下乡"活动也圆满结束，这些青年女教师们乘船回到了学校。

1925年费达生在郑辟疆的鼓励下，升任蚕校推广部的主任。这一年，费达生再次带领了学校的女学生们来到开弦弓村指导养蚕。由于此前的蚕种改良实验在村落中取得了成功，当费达生和学生们再次来到村里的时候，许多农户闻讯都纷纷主动前来寻求她们带来的新蚕种，费达生便动员这几十户人家成立了养蚕合作社，并分为几个共育组，而参与第一次共育实践的许多村民在这一次的推广活动中都成为了合作社的"技术骨干"，协助蚕校的学生们指导其他村民的养蚕育种技能。可见，人们对于新事物的了解和接纳需要一定的时间，虽然一开始参与技术改革的农户只有21家，但是仅仅两年的时间，整个村庄的养蚕户都接受了蚕业学校学生的指导。

蚕种的好坏决定了蚕茧的质量，郑辟疆和费达生的土种改良实验的成功使得蚕茧的质量有所保证，接下来他们便开展了蚕丝业改革中的第二步计划，即制丝的改良。太湖一带的农民历来有缫土丝的传统，缫丝的过程分散在一个个农户的家中，这种依靠农民手工缫丝工艺而制作出来的土丝曾经在国际上享有盛名。然而，在机械制丝兴起之后，由于土丝的质量不如机械丝稳定，且无法批量生产，中国丝业日趋衰落，进而导致农民收入的下降。可见，要彻底改良中国的蚕丝业，除了上述的应用新蚕种之外，还要改革这一区域传统的缫丝技术。

费达生在开弦弓村指导育蚕工作一段时间后，尝试在农户的家庭中以一种改良的木制脚踏缫丝车来取代旧式的缫丝机，这是通过改进人们在缫丝工作中的设备和技术来提高丝的质量，并没有改变传统的家庭作坊的模式，人们仍然各自在自己的家庭中完成此项工作。1924年的时候，村里只有10台这样的机器，到了1927年，机器总数增加到100多台，在训练班里有70多名年青妇女。[1] 改良丝车受到农民的欢迎，费达生在震泽镇的"蚕皇殿"中开办了"土丝改良传习所"，用以培训人们使用这种改良丝车。虽然这样生产出来的改良丝优于传统土丝，但在市场销售时仍然遇到了困难，除了市场本身萧条的原因外，最主要的还是由于它始终不能与机械丝的质量相比：

> 原因有丝价低落，而木车制造，究不如机器出品之精。再缫时切断特多，又因出品之时期短，而产额较多，销售颇觉困难。至十七年春，村内各户，虽仍继续进行，但产量大减，仅八担有余。是年又值丝价低落，丝市益形沉寂，且再缫切断仍多，直迟至年终，始脱售于上海锦云绸厂暨某洋行。非特丝价不高，且深受痛苦。知不彻底改革，难免失败之虑，遂有组织制丝合作社之动议。由陈杏荪等发起，建筑工厂，置办机器，以生丝精制运销相号召。[2]

因此，以合作工厂来代替家庭手工生产成为蚕丝业改革中最具变革性的一步，"开弦弓生丝精制运销合作社"就此成立：

> 至十八年二月，得赞助员四百余户，遂组织成功。定名曰吴江县震泽区开弦弓村有限责任生丝精制运销合作社。呈请吴江县政府登记。一方请求省农民银行借贷资本，并请县蚕业场及本校推广部，协助筹备，历三月而厂成。将社员原料茧收入干燥。又两月，全部机器安置竣工。八月某日，有黑烟一缕，出自烟筒，遮覆村上，不

---

1 费孝通：《江村经济：中国农民的生活》，商务印书馆2001年版，第187页。
2 费达生：《吴江开弦弓村生丝制造之今夕观》，《苏农》1930年第1卷第5期。

久汽笛一声，全村农民有七十余人，群进此合作社工厂工作。时逾两月，出丝十二担，头号者十担，运销上海纬成公司营业处，每担得价一千五百卅四元，二号者两担，运销上海华盛绸庄，每担得价一千四百二十五元，与国内名厂出品埒。[1]

在江苏省农矿厅1929年刊行的《农矿通讯》中，介绍了开弦弓村合作工厂的成立过程和运营情况：

> 吴江县开弦弓村生丝精制运销合作社，自十六年冬季开始筹备，至十七年八月开车，所有一切事务，由浒关女子蚕业学校制丝指导员费达生指导进行，并由吴江县立蚕桑场，派指导员二人，协同办理。内部组织：分事务、剥茧、选茧、煮茧、缫丝、复摇、整理、及检查等部，各部事务员及工作员，均由社员分任，计社员四百四十七人，资本总额一万四千六百八十元。制丝机械，有缫丝车三十二架，复摇车十六架，事务员及工作员共七十三人。十七年春秋二季，社员交付鲜茧，共计五百二十八担，均系品质优良，故工作颇觉便利。平均每日每人剥茧十二斤，选茧二十三斤，煮茧六十八斤，每日出丝量三百二十余两，平均每架丝车十两许，条纹为十三至十五。截至十七年终，已出生丝顶号二十余担，头号六担许，商标为金蜂牌，均已分售于上海通运生丝贸易公司，及纬成公司，业经上海生丝检验所，检验匀净，结果极为优良，售价每担达一千一百五十余两，全年出品，均已售出；预计本年度获利颇厚，远胜一般丝厂。上月十五日，该社行开幕礼，本厅及女子蚕业学校及县立蚕桑场，均派员参与，社员全体到社，全村为之轰动，颇极一时之盛云。[2]

---

1 费达生：《吴江开弦弓村生丝制造之今夕观》，《苏农》1930年第1卷第5期。
2 江苏省农矿厅刊行：《吴江县开弦弓村生丝精制运销合作社之概况》，《农矿通讯》1929年第21期。

同年，《农矿通讯》第 60 期还刊出了开弦弓村生丝精制运销合作社所生产的改良丝在吴江蚕业赛会上获奖的消息：

> 吴江县县立蚕桑场于本年六月举行第二次蚕业赛会，由该场会同县府评判员评定成绩，计有开弦弓生丝精制运销合作社之改良丝，馄饨兜信用合作社之丝绵绵线，乡师实小之诸桂茧，成绩均极优良，他如桥下村坛圻村日晖坝村及吴模村等蚕业合作社之产茧数量，均列入特等。现由该县政府呈请给奖到厅，经审查后，当以开弦弓、坛圻、桥下村等三处，确有给奖之价值。因各给匾额一方，以昭激励，业已令县分别转给矣。[1]

费达生在吴江开弦弓村建立生丝精制运销合作社的工作在当时的学界和商界都产生了一定的反响，例如，梁漱溟当时主编的《村治》中，在"乡村运动消息"板块，就有题为"开弦弓村合作社办理之成绩"的文章：

> 江苏吴江县向以蚕丝著称，而尤以旧震属各区为最。开弦弓地近太湖，土壤膏腴，特宜种桑。该村农民，相沿以饲蚕为业，兼营缫丝。然墨守陈法，罔知改良，蚕丝事业，日就衰颓！民国十三年春，震泽市与苏州女蚕校合办蚕业改进社，以指导饲育，改良土丝为目的。村中特派练习生十人，前往肄业，返村后，改用木制足踏丝车，从事生产，产丝一百七十六两，每百两售银六十二元，较土丝约高十分之一。十四年秋，选派练习生十人，赴女蚕校学习制丝法，为期三月。又震泽市丝业公会创办土丝改良传习所，村人往受训练者七十余名。十五年春，村中添置缫丝车七十余座，应用新法，以杀茧箱烘茧，产额骤增至八担有余，价格较土丝约增三分之

---

[1] 江苏省农矿厅刊行：《奖励吴江县开弦弓村等处合作社之蚕业出品》，《农矿通讯》1929 年第 60 期。

一，于是全村震动，鼓舞若狂，兴趣之浓，已臻极点！十六年春，添置丝车九十余座，全期产额达十七担，但木车造丝，销售不易，适值丝价暴落，该项产品，岁底始能脱售，损失不赀！因思改良品质，提高论价地位，非群策群力以谋自救不可，乃有合作社之动机焉。

该社由社员四百八十六户所组成，主其事者为村民领袖陈杏荪，而为之擘画经营者，则为苏州女蚕校费达生女士，从旁赞助者，为吴江蚕业场长孙守廉，震泽农民领袖沈秩安，及苏州女蚕校校长郑紫卿诸人。社股七五三股，每股二〇元，分期缴纳，第一期收入股金三、〇一二元，复向吴江农民银行及震泽江丰农工银行，贷款二七、八〇〇元。于十八年四月，开始筹备、购地、建筑、置办机械，共费银二一、〇〇〇余元，八月初旬，筹备就绪，正式开幕。计缫丝车三十二座，复摇车十六座，工人六十七人——均为社员。社内分事务、剥茧、选茧、煮茧、缫丝、复摇、生丝检查整理、屑物、机开、工役等十部。缫丝部工作者三十二人，每人每日缫丝十两，计共三百二十两。每月停工两日。月可产丝五担有半，全年产额，约七十担。该社产品商标，为金蜂牌。分顶号、头号二种，曾经工商部商品检查局生丝检查处检定清洁程度为百分之九十六，洁净程度为百分之九十二。顶号每担售银一千一百两，多销于用户，头号每担售银一千两，多销于洋行。开车以来，约历九月，生丝及屑物收入，约共六万余元。除去成本及各项开支，可得纯益一万元。

社员育蚕，悉由社中规定同一品种。春秋两季，所缴茧量，每人不得少于八十斤。缴纳时须经评茧员施以肉眼及器械检查之手续。茧质评品如左表：

（甲）

蛹程度	茧层	茧形	色泽	总分
三〇分	三〇分	二〇分	二〇分	一〇〇分

（乙）

烘折	选折	缫折	解舒	总分
二〇分	一〇分	四〇分	三〇分	一〇〇分

缴茧数量之多寡，品质之优劣，定有奖罚条例。社员莫不悉心研究饲育之法，以期改良品质，增加生产，盖亦该社成功之一因也。

该社事业区域，定位十里。居民凡九百余户，入社者已达半数以上。茧之产量，有逐渐增加之势。现在机械，不敷应用。十九年内，拟添置缫丝车十八座，以便扩充。惟五匹马力之引擎，仅有驾驭五十座缫丝车之能力，故该社尚有筹设分社之计划。近者，震泽地方共有蚕业合作社十所，皆以共同购买蚕业上之必需品及改良饲育蚕种为目的。鉴于开弦弓之成效卓著，亦有共同加工运销之动机矣。[1]

此外，侯哲莽在《国际贸易导报》中也有题为《开弦弓生丝精制运销合作社之调查》[2]的报道；以及安言在《女蚕》中写作的《派往开弦弓指导生线合作社情况》[3]。除了这些明确写作开弦弓村的养蚕合作活动的文本以外，还有一些涉及相关内容的文章，如费达生的《我们在农村建设中的经验》[4]、《养蚕合作》[5]等。其中，《我们在农村建设中的经验》就是费孝通以姐姐费达生的口吻帮她写作而成的，可见，那时他虽然还没有真正到访开弦弓村，但姐姐在那里的改革实践工作已经引起了他的注意。

1　梁漱溟主编：《开弦弓村合作社办理之成绩》，《村治》1930年第1卷第7期。
2　侯哲莽：《开弦弓生丝精制运销合作社之调查》，《国际贸易导报》1932年第4卷第1期。
3　安言：《派往开弦弓指导生线合作社情况》，《女蚕》1935年第68期。
4　费达生：《我们在农村建设事业中的经验》，《独立评论》1933年第73期。
5　费达生：《养蚕合作》，《江苏建设月刊》1936年第3卷第3期。

（二）费孝通书写江村生活

1933 年，费孝通以姐姐费达生的名义在北京《独立评论》上发表题为《我们在农村建设中的经验》的文章。在这篇文章中，她提出中国农村建设的主要困难就是地少人多的问题。"熟悉中国人口状态的人，都知道中国人有 80% 以上是农民，每个农民平均只有 5 亩上下的地。"[1] 如此，大规模的机械化农业生产就无法进行，而传统的农业生产方式基本只能够自给自足，无法满足工业发展的原始积累。因此，要将机械引入农村，来提高农业生产的效率。然而，费孝通认为，将机械引入农村并非一件简单的事，因为"社会决不是各部分不相联结的集合体，反之，一切制度，风俗，以及生产方法等等都是密切相关的"[2]。在将科学养蚕技术在乡村中国推广使得农民认识到了科学技术的重要性，但是费达生也意识到"一切科学上的发明，应当用来平均的增加一般人的幸福"[3]，因此，她们根据技术改革和市场需求进一步推进了生丝精制合作社在乡村地区的建立。

这样的丝厂与其他在城市中营业的丝厂相比有许多优势，其中最为重要便是它孕育在原本乡村的生活体系之中。"在里面工作的人，不成为一个单纯的工人。她们依旧是儿子的母亲，丈夫的妻子，享受着各方面的社会生活。不使经济生活片面发展，成一座生产的工具，失却为人的资格。"[4] 这样的实践经验使费达生更加深刻地认识到人们的经济活动不能独立于其他生活体系之外，"我们的制度根本上是要使经济生活融于整个生活之中，使我们能以生活程度的伸缩力求和资本主义的谋利主义相竞争"[5]。

1　费达生：《我们在农村建设中的经验》，《独立评论》1933 年第 73 期。
2　同上。
3　同上。
4　同上。
5　同上。

▲ 开弦弓生丝产销合作社缫丝室

1934年，费孝通又为之代笔，在天津《大公报》上发表了《复兴丝业的先声》。[1] 在当时丝厂停工倒闭、市价紧缩的经济背景下，费达生以自己在开弦弓村的实践经验来说明蚕丝业对苏南农民生计的重要性，并指出丝业的衰落并非其工业本身的问题，而是市场选择的结果。她曾经在日本留学，深知日本丝业的生产和出口状况。"他们独占了市场，暴增了工业的选择力，使中国的农村，一天一天地走上了破产的末路。"[2] 因此，只有我们自己着力发展振兴丝业，才能有出路可走。但是她所希望复兴的丝业，并非西方推行的资本主义营业厂，而是要"使丝业能够安定在农村中，使其成为维持农民生计的一项主要副业"[3]。此外，她同时也指出了一些随新技术的引进而带来的人们生活的变化，特别是她感到社会知识的缺乏而引发的不良的副作用。因此她提倡，"我们希望现在做社会研究的人，能够详细地把中国社会的结构，就其活动的有机

1　费达生：《复兴丝业的先生》，后载《农村经济》1934年第1卷第9期。
2　同上。
3　同上。

性，作一明白的描述，使从事建设的人能有所参考"。[1] 从这样的言语中可以看到，费达生希望他正在从事社会学研究的弟弟费孝通能够来此调查并能帮助他们更加科学地进行社会建设工作。这一时期的费孝通正先后在燕京大学社会学系和清华大学人类学系读书。在其导师史禄国的安排下，赴广西大瑶山进行体质人类学的实地调查。

但费孝通和新婚妻子王同惠在瑶山的考察中迷路，王同惠溺亡于山间的溪流之中，费孝通腿部受重伤。王同惠的离去给费孝通带来巨大的打击和痛苦，却也一直激励和鼓舞他继续从事社会调查研究工作的热忱。1936年7月至他出国前夕的一个多月的时间，费孝通回到家乡休息养伤。这时候，费达生建议他到开弦弓村去小住一段时间，可以一边养伤、休息，一边看看村里丝厂的情况……一旦他亲眼看到了农民的劳动与现代缫丝机器的结合，整个的心思一下就被触动、被吸引住了。[2]

在费孝通看来，这一次调查工作并不是有计划的，也不是某个研究机构的指使，而是"受到了当时社会新事物的启发而产生的自发行动"[3]。他表明，"研究者应有的态度，就是把研究兴趣作主，凡是一切关于名义、经济等等事物上的事情，永远应当看得很轻，看成我们的工具，不应成为我们的目的。我们的目的只有一个，就是增加知识"[4]。

在考察并收集了丰富的田野材料之后，费孝通离开了开弦弓村，趁着出国前的几天时间他再次来到村里补充及校核手中的材料。在离开这里的时候，他不禁感叹"这一个月的紧张工作，只令人愈来愈紧张，紧张到惟有离开是惟一的办法"[5]。这是费孝通在实地研究时的心情写照，研究者正是在"反常"的生活中不断压抑和控制自己的情绪，来艰难地

---

1 费达生：《复兴丝业的先生》，《农村经济》1934年第1卷第9期。
2 张冠生：《费孝通》，群言出版社2011年版，第109页。
3 费孝通：《江村经济：中国农民的生活》，商务印书馆2001年版，著者前言：第1页。
4 费孝通：《费孝通全集·第1卷，1924—1936》，内蒙古人民出版社2009年版，第457页。
5 同上书，第476页。

▲ 在广西大瑶山实地调查中身负重伤的费孝通，1936年暑期应姐姐费达生之邀，回江苏省吴江县开弦弓村休养。图为费孝通和村里的孩子合影

推进自己所期望得到的社会知识的。

1936年9月初，费孝通离开家乡，从上海乘坐邮轮"白公爵"号前往英国，从上海到威尼斯的航程大约要两个多星期，期间他将在开弦弓村所收集的材料整理成篇。在抵达伦敦政治学院之后，最初由弗斯博士作为他的指导老师。费孝通将自己在燕京大学和清华研究院的学习经历以及自己在瑶山调查的过程告诉弗斯，顺便也提及了自己在养伤期间在家乡所做的社会调查工作。"费孝通的话中，虽然在江村考察工作并不是他讲述的重点，但弗斯更感兴趣的却是江村的情况。后来又经过几次交谈，弗斯为费孝通确定了论文题目：中国农民生活。"[1] 随后，马林诺夫斯基从美国回到伦敦，他在美国时曾与费孝通的老师吴文藻交流过，回来便安排了与费孝通的见面，得知弗斯为他选定的论文题目后，就主动担当起了他的导师。至此，费孝通正式成为马林诺夫斯基的门生。

在伦敦两年的留学生活主要是在其导师马林诺夫斯基每周所主持的

---

1 张冠生：《费孝通》，群言出版社2011年版，第133页。

研讨会(Seminar)的讨论中度过的。研讨会是欧洲传统的一种教学组织,也是一种教学方法,在欧洲各大学指导高年级学生时常被采用。[1]研讨会的研究方式是所有的参与者都要围绕着一个讨论的主题进行自己的观点表达,以带动大家的思考并推进该话题的深度和广度。费孝通这两年的留学时间主要经历了两个题目的讨论。1936至1937这个学年的题目是"文化表格",第二个学年的讨论题目是"三项法"。[2]"文化表格"的方法使得人类学者能够对文化的诸多面向有一种精细的划分,以便他们能够在社会体系中对这些面向有更为清晰的认识,而"三项法"所表明的文化变动状态能够让研究者注意把握文化进程的真正阶段。这些洞悉文化的学术训练潜移默化地影响着费孝通的文化思考脉络。另一方面,马林诺夫斯基要求任何人都要根据自己真正的调查事实来谈论,这种从实求知的治学态度也深刻地影响了费孝通的学术性情。

费孝通的老师吴文藻,因得到洛氏基金会游学教授奖金的支持,游学欧美各国,也来到了伦敦,与阔别数月的马林诺夫斯基教授再次进行了交谈,宴别时马林诺夫斯基将自己的《文化论》初稿相赠,费孝通此时便承担起了《文化论》的翻译工作,译稿随译随寄,供遥在国内的天津《益世报》每周一次的"社会研究"副刊采用,直至国内抗战开始。[3]

费孝通在英国的训练还包含了一项重要的内容,即英语能力。研讨会要求每一位在席者都要有良好的听说能力,费孝通说自己"最初参加这种场合,真是连话都听不懂"[4]。因此,他下苦功学习英文,"每天早上总要费半个钟头读《泰晤士报》的巴力门辩论节略,我的目的不在政治,而在学英文。这里面有着最漂亮、最动人的现代文学"[5]。自己的苦练是一方面,而导师的悉心指导也是一种极大的鞭策。"当我写论文时,写

---

1 费孝通:《芳草天涯》,苏州大学出版社1994年版,第30页。
2 张冠生:《费孝通》,群言出版社2011年版,第135页。在这一页的注释②、③中分别有对这两个主题具体内容的详细描述。
3 同上书,第139页。
4 费孝通:《芳草天涯》,苏州大学出版社1994年版,第33页。
5 同上书,第206页。

完了一章就要到他床前去念，他用白布把双眼蒙起，躺在床上，我在旁边念，有时我想他睡着了，但是还是不敢停，他有时突然从床上跳了起来，说我哪一段写得不够，哪一段说得不对头"[1]。正是如此细致严苛的要求和磨炼，费孝通最终完成了自己的博士论文，并于1938年春，在马林诺夫斯基家顺利地完成了结业考试，并在他的推荐下，把这篇博士论文交由伦敦Routledge书局出版。1939年，*Peasant Life in China*（《江村经济》）首先在海外问世，并在学术界产生了巨大的影响。

当时，在国内的《图书季刊》上也相应报道了该书的出版信息和内容概要：

Fei, Hsuaio-tung: *Peasant life in China, a Field Study of Country Life in the Yangtze Valley*（江村经济）

Hsiao-tung Fei（费孝通）著

一九三九年伦敦George Routledge & Sons 出版 精装一册 三〇〇面 价英金十先令六便士

本书叙述中国农民之经济及社会生活。叙述之地域虽仅限于一小乡村，惟此乡村中之现象，至少可代表江南一带之普遍情形，著者费孝通氏，为知名之社会学及人类学专家。费氏是书所研究叙述之对象又为其极熟悉之家乡，是书之方法及见解，宜为社会学者所重视。

研究地域，系江苏吴江县开弦弓。其地位于太湖南岸，面积三千亩有奇，十分之九为农田。每年产稻额约八千蒲式耳（bushels）或二万八千石。村中居民自己消费者才一小半。居民百分之七十六业农，而蚕桑亦为主要生产事业。最近数年。国际市场上丝价大跌，农村经济颇受其影响，此村之经济及社会生活，亦在激辩中，本书主要之目的，即在分析此种原因。此村之特色：（一）为丝业之重要中心，（二）农业极发达，亦为研究土地问题之最好地域，（三）水

---

1 费孝通：《芳草天涯》，苏州大学出版社1994年版，第42—43页。

道为最主要之交通网，船为唯一之交通工具，几乎家家有之。著者虽寄居村中不过数月，但与村人相识颇亲切，所得资料亦极正确。

全书区为十六章。首章序言。第二章述此乡村之地理环境，经济背景，居民概况，及本书以此村委研究对象之故。第三章述家庭组织，以及伦理观念，家庭教育，婚姻状况。第四章述财产之所有权，及其使用，分割，买卖，与承继。第五章述戚族关系，兼及养子习惯。第六章述家庭与乡村社会之关系以及保甲制度。第七章述村民日常之衣食住行，以及节令之习俗，费用之额。第八章述村民之职业。第九章述村民应用之历，以阴历为主。第十章述农事，仅限于种稻。第十一章述土地分配情形，于湖塘，水稻，道路之使用，土地之业主，地主与佃农之制，叙说甚明。第十二章述丝业，于旧法及新法之养蚕，丝厂，政府之协助，丝价跌落之恐慌，以及补救之方法，皆有详细分析及说明。第十三章述牧羊及营商，为一部分村民之补助职业。第十四章述交易，即村民与城市居民之经济关系。第十五章述财政，储蓄，立会，借贷，合作事业皆属之。末章述中国农村问题，为本书之结束。全书各章，当以第十二章为最重要，第十一、十五两章次之，书末附录"亲属称谓"。书首有英国伦敦大学人类学教授 B. Malinowski 序文。

以本国人而读是书，当感觉书中叙述，十九为人所共知之事实。但异国人研究中国农村生活者，不知一切日常之风俗习惯及一般生计，对于经济生活，有时亦发生隔膜。本书之巨细不遗，则最便外国人士，使其获得对中国农村之基本知识也。（毓）[1]

1938年10月底，费孝通从伦敦回国，当时日本帝国主义已发动全面侵华战争，华北及沿海的诸多高等院校内迁，学术中心转向内地，因此，他从云南昆明登陆，并于11月15日即赴禄丰县做实地调查。在其老师吴文藻的擘画下，1938年在云南大学成立了社会学系，并于1939

---

[1] 国立北平图书馆图书季刊编辑部：《图书季刊》1939年第1卷第4期。

年同燕京大学合作成立了一个社会学研究室。[1] 1939年，费孝通主持云南大学和燕京大学合作联合成立的社会学研究工作站的工作，任研究员；1940年，因日军轰炸昆明，社会学研究工作站迁至呈贡魁星阁。[2] 这一时期，费孝通选取了三个不同类型的农村社区进行调查，分别为禄村、易村和玉村，与他此前的江村调查形成比较研究。此外，自1938年底开始，费孝通任云南大学社会学教授并在西南联大兼课，但他作为正式教员出现在国立西南联合大学的教职员名册中是在民国三三年（1944年）。

在国立西南联合大学社会学系全职教职员名单册中，是这样记录的：费孝通，男，三七，（到校年月）三三·八，（到职年月）三三·八，英国伦敦大学博士，云南大学教授。[3] 以下是1944—1945年国立西南联合大学社会学系的教员名单以及费孝通所授课程：

表1-1 国立西南联合大学三十三年度（1944年）社会学系教员名单[4]

授兼主任	潘光旦
教授	陈序经、吴泽霖、李树青、周罧祓
讲师	陈达、费孝通、瞿同祖
助教	袁方、徐光伟

表1-2 国立西南联合大学三十四年度（1945年）社会学系教员名单[5]

主任	潘光旦
教授	李景汉、吴泽霖、李树青、陈序经、费孝通
助教	袁方、徐光伟、全尉天
讲师	陈达

---

1 费孝通、张之毅：《云南三村》，社会科学文献出版社2006年版，第3—4页。
2 中国民主同盟云南省委员会编：《费孝通与云南》，群言出版社2013年版，第305页。
3 北京大学、清华大学、南开大学、云南师范大学编：《国立西南联合大学史料（四）·教职员卷》，云南教育出版社1998年版，第262页。
4 同上书，第169页。
5 同上书，第184页。

表 1-3　国立西南联合大学社会学系必修选修学程表（1944 年至 1945 年度，节选）[1]

学程	必修或选修	学期	学分	教师
民族学	3, 4	上	3	费孝通
社区研究	3, 4	下	3	费孝通

表 1-4　国立西南联合大学社会学系必修选修学程表（1945 年至 1946 年度，节选）[2]

学程	必修或选修	学期	学分	教师
社会制度	Ⅳ		6	费孝通
农村社会学	3, 4	上	3	费孝通
社会变迁	3, 4	下	3	费孝通

可以看到，费孝通在初访江村之后，对中国社会的认识和研究先是有了一个空间上的扩展，即他在云南三村的调查，虽然当时他还没有着笔于跨区域的比较研究，但这些研究经历使得他有了一份非常开阔的潜在思路，他并不是像以往的西方人类学者那样，将研究限定在一个区域，而是横向地从空间上扩展开来。基于对中国社会不同类型的农村社区的考察，以及他在授课过程中的训练和思考，费孝通对中国社会的整体认识日趋成熟，他的《生育制度》、《乡土中国》以及《皇权与绅权》等论述中国传统社会制度与结构的作品也相继问世。

1956 年 1 月，周恩来总理召开关于知识分子问题的会议。此后成立专家局，由齐燕铭任局长，费孝通任副局长。8 月，费孝通赴云南等西南地区进行少数民族社会史和知识分子问题调查。

（三）1957—1980 年的江村研究

费孝通第二次来到江村是受到了一位国外同行的启发，即最先来到江村进行重访研究的澳大利亚人类学者葛迪斯（W. R. Geddes）。

---

[1] 北京大学、清华大学、南开大学、云南师范大学编：《国立西南联合大学史料（三）·教学、科研卷》，云南教育出版社 1998 年版，第 354—355 页。

[2] 同上书，第 386 页。

1. 葛迪斯、费孝通重访江村

1956年，葛迪斯教授随新西兰文化代表团来华访问，并在江苏吴江的开弦弓村进行了短期的社会调查。他表明，多年前他曾阅读到费孝通 *Peasant Life in China*，并将此书作为自身在人类学专业领域教学工作的必读书目。"这本书实际上对许多学者都有深刻的影响，它不只是作为社会经济的社区研究的一个早期典范，同时也展现了此类研究的价值，这类研究以前主要局限于原始社会，而此次却是应用于文明社会的人。"[1]葛迪斯教授说，"我常常希望知道之后的这些年那里的人们的情况是怎样的？是不是在破坏了传统村落的同时产生了一个新的村落？"[2]因此，他作为新西兰文化代表团的成员，于1956年访华期间，向周恩来总理表明希望能到开弦弓村访问，获得准许后，5月12日他来到了这里。

从北京出发途经南京、苏州，12日傍晚葛迪斯抵达开弦弓村，他开始对村庄的诸多方面进行第一手资料的收集工作。在他看来，在这么短的时间里进行社区调查是令人难以置信的。但是，一方面有费孝通的书可作为研究框架，另一方面有助手的帮忙，他还是在这几天里收集了丰富的村落资料，包括人口、家庭、生计、土地、缫丝工厂、合作化的农业、教育等方方面面的内容。通过对这些社会面貌的直观体验，葛迪斯谈道："我最愉快的感受就是发现开弦弓村并没有被破坏，房屋看上去完好无损，缫丝工厂已经被重建并被给予了特殊的功能……学校欣欣向荣，并有了村庄图书馆。"[3]他也确实看到了，"今天的开弦弓村在物质生活上已经比二十年前好多了，并且他们有了更为强烈的安全感。这种情况在中国各地不断重复发生着。这些组成了最为伟大的共产主义力量及其最丰厚的收获。他们给乡村带来帮助"[4]。这正是在共产党引导之下

1　W. R. Geddes, *Peasant Life in Communist China*, The Society for Applied Anthropology, Rand Hall, Cornell University, Ithaca, Neo, 1963, p.5.

2　同上书，p.7.

3　同上书，p.8.

4　同上书，p.56.

▲ 葛迪斯拍摄的江村生活

的中国农民生活的真实景象。因此，他将此次的调查材料整理写作，于1963年出版长篇报告 Peasant Life in Communist China: A Restudy of the Village of Kaihsienkung（《共产主义中国的农民生活》）。

  1956—1957年这段时间，费孝通除了继续进行少数民族的研究工作外，还进行了一些知识分子的工作，并正在试探着在中国恢复社会学。葛迪斯来华，周恩来接见葛迪斯的代表团时，费孝通也在现场，他参加了这次接见。[1] 费孝通与葛迪斯在北京的会面和交谈，使他得知说英语的国家对《江村经济》和开弦弓村仍然感兴趣，他出发前似乎说过他这次调查将具有国际意义（这使得《新观察》为他派了一名报道员和摄影记者），并表示将满足曾为他出版过《江村经济》的伦敦出版商 Routledge & Kegan Paul 的要求，再出版一本有关在中国新政权下农民生活变化的英文版书籍。[2] 作为江村研究的开启者，费孝通自认有责任和义务再到开弦弓村去，对这个村庄的变化进行实地考察和跨时性的比较研究。因此，1957年4月26日至5月16日，费孝通偕同姐姐费达

---

1 张冠生：《费孝通》，群言出版社2011年版，第340页。

2 [美] 阿古什：《费孝通传》，董天民译，河南人民出版社2006年版，第199页。

生重访江村。

当地报纸《吴江报》(1957年6月1日,星期六,第49号)对他此次的重访活动予以了报道:

大力发展副业生产 教育农民注意积累
——费孝通重访本县开弦弓村提出的意见

全国人民代表大会代表费孝通,最近在他二十年前调查过的本县开弦弓乡开弦弓村(即联合三社)作了二十天的调查。

费孝通指出这个村的粮食总产量,1956年比1936年增加了60%,特别在农村合作化以后,增产非常显著;但是副业生产,目前还没有恢复,比1936年水平还低40%。因此,尽管农业上升较快,农民的纯收入,1956年只比1936年增加5%左右。他认为如果解决缺肥问题,水稻现在每亩五百多斤,有可能提高七百斤左右。目前这个村人多地少,要增加农业收入,光靠农业增产是不够的。

费孝通谈到这个村的副业生产存在几个突出问题。第一是蚕茧产量只及二十年前的60%,原因是桑田面积缩小,桑叶产量下降。他说:"如果进行补种、垦种,在三五年内把面积扩大一倍是可能的,但是今年没有动手。"第二是他建议有关部门排排队,将许多农产品加工企业放到农村里去。第三,这个村是一个水乡,现有一百六十多条船。从前每条船在积肥以外,农闲时从事运输副业,每年赚回相当于七百五十斤大米的收入,现在只有十条船在做,船力浪费很大。他说,是否可以研究一下这些船力怎样在运输方面发挥作用。第四,家畜副业的饲料还没有彻底解决,阻碍着羊、兔、猪等副业的发展。因而不能充分积肥,影响农业产量的提高。他建议领导上能够注意研究利用水面来种植饲料。

费孝通进一步提出了当前农村中的一个社会问题:农民不注意积累。他说:"这里农民的收入在全国来说是高的,去年集体收入的分配按人口每人平均分到八十二元,加上家庭副业收入,每人在一百元以上。可是这里农民生活费用之高也是全国突出的。合作化

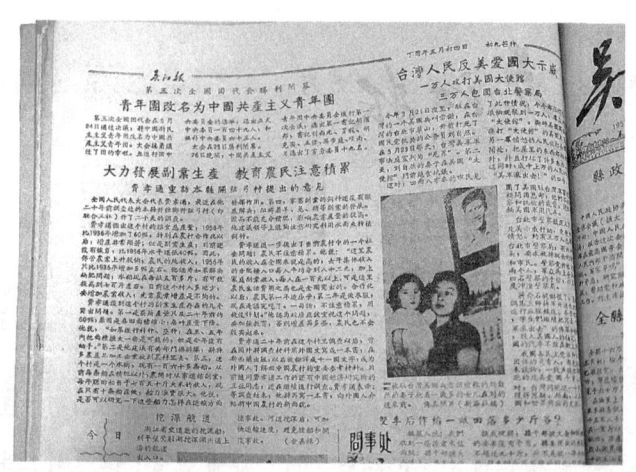

▲《吴江报》(1957年6月1日，星期六，第49号)对费孝通重访江村的报道

以后，农民第一年造房子，第二年是做衣服，现在是讲究吃了。一句话，不注意积累，用钱没计划。"他认为政府应该重视这个问题，要加强教育，否则增产再多些，农民也不会殷实起来。

费孝通二十年前在这个村里调查以后，曾在国外将调查材料用外国文写成一本书，在新西兰出版，以后被翻译成十一国文字，成为外国人了解旧中国农村的重要参考资料。目前随同费孝通工作的还有中国经济研究所的三位同志，还在继续进行调查。费孝通表示：等调查结束，他将再写一本书，向外国人介绍新中国农村的新面貌。

从这篇报道中可以看到，费孝通当时的身份是全国人民代表大会代表，她的姐姐费达生也已是省人大代表。在重访的二十天里，他主要考察了农民的经济生活，并与二十年前自己的调查情况进行了比较，虽然看到了粮食大幅增产，农民生活水平提高了很多，但同时也分析了在发展过程中存在的一些问题，提出要重视发展副业，并提醒农民注意积累。

对于这一次的重访，老县长于孟达回忆道：

我跟费老在一起说过,他写《重访江村》是很期待的。一方面要讲土改合作化,要说共产党对农民所做的好事情,土改合作化的成果要肯定,但是问题也要讲,粮食增产了,农民吃不饱。费老要说出问题,所以这篇文章他写得很吃力。费老还是讲了实话,他用了20天左右的时间,住在村子里调查。那时没有电灯,烧火油的,每天一斤,点着煤油灯算账,找粮食增产但农民吃不饱的原因。第二个问题,农民没钱花,小孩子不读书,读不起书,要割羊草,文章里都有。为什么没有钱,问题出在副业上。当时的副业情况还不如1936年他一访时的好。养猪养羊下降了,缫丝厂没有了,工业也没有了。所以他在文章最后提出,建议中央要重视发展副业和工业。二访江村的结果你晓得的,费老开的药方,毛主席非但没有采纳,还把他给"打倒了"。

费孝通写作的《重访江村》,在该年6月份的两期《新观察》杂志上连载发表。在这篇文章中,费孝通主要强调了建立乡村工厂的问题。当他看到村民的粮食出现问题,儿童割草不读书等现象后,他认识到副业和工业的发展在解决当地地少人多的状况的重要性。"小型轻工业工厂是促进农村技术改革的动力,许多屑物都是最好的肥料,工农业在技术改进上都可以联系得起来。何况工业过分集中到城市里去,社会上已经出现了许多不易解决的问题,人口不必要的集中是有害无利的。"[1] 另一方面,可以用河泥做基肥,发展肥料生产作为副业。追肥的供应除了化学肥料工厂外,就是要把动物看成自然的肥料工厂。而这种工厂都可以分散到乡间去,发展起来可比重工业快得多。[2]

另一方面,费孝通在思考村落资源的进一步发展和利用时,意识到:"这是个水乡,到处是河道、湖泊。水的面积不下于陆地。我在船

---

[1] 费孝通:《费孝通全集·第8卷,1957—1980》,内蒙古人民出版社2009年版,第56页。
[2] 同上书,第61页。

▲ 1957年费孝通重访江村

上产生了一个问题,如果这片水能利用,那多美呀!"[1]在他看来,"我说水比陆地强,水底有个面,中间还有个体积,立体发展,地有一,水有三,水底的河泥已经利用了,水中可以养鱼,水面可以种水草作饲料。不是一举三得么?"[2]通过实地的考察和理论的分析,费孝通看到,在苏南的水乡地区,工业、副业与农业的发展应当是相互配合、相互支持的。在资源、劳力、资金的利用上,可以搭成一个有利的循环:水面上长饲料,养猪、羊、兔子,增加肥料供应,提高地面作物产量,包括田里的稻麦豆菜,地上的桑树瓜果,积累了资金,投到渔业里去,满河满荡的鱼,就是荒年,这样的村子也不愁衣食了。[3]在农民的生产和消费的关系上,他结合当时的国家发展阶段,提出了"勤俭"的生活理念。勤可以多生产,俭是少消费。勤和俭加起来,增加了积累。我们的国家现在还是农民占绝对多数,多吃1斤米和少吃1斤米,积少成多,相差

1　费孝通:《费孝通全集·第8卷,1957—1980》,内蒙古人民出版社2009年版,第62页。
2　同上书,第62页。
3　同上书,第63页。

的数目是很大的。[1]

2. 作为"罪证"的江村研究

1958年上半年,国家开始集中全力进行反右派运动,几万名右派知识分子受到批判,或被从领导岗位上撤下来,费孝通是第二批受到批判并被宣布为右派的六个人之一。[2]进而他的研究作品也成为众矢之的,纷纷被拿来作为"罪证"进行解读和分析,其中《江村经济》和《重访江村》成为他的"典型罪证"。显然,当时为此所做的相关调查和批判文字是为批判而进行的一些肆意的推断和牵强的套用,而非真正的学术研究,因此,本文中暂不予以讨论和引用。

"在此后的二十年里,费孝通已不再宣扬他的观点,他受到贬黜,渐渐地被人遗忘了,他不能再研究中国社会、教书或出版著作,与外国人的联系中断了,他也不能为新中国的建设施展才能,在60年代,听不到有关他的消息,据称,他于1957年至1979年未在中国发表过什么著作,并于1963年曾致函伦敦出版商Routledge & Kegan Paul,请求不要再版他的《江村经济》一书。"[3]这一时期,费孝通与潘光旦、吴文藻同在科学院少数民族研究组工作,也没有再去江村考察或写作有关与此的文章。

(四)八十年代以来的江村研究

20世纪80年代以来,江村研究的再次开启与费孝通重新恢复其学术地位和政治身份不无关联。1977年国家成立了与科学院平行的机构"中国社会科学院",其中成立了民族研究所,费孝通出任副所长;1979年春天,在昆明成立了民族研究学会,费孝通是副会长之一;同年正式成立社会学研究会,费孝通是会长。沉寂二十二年以后,费孝通再次开

---

1 费孝通:《费孝通全集·第8卷,1957—1980》,内蒙古人民出版社2009年版,第71页。
2 [美]阿古什:《费孝通传》,董天民译,河南人民出版社2006年版,第202页。
3 同上书,第217页。

始写作出版。与此同时，他开始担任许多政府要职，并经常出国访问。1980年中国社会学研究会召开了大会，费孝通以会长的身份在会上作了报告。美国应用人类学会于1980年在丹佛授予费孝通马林诺夫斯基年度奖，他以《迈向人民的人类学》为题发表了演讲。

1981年，费孝通偕同姐姐费达生三访江村，此后，他便每年都会回访这里，带领自己的同行、学生在这里建立调查基地，进行追踪考察，而他的研究课题也从村落研究扩展到小城镇等方面的探讨。另一方面，国内学术环境的日益开放，也使得更多对费孝通和江村感兴趣的外国学者能够前来参观访问。

笔者在吴江档案馆依照时间顺序查阅了当地的报纸《吴江报》(后《吴江日报》)，并整理了费孝通20世纪80年代以来每年在吴江考察的部分相关报道，现将时间和标题整理如下：

表1-5 《吴江报》(后《吴江日报》)对费孝通在吴江的报道[1]

时间、期号、版面	标题
1995年5月18日，星期四，第41期	《全国人大常委会副委员长费孝通视察吴江》
1995年5月23日，星期二，总第43期	《吴江，永远的故乡——费孝通副委员长与本报记者谈回乡感想》
1996年4月15日，星期一，总第201期，今日四版	《鲈乡荡春风 殷殷乡情浓——记费孝通副委员长视察家乡》
1997年4月10日，星期四，总第424期 今日四版	《家乡的变化使我欣慰——记费孝通副委员长视察吴江》
1997年10月16日，星期四，总第560期 今日四版	《全国人大常委会副委员长费孝通来我市考察》
1998年4月14日，星期二，总第703期 今日四版	《"草根工业"长成"满帆工业" 费孝通回家乡 鼓励农村经济》
1998年10月9日，星期五，总第856期，今日四版	《'98中国吴江金秋经贸洽谈会隆重举行 费孝通到会祝贺 项怀诚发来贺电 中国行政管理学会专致贺辞》

---

[1] 详细报道内容参见附录1。

续表

时间、期号、版面	标题
1998年10月12日，星期一，总第858期，今日4版	《费孝通在我市考察 他指出要用科技来提高现代化水平》
1999年3月3日，星期三，总第978期，今日4版	《费孝通昨抵家乡调研——汝留根程惠明等于费老亲切会谈》
1999年4月12日，星期一，总第1012期 今日4版	《费孝通来我市考察 汝留根、程惠明等会见费老一行》
1999年11月1日，星期一，总第1185期，今日4版	《梁保华看望费孝通 他代表苏州市四套班子恭贺费老九十华诞》《费孝通回家乡考察 汝留根陪同费老考察开发区》
1999年11月4日，星期四，总第1188期，今日4版	《费孝通学术研讨会在我市举行 丁石孙、钱伟长及中外知名大学学者出席活动》《陈德铭看望费孝通》
1999年11月5日，星期五，总第1189期，今日4版	《费达生立像仪式在苏大举行》
2000年4月3日，星期一，总第1315期 今日4版	《费孝通回家乡考察 他认为家乡日新月异，工作做得很好》
2000年4月4日，星期二，总第1316期 今日4版	《费孝通考察市经济开发区后认为 吴江电子资讯产业园优势明显》
2000年9月5日，星期二，总第1448期，今日4版	《费孝通第二十六次回家乡考察 充分肯定吴江"三资（制）"工作 汝留根、程惠明及省、苏州市人大领导等陪同》
2000年10月20日，星期五，总第1487期，今日8版	《费孝通回家乡参加经洽会 汝留根、程惠明、张钰良、徐静柏等看望费老》
2000年10月21日	图片新闻：原全国人大常委会副委员长费孝通在峻凌电子（苏州）有限公司喜看PC板
2001年10月24日，星期三，总第1797期，今日8版	《费孝通回家乡考察》
2001年10月25日，星期四，总第1798期，今日8版	《费孝通观看历代名人咏吴江碑廊》
2001年10月27日，星期六，总第1800期，今日4版	《2001年中国吴江金秋经贸洽谈会隆重举行 费孝通致辞，项怀诚致贺信，省和苏州市领导及海内外千余名客商共赴盛会》
2002年9月14日，星期六，总第2071期，今日4版	图片新闻：原全国人大常委会副委员长费孝通，昨天回家乡调研城镇化发展情况。图为朱建胜（左）和费孝通（右）在一起。（王炜摄）

续表

时间、期号、版面	标题
2002年9月30日，星期一，总第2085期，今日8版	《送上巨幅寿字 祝愿健康长寿 朱建盛等看望费孝通费达生》
2002年10月1日	《费老来到孩子中间》
2002年10月15日，星期二，总第2094期，今日12版	《家乡如此年轻靓丽》费孝通

从这些新闻报道的描述中可以看到，费孝通非常关心家乡吴江的发展变化，并且每年都身体力行地回乡视察，了解农村经济、乡镇企业、小城镇建设等方面的情况。在他每次回乡行程中，几乎都会亲自到访江村，与镇、村干部进行座谈，到农户家看望老朋友，与乡亲们在一起喝茶聊天。接下来，笔者整理了费孝通二十八次访问江村的时间和成果，并以谱系的方式详细叙述费孝通自1981年三访江村开始的考察情况。

表1-6 费孝通访问江村一览表

序列	时间	研究成果
一访	1936年7月3日—8月25日	《江村通讯》《江村经济》
二访	1957年4月26日—5月16日	《重访江村》
三访	1981年10月1—4日	《三访江村》
四访	1982年1月6—14日	《从鱼米、丝绸之乡到兔毛纺织之乡》《苏南农村社队工业问题》《故乡养兔》《论中国家庭结构的变动》
五访	1982年10月24日	《小城镇在四化建设中的地位和作用》《谈小城镇研究》《家庭结构变动中的老年赡养问题》
六访	1983年5月2日	《农村工业化的道路》《小城镇 大问题》
七访	1983年10月3—8日	《小城镇 再探索》
八访	1984年10月21—23日	《小城镇 新开拓》
九访	1985年7月9—22日	《九访江村》《三论中国家庭结构的变动》

续表

序列	时间	研究成果
十访	1985年10月12—18日	为写作《江村五十年》考察
十一访	1986年5月16日	《江村五十年》
十二访	1987年5月31日	
十三访	1987年9月4日	《镇长们的苦恼》
十四访	1990年4月14—15日	《长江三角洲之行》
十五访	1991年4月14—21日	《吴江行》
十六访	1993年10月14日	《乡镇企业的发展与企业家面临的任务》
十七访	1994年10月13—15日	
十八访	1995年5月	
十九访	1995年10月18日	
二十访	1996年4月4日	《吴江的昨天、今天、明天》
二十一访	1996年9月19日	
二十二访	1997年4月8日	
二十三访	1998年4月2日	
二十四访	1999年4月13日	
二十五访	2000年4月1日	
二十六访	2000年9月3日	
二十七访	2002年9月29日	
二十八访	2003年4月	《家乡小城镇发展的二十年》

1. 费孝通对江村的回访

（1）第三访

1981年10月1日，费孝通偕同姐姐费达生一起再次来到开弦弓村，这一年费孝通已经是71岁的高龄，费达生也已78岁了。此次的"回乡探亲"成果随之成为他在英国皇家人类学会1981年赫胥黎纪念会上的演讲。费孝通三访江村为期4天，时间虽短，但却收集了丰富的基础资料。

实际上，费孝通在收到弗斯老师来信的建议前，就已有意想再访江村，"叙述这个农村的新面貌"[1]。他认为江村有着极其重要的学术价值，"用开弦弓村作为一个观察中国农村变化的小窗口有一个好处，就是我们有近五十年的比较资料"[2]。

费孝通第三次回访江村，仍然把主要的关注点放在了经济问题上。通过比较不同时期这里的经济状况，他认为开弦弓村之所以能够从1978年以来在三年的时间里快速地富裕起来，"主要是由于1979年以来贯彻了党的三中全会决定的政策，改变了农村的经济结构"[3]。实行多种经营的方针政策使得开弦弓村原本衰落的工业和副业得到了大力发展，养蚕业成为当地村民着重经营的集体经济，副业从20世纪30年代的养羊转变为50年代的养兔，成为家庭收入的重要部分。工业和副业的发展带来了农民的增收，村民们一致反映温饱的问题已经解决。"现在主要的问题是住，也即是房屋和家具。"[4] 人口的增加使得村民不得不考虑到建房的需要，而近几年收入的增加正好可以满足他们的这一点要求。因此，"这些钱怎样花呢？绝大多数的农民的答案是居住更新"[5]。费孝通在参观了新房和老一代卧室之后，他看到新建的房屋内的基本设施，如床柜箱桌等，主要都是在结婚时添置的，他作出估计："这三年来开弦弓村农民收入的增加，其中相当大的一部分是通过结婚的过程而消费在家庭生活的物质更新上的。"[6] 因此，费孝通认为，农民的商品消费日益增多，如何去指导他们的正当消费，是有必要进行调查研究的。

此外，从开弦弓村经济结构的变化上看，虽然目前已经看到了个体经济恢复和发展给农民带来的直接利益，但是农村集体经济的地位和作用仍不可忽视。"中国的农业和乡村工业主要是属于集体经济的部分，

---

1 费孝通：《三访江村——英国皇家人类学会1981年赫胥黎纪念演讲》，《江苏社会科学》1981年第17期。
2 同上。
3 费孝通：《费孝通全集·第9卷，1981—1982》，内蒙古人民出版社2009年版，第143页。
4 同上书，第144页。
5 同上书，第145页。
6 同上书，第146页。

▲ 1981年10月1日，费孝通三访江村，与当年丝厂女工庄阿秀合影

它们的性质一直没有改变。"[1]因此，农民收入中副业部分的增加并不能归功于个体经济，集体经济那一部分按劳分配收入所得以及集体事业的经费、扩大生产的投资等公共部分还应算入其内。另一方面，农村经济结构表现出"农业比重下降、副业有所增加和工业激增"[2]的趋势，普遍而言，乡村工业的发展是农村经济结构中变化最突出的部分，同时也是引领农民致富的根本原因。

在农业发展问题上，费孝通看到了在耕地面积无法增加，只能靠提高单位面积产量的方法来解决粮食供应的问题，然而，开弦弓村在这方面可供挖掘的潜力已经不大。虽然副业的兴起能够为农民增收，但是由于农业发展的局限性，"凡是要利用农业原料的副业，如猪与家禽的喂养还需要粮食，养蚕需要桑叶，都已受到限制，而且这限制也将越来越大"[3]。因此，他认为副业的前途在水的利用上。而从农业、副业和工业上看，工业仍然是前瞻潜力最大的方向。然而，乡村工业也不能一概而

1　费孝通：《费孝通全集·第9卷，1981—1982》，内蒙古人民出版社2009年版，第147页。
2　同上书，第148页。
3　同上书，第149页。

论,费孝通将乡村工业划分为两种类型,"一种是用本地区所产的原料加工制造,例如从养蚕、制丝、丝绸、刺绣,到制成消费品,直接在市场上销售……另一种农村工业是为都市里的大工厂制造零件,例如上还有一些缝纫机厂,自行车厂把零件包给社队工厂"[1]。

"我觉得特别兴奋的是在这里看到了我几十年前所想象的目标已经在现实中出现,而且为今后中国经济的特点显露了苗头,在人口这样众多的国家,多种多样的企业不应当都集中在少数都市里,而应当尽可能地分散到广大的农村里去,我称之为'工业下乡'。"[2] 这正是费孝通从实际出发而得出的中国社会主义工业化发展的独特道路。

老县长于孟达回忆了费老三访江村时的情况:

> 费老三访江村时,我是第一次见到他,当时我在当县长,费老来是1981年的冬天吧。他讲到来访的目的,是要到英国去拿赫胥黎奖章,在那里发表演讲,作为演讲材料来考察。在这里,首先我们要看到费老为什么决定要讲江村的情况,他也可以讲其他问题,他对民族问题也很有研究,为什么他不讲这些方面,当然有人建议。也说明费老,我看他一个是志在富民,一直把农民的问题放在第一位,这是他的心性。一个他还是坚持自己先前的观点是正确的,虽然经过反右批判、文化大革命批判,都是批判这些观点,但是他不认为自己的观点是错误的。所以他坚持再次来到江村,假如他动摇的话,他完全可以不来这里,到其他地方去调查。但是费老并没有说。
>
> 费老三访江村,我认为他的心情是最好的,是他最高兴的一次来访,也可以说他这一次是用最好的语言来写江村的。
>
> 三访江村,他一来,我就汇报了我们全县三中全会以后发生的

---

[1] 费孝通:《费孝通全集·第9卷,1981—1982》,内蒙古人民出版社2009年版,第150页。
[2] 费孝通:《三访江村——英国皇家人类学会1981年赫胥黎纪念演讲》,《江苏社会科学》1981年第17期。

变化，乡村企业办起来了，副业发展了，通过家庭承包，农民的积极性提高了，各方面都起了变化。三中全会是一个转折点，因为解放以后我们一直在极"左"思想的影响下，农民的收入长期徘徊在120块左右，像开弦弓就是在这个水平上，算好的嘞，差的还不到嘞。到1982年一下子提高的200块，翻了一番，哪里来的？靠工业副业。所以那时候开弦弓已经有乡里办的缫丝厂了，村里也办了一个丝织厂。副业也发展得很好，养兔，养猪，养羊。三访江村，从费老心情的变化，就可以看出费老是怎么样的一个人，他是先天下之忧而忧，后天下之乐而乐。他和农民是心相连，心相近的，三访农民高兴他也高兴，二访农民不高兴他也不高兴。三访也可以看作是费老第二次学术生命的开始，乡村工业的发展使他看到他的观点实现了，所以他又重新拾起他的课题，为农民富起来的课题，这是从1981年开始的。第二次的学术生命主要是为农民富起来做工作，行行重行行就是为这个事情，所以三访江村应该看作是他第二次学术生命的开始。所以三访江村之后，费老情绪高涨，要为农民富起来做点事情。[1]

此外，费孝通三访江村时，还曾赋诗一首：

赠友人

浩瀚万里波涛静，病里有闲到故村。
闾巷重寻风貌在，稻丰蚕熟足鸡豚。

辛酉三访江村书旧作[2]

1981年11月28日，费孝通在给时任中共江苏省吴江县庙港乡党委书记徐胜祥的信中，表明了希望明年能够在开弦弓村组织一次更为全

---

[1] 吴江县老县长于孟达谈费孝通。

[2] 费孝通:《费孝通诗存》，群言出版社1999年版，第13页。

面深入的社会调查活动。他说,"我们社会学研究所正在组织力量和江苏省社会学研究所一起在今冬明春派出一些同志前来工作"[1]。在费孝通的影响下,12月26日,"江村调查基地"开始建立。

(2)第四访

1982年1月,费孝通四访江村,为期34天。与此同时,由于江村调查基地的建立和国家各个层面的重视,此时全国14个单位19位学者组成调查研究组对江村的社会情况进行了一次全面调查。

这一次的调查资料和成果主要发表在《江苏社联通讯》和《江村信息:江村社会调查文集》上。《江村信息》是由中国社会科学院社会学研究所、江苏省社会科学院社会学研究所以及江苏省社会学会编印的关于江村社会调查文集,是初步建立江村社会调查基地后的一份研究成果。

表1-7 《江村信息:江村社会调查文集》收录文章目录[2]

题目	作者	页码
鱼米之乡、丝绸之乡、毛织之乡	费孝通	1
论中国家庭结构的变动	费孝通	10
试谈创建我国社会学的速成法——建立调查基地	甄为民、沈关宝	15
从"男多女少"现象看江村的婚姻和家庭问题	杨善华、李振坤、黄鸿康、金一虹、徐亚丽、赵善阳	20
江村女青年的婚姻、生育意愿	张钟汝	25
"江村"农民生活近五十年之变迁	宋林飞	28
社会信息和江村文明	甄为民、陈颐	52
"江村"经济社会发展孔见	邵湘华、李亚宏	60
公路与江村	韩志峰	64
江村家庭结构和婆媳关系	徐亚丽	67

---

1 费孝通:《费孝通全集·第20卷,书信、诗作》,内蒙古人民出版社2009年版,第60页。
2 中国社会科学院社会学研究所、江苏省社会科学院社会学研究所、江苏省社会学会编印:《江村信息:江村社会调查文集》,1982年(内部资料)。

续表

题目	作者	页码
关于开弦弓村的学校教育	李振坤	70
开弦弓村青年的闲暇生活调查	赵善阳	74

从这部文集的目录中可以看到，江村调查研究组对村落考察涉及经济、家庭、婚姻以及教育等方面的内容，反映了20世纪80年代初村落的生计状况和生活面貌。费孝通在此次调查的基础上也写作了《从鱼米、丝绸之乡到兔毛纺织之乡》《苏南农村社队工业问题》《故乡养兔》以及《论中国家庭结构的变动》几篇论及村落变迁的文章。

这几篇文章从两个主要的方面谈及了开弦弓村的变化，一是农村的经济结构变化，二是农村经济结构变化所带来的家庭结构变动。在农村经济结构的变化方面，总结了这几年的回访收获，费孝通认为，"今后农村经济继续发展的新路子，一是要确保农业生产，没有饭吃不行；二是要发展副业和工业"[1]。这是中国工业化、现代化的新路子，即社队工业的出现，这条工业发展的路子扎扎实实是农民依据客观条件着手创造出来的。社队工业的发展改变了原来单一的农业经济状况，增加了副业和工业在农村经济结构中的比例，增加了农民的收入。然而，社队工业在农村的发展也面临许多问题，如原料、能源、市场等。这就有工业经济的布局问题。费孝通以资本主义的"大鱼吃小鱼"的经济原理作比照，提出社会主义的公式应该是"大鱼帮小鱼，小鱼帮虾米"[2]。

生产的状况分析过后，还要关注农民的消费问题，盲目地花钱并不能够真正提高农民的生活质量，如何引导消费也是非常重要的方面。工业和副业的发展所带来的收入如何进行下一步投资，不加以指导就会引发盲目发展，致使农民减收。这时，费孝通想到了家乡养兔的情况。养兔的事业在开弦弓村是有利的，首先，农户养兔是很容易的，在家就可

---

[1] 费孝通：《费孝通全集·第9卷，1981—1982》，内蒙古人民出版社2009年版，第202页。
[2] 同上书。

▲ 1982年1月6日始,费孝通四访江村

▲ 费孝通四访江村,开弦弓村被定为"农村社会调查基地",费孝通同调查组的全体同志合影

以，饲料也更易解决，不与人争粮；其次，兔毛的价值比羊毛高，村民自己还可以自己纺织兔毛出成品销售。因地制宜，发展副业在这里取得了成功。但是，"土地还是限制养兔的门槛"[1]，目前看来，养兔只能是辅助家庭的副业，无法成为真正的农村经济产业。因此，费孝通提出了利用水乡的水面来解决养兔的饲料问题，他希望通过试验和研究，能够将养兔事业向前推进。接下来是市场的问题，他希望改变单纯输出原料的"殖民地经济"[2]，尽早在当地发展兔毛纺织业，将加工的利润也回归农民手中。

然而，苏南农村的社队工业也在发展中出现了一些问题。比如在原料和能源上常常无法与国营工厂进行争夺，出现困境。然而社队工业的问题需要分类解决。在原料上容易"与国争料"的一类社队工业可以在分配上加以考量；生产大厂下放的部件零件加工的厂需要国家统筹规划。而其他不同类型的社队工业也应根据具体情况，找到不同的解决办法。

另外还应注意到社队工业的发展所带来的社会各方面的变化。比如，生育率得到一定的控制，男女比例趋近平衡；青年自愿留在村里的数量增加；老人赡养和婆媳纠纷问题增加；宗教迷信减少，等等。社会问题主要有：青年工作之外的文娱生活匮乏，青年人与老年人之间的鸿沟扩大，工厂劳动条件差，等等。

经济结构的改变影响家庭结构的变动。在《论中国家庭结构的变动》中，费孝通记述了自他1936年的江村调查以来这些年当地家庭结构的变化。特别突出的就是家庭成员在经济自主权上的变化。在工厂里工作的妇女经济上越来越独立，并由此引发年轻一代争取经济自主，婆媳关系紧张所引发的分家问题在妇女经济自主权增强后变得更为严重。但是，分家也是需要一定条件的，在其他条件不具备的情况下，就产生了过渡的形式，即"分灶"（两代住在一所房屋里，但是生活上各顾各的）。

---

1 费孝通：《费孝通全集·第9卷，1981—1982》，内蒙古人民出版社2009年版，第219页。
2 同上书，第220页。

▲ 1982年，费孝通四访江村的题词

这一年在费孝通的倡导下到开弦弓村参与全面社会调查的学者也随同发表了他们的调查成果，1982年《江苏社联通讯》中收录的江村调查报告和论文有：《农村经济结构的变迁及其社会影响——江苏省吴江县"江村调查提纲"》《从"男少女多"现象看江村的婚姻和家庭问题》《试谈创建我国社会学的好方法——建立调查基地》《开弦弓村婚姻、家庭基本情况》《开弦弓村基本情况统计资料》《开弦弓村某青年结婚的费用明细账（个案）》《江村——大众传播学调查统计》。

（3）第五访

同年10月24日，费孝通又进行了五访江村。他在蒋金娥家里牵磨，到打谷场与干部群众谈心。后又去几个乡镇参观访问，想到农村经济发展必将推动小城镇的复苏，因此，提出"社会调查必须更上一层楼"。

费孝通发表了《小城镇在四化建设中的地位和作用》、《谈小城镇研究》及《家庭结构变动中的老年赡养问题》。费孝通在前两篇文章中重点谈及了小城镇发展的问题，将目光从村落单位拓展开来。"我们过去的研究还只是在以一个农村作单位的水平上。去年回去以后，我们感到不能停留在这个水平上了。"[1] 他看到了农村发展之后而产生了集镇中心的问题。集镇在中国古代就已出现，早期的集镇功能不同，有政治中心、商业中心，也有因作坊工业而产生的家庭副业和手工业产品集散中心。费孝通认为，集镇是农村经济、政治、文化的中心，直接关系到农民的

---

1 费孝通：《费孝通全集·第9卷，1981—1982》，内蒙古人民出版社2009年版，第456页。

▲ 1982年10月24日,费孝通携夫人孟吟在吴江县县长于孟达陪同下五访江村

▲ 1982年10月24日,费孝通在打谷场上向公社主任周正华(右二)询问农业收成情况

日常生活。现在农村经济开始繁荣发展了，集镇恰好可以成为商品流通的渠道枢纽。集镇的问题是比农村更高一层的问题，是农村建设的下一步，它关系到农村地区整体的发展服务建设。

从人口上来看，小城镇的人口增长比起全国要缓慢得多，原因在于人口都在往大中城市流动，小城镇留不住人，这就使得人口分布难以平衡。而小城镇人口外流的主要原因就在于"这几十年农村和小城镇间千丝万缕的纽带给切断了"[1]。小城镇的经济基础在于农村，而国家从从村统购统销以及征购物资的政策使得农民能够拿到集市上买卖的商品不足，小城镇的发展逐渐衰落。"人们较容易注目于像北京这样的大城市，可对星罗棋布的、和亿万农民直接发生关系的小城镇在我们社会主义现代化建设中的地位和作用，却常常被忽略。"[2] 通过调查可以看到，小城镇是农村经济发展的中心，是完善农村建设服务体系的关键环节。小城镇的建设能够吸引人们在这里安居乐业，成为"调节城乡人口的蓄水库"[3]。

（4）第六访

1983 年，江苏省社会学会医学社会学组织了 12 个单位的 21 位学者，就医学社会学问题对江村进行了第二次社会调查，写作 14 篇调查报告，其中有 6 篇在《江村信息》第二期上发表，但笔者暂时并没有找到这份材料。

从这一年开始，费孝通已经主要将他的研究关注点放在小城镇问题的上了。5 月 2 日，他六访江村，之后写作《农村工业化的道路》、《小城镇 大问题》两篇重要文章。在《农村工业化的道路》中，他着重描述了苏南太湖附近因乡村工业发展而出现的一类"亦工亦农的新人物"[4]。这些人从个人成分上来说既是农民也是工人，他们的工作随着农业和工业

---

1 费孝通：《费孝通全集·第9卷,1981—1982》，内蒙古人民出版社2009年版，第489页。
2 同上书，第490页。
3 同上书，第497页。
4 费孝通：《费孝通全集·第10卷,1983—1984》，内蒙古人民出版社2009年版，第84页。

▲ 1983年5月6日,费孝通六访江村,考察小城镇兴衰变化情况,公社党委书记徐盛祥、主任周正华在车站迎接

的生产周期而相互协调,还能在家里发展副业,人均收入迅速攀升。这就是农村工业化所带来的农民收入的多元化。可见,农村工业化不仅带来农民自身的增收,同时也使得城市工业向广大的农村地区扩散,避免了城市多度膨胀、人口过于集中的问题。另一方面,这些农民工在劳动上并没有完全脱离农业,在生活上也并不脱离农村,可见农村工业化正是缩小城乡差别的源源不绝的动力。

1983年春末夏初,费孝通在江苏吴江居住了一个月,将这里不同类型的十几个小城镇的历史和现状进行了调查分析。九月,费孝通在"江苏省城镇研究讨论会"上进行了题为"小城镇 大问题"(写作时间是9月20日)的发言。

在他看来,吴江县小城镇有它的特殊性,但同时也具有中国小城镇的共性,因而,在此进行的小城镇研究和探索一定程度上能够反映全国小城镇的基本面貌,并且,针对这个课题展开多学科、多方面的讨论能够有助于开创具有中国特色的小城镇发展道路。费孝通论述了他在吴

▲ 1983年5月6日，费孝通同庙港乡的干部合影

▲ 1983年5月6日，费孝通同长期在江村作社会调查的同志合影

江所看到的五种类型的小城镇，即农副产品和工业品集散地的震泽镇；丝织工业中心盛泽镇；吴江政治中心松陵镇；休闲游览地同里镇以及交通枢纽平望镇。[1] 这些小城镇的兴盛同当地社队工业的迅速发展是分不开的。

从社队工业这些年的发展状况来看，也有三种基本的类型。"第一类是原料和市场都不在当地农村，只是利用当地劳力的工业……第二类是原料来自当地农村，市场也比较可靠的工业……第三类是工业的原料来源和第一类相同，并不是本地自产，但由大厂供应，性质上是城市大工业的扩散。"[2] 然而，从总体来看，全县社队工业仍处于不稳定的阶段。

另一方面，仅就吴江县来看，小城镇也需要依据不同的层次逐级分析。比如商品的流动渠道和环节，农村产品商品化等问题。此外，让小城镇成为农村的服务中心、文化中心和教育中心是小城镇发展的进一步方向。

1983年9月27日，"江苏省小城镇研究讨论会"结束，费孝通作了题为"继续开展江苏小城镇研究"的发言。在他看来，小城镇研究是一个涉及多学科领域，理论与实际结合的，能够解决实际问题为社会主义建设服务的课题。胡耀邦同志在1980年各省、市、自治区思想政治工作座谈会上讲话的第四部分，就专门强调了小城镇建设的问题。在农村发展了，而大城市又过度拥挤的情况下，小城镇是解决农村剩余劳动力，容纳更多人口的"蓄水池"。费孝通认为，我国人口这盘棋要做两个眼，一个眼就是发展小城镇，小城镇研究不光在搞好小城镇，而是事关中国怎么生存下去的大事，是大问题。[3] 研究小城镇刚刚起步，仍然有大量的研究工作需要进一步开展。费孝通在此提出了几个步骤：第一步在吴江要补上缺门，我们把小城镇分了几个类型，可是盛泽还没有研

1　费孝通：《各具特色的吴江小城镇》，《瞭望周刊》1984年第2期。
2　费孝通：《费孝通全集·第10卷，1983—1984》，内蒙古人民出版社2009年版，第218页。
3　同上书，第236页。

究，松陵也没有，几个大的镇，我们都要去调查；第二步，建议各个市委政策研究室的同志，选择几个点深入下去，做些调查研究，可从吴江的一个镇做起；第三步，明年我们要准备过江，江苏有苏北、苏中、苏南，可以从苏北开始突破。[1]

费孝通在六访江村期间，曾漫步太湖边，并赋诗一首：

江村偶读

李白六十二，杜甫五十九。
我年已古稀，虚度岂可究。
梦回苦日短，碌碌未敢休。
文章千古事，万顷一沙鸥。

一九八三年五月，六访江村偶读唐诗得句[2]

（5）第七访

1983年10月3—8日，费孝通七访江村。此后写作《小城镇 再探索》、《及早重视小城镇的环境问题》等文章。《小城镇 再探索》初稿于1983年12月，1983年全国政协组织了有北京和南京各方面专家参加的小城镇调查组，自11月11日到12月6日在江苏的常州、无锡、南通、苏州四市和部分县、镇参观访问，费孝通以他在总结会上的发言为基础而写成的。

费孝通此次调查江苏四市，在苏州省近年来的农村经济发展上是站在前列的。具体而言，农民的住宅正在更新，"建屋热"的出现是农民已丰衣足食的反映。在费孝通看来，这些地区农民富裕起来的主要原因是农村经济结构发生的变化，"在我们调查的四个市中，以县为单位，工业产值占总产值的比例，都接近或超过一半，特别是长江以南这三市

1　费孝通：《费孝通全集·第10卷，1983—1984》，内蒙古人民出版社2009年版，第238—239页。

2　费孝通：《费孝通诗存》，群言出版社1999年版，第14页。

的县一般都在70%以上"[1]。因此，这个事实向人们展示了社会主义建设中崭新道路，即"农民在农业繁荣的基础上，以巨大热情兴办集体所有制的乡镇工业，这种乡镇工业以巩固、促进和辅助农业经济为前提，农副工齐头并进，协调发展，开创了农村不断繁荣兴盛的新局面"[2]。党的十一届三中全会在确立了生产承包责任制以后，农民在责任田之外另谋出路，乡镇企业逐渐在农村里生长起来。费孝通给乡镇工业的定义是，"乡镇工业是农村剩余劳动力以新的劳动手段与新的劳动对象相结合的产物，它是农民依靠集体的力量办起来的工业，它不但不会损害作为自己基础的农副业，而且能在为国家财政收入做一定贡献的同时，主动地承担起支农、补农合养农的责任"[3]。

乡镇工业不仅与农业之间存在历史的内在联系，同时它与大中城市的经济体系也存在着日益密切的联系。费孝通认为，中国的工人与西方国家不同，他们只身进城谋生，还要挣钱养活生活在农村中的家口，通过走访发现，多数乡镇工厂的创业都与各种"乡土关系"相关，最初是在退休技术工人或干部的支持下逐渐发展起来的。然而，在党的十一届三中全会后，乡镇工业开始与大中城市联系密切。以此次调查的四市来说，可以清楚地看到，乡镇工业与上海市联系的最多，与苏州、常州、无锡、南通等市的联系次之。可见，"乡镇工业是以城市工业为依托的，城市工业是以乡镇工业为后方的，他们的相互依赖性在不断增大"[4]。与此同时，乡镇工业也面临一些亟待解决的问题和困难，主要有：能源和原材料供应缺乏计划渠道，乡镇工厂中有一部分变成了做做停停的"开关厂"；技术力量薄弱、人才缺乏；环境污染的治理和劳动保护的条件较差等。

---

[1] 费孝通：《费孝通全集·第10卷，1983—1984》，内蒙古人民出版社2009年版，第352页。

[2] 同上书，第353页。

[3] 同上书，第354—355页。

[4] 同上书，第358页。

随着乡镇工业的发展，大量的农村剩余劳动力有了出路，他们在江苏农村形成了一支具有独特性质的劳动队伍，即农工相兼的人。根据费孝通的走访考察，由于受到用工制度、工作时间、工种以及家庭劳力状况等因素的考虑，他将兼业者分为三种状况："第一种是以农为主兼营工业，主要是指从事外加工的部分，务工者将刺绣、编织等手工产品承接回家，每天闲时做工；第二种是亦工亦农，这部分人一般是在非常年性的乡镇企业或离家很近的乡镇工厂工作，他们或者是在下班后仍从事相当数量的农活，或者是在农忙期间歇工务农；第三种是以工为主兼营农业，这部分务工者一般都在离家较远的县城或县属镇工作，吃住在工厂内，只是每周末回家做做帮手。"[1] 这些不同类型的兼业，反映了随着工农业生产水平的提高，农民在逐渐向工人转化的过程。这种劳动力的特殊性质不仅影响了社会结构，同时也改变了人口的分布，这些兼业者绝大多数仍住宿在农村，每天在镇村之间作钟摆式的流动，因此，县城和集镇就以这样的形式控制了农村剩余劳动力向大中城市的盲目流动。就此形成了两种人口流向，"一部分劳动人口从农村向小城镇集聚，被称为'离土不离乡'；一部分劳动人口有组织地定期从本乡外出，被称为'离乡不离井'"[2]，费孝通认为这两种方式应作为解决我国人口问题的两条具体途径。

在对集镇性质的分析上，费孝通将此次调查的四个市的集镇界定为商业型集镇，20世纪70年代以来乡镇工业的发生和发展，奠定了集镇发展的经济基础。然而，他认为从目前的情况看来，商品流通渠道还需要大力疏通，否则就会成农村经济继续发展的障碍。"第一个是关于开辟着眼于国内市场的、与生产者利益密切相关的新的集体运销渠道的问

---

1 费孝通：《费孝通全集·第10卷，1983—1984》，内蒙古人民出版社2009年版，第360页。

2 同上书，第362页。

▲ 1983年10月3日，费孝通七访江村，在乡办缫丝厂参观

▲ 费孝通为江村题写厂名、校名

题；第二个是计划调节和市场调节的配合问题"[1]。集镇所承担的城乡物资交流作用不再只是将农副产品运往城市，城市工业品供给农村，而是成为了城乡体系中的一部分，从城市通过集镇运往农村的还有乡镇工业所需的原料，从集镇运往城市的也更多以轻纺和机械产品为主的各类工业品。因此城乡之间经济发展的重点应有计划地加以分工。

小城镇已有过去的商业型集镇，转变为工商结合、城乡结合的农村政治、经济、文化中心，因此集镇的进一步建设就有了新的问题，包括建设资金的来源问题、集镇的建设规划以及行政管理体制上的问题。此外，一些具有特殊资源或旅游价值的集镇也应发挥特殊的作用。

费孝通此访仍赋诗一组：

和友人诗

一

悠悠岁月大江流，覆地翻天动九州。
一介书生逢盛世，著书耻为稻粱谋。

二

自昔吴江擅胜流，闻名于今识荆州。
关心城镇何嫌小，始信高瞻有远谋。

三

盛世文人属风流？故国梦寝绕苏州。
老来不慕归田乐，随众奔波为国谋。

一九八三年初冬访苏南四市[2]

1　费孝通：《费孝通全集·第10卷，1983—1984》，内蒙古人民出版社2009年版，第364页。
2　费孝通：《费孝通诗存》，群言出版社1999年版，第17—18页。

(6) 第八访

1984年10月21—23日，费孝通八访江村。10月24日他抵达镇江，开始考察镇江、扬州、泰州以及南京等地，这个区域被人们称为长江下游的银三角。11月6日费孝通返程，并在南京写作了《小城镇 新开拓》一文。

继苏南和苏北的调查之后，费孝通将关注点转入苏中地区，大体包括扬州的南部、镇江、南京以及毗邻的安徽省的部分地区。总体而言，镇江四县工农产值比例高于苏北接近苏南，而南京四周五个郊县的平均工业产值比扬州和镇江低一倍，还停留在苏北的一般水平上。通过考察分析得知，"历史造成的封闭状态、工业实力较差以及重型工业结构，特别是封闭性的军工生产是造成这些城市对附近地区经济辐射力较差的主要原因"[1]。费孝通依据他在扬中县观察到的事实，认为应该重新认识社会主义经济中指令性计划部分与市场调节的商品经济部分之间的关系，特别是联结型经济实体的现象。"该县已经紧密或松散地与许多城市企业进行各种联接，同时还有不少城市企业主动找上门来，希望建立经济联系，这种自下而上、自上而下的双向联结把城市大中企业、县级企业、乡镇企业和乡镇以下的小企业都串了起来，组成了城乡联结型的经济实体，而这一经济实体运行的目标就是区域经济协调发展，使千家万户富起来。"[2]然而，能够争取到直接或间接的与国家计划企业的联系毕竟是少数，因此，多数的乡镇企业仍然是靠市场来调节的，这些企业主要有以下三个特点："以小补大；拾遗补缺；适销补需"[3]。

在考察乡镇工业和区域经济发展的基础上，费孝通也对农村乡镇企业中的各类人才予以了考察。他认为，创立第一代乡镇企业的主要有两类人，一类多是解放初土改时期成长起来的干部，自视有责任改变家乡

1　费孝通：《费孝通全集·第10卷，1983—1984》，内蒙古人民出版社2009年版，第508页。
2　同上书，第514页。
3　同上书，第515页。

▲ 1984年10月24日，费孝通八访江村，同江苏省政策研究室主任朱通华及工作人员合影

的穷苦面貌；另一类则是熟练的手工工匠，他们是城里和乡镇的知识青年，在艰苦创业中将城与乡、知识与技能结合了起来。第二代乡镇企业人才主要是从第一代企业中的会计、供销员或有知识的熟练工人中提拔出来的，一般具有初、高中文化水平，他们是专业化的管理人才。第三代的领导人大都具备了初中以上的文化水平，高中毕业占相当比例，不少人还去大专院校深造过，他们不仅懂得生产实践，而且具有科学知识，懂得现代管理方法。

在此次的调查中，乡镇企业对信息传递和反馈能力的要求，给费孝通留下了深刻的印象。对乡镇企业的发展来说，市场信息和技术信息是最为重要的，费孝通在所到之处看到，乡镇企业在市场调节的实践中创造了各种各样的获取信息的方法。"一是供销员在外收集信息；二是在深圳、厦门等经济特区和上海、北京、天津等工业发达城市建立信息站和技术、产品窗口；三是通过和大专院校、科研单位、国营厂矿企业挂钩，用聘请顾问的形式收集信息；四是通过各种专业会议如年会、产品订货会、学术讨论会等来收集信息；五是通过科委、科协、政协、

▲ 1984年10月24日，费孝通在桥上向朱通华介绍小清河湾如"开弦弓之弓"

统计局等组织、团体和部门的力量收集信息"[1]。在收集信息和运用信息的特点上，乡镇企业有渠道众多、善于捕捉、传递迅速以及利用率高的特点。

在费孝通看来，一个高效率的社会系统总是开放性的，能够通过物流和信息流的交换来保持其稳定的发展，并高度适应外界环境的变化，因此，一个成熟的乡镇企业也应当是一个开放的社会系统。所以，乡镇企业内部结构的合理性也是其在市场经济中取胜的关键。乡镇企业在经营管理上有着自己的特点，"首先是经营上具有相当的灵活性；其次，它为用户服务的方式是多种多样的；乡镇企业在经营管理上的第三个特点在于层层实行了承包责任制，责、权、利分明，赏罚分明，充分调动

---

[1] 费孝通：《费孝通全集·第10卷，1983—1984》，内蒙古人民出版社2009年版，第524—525页。

了广大职工的积极性；第四个特点在于实行科学管理"[1]。

总而言之，费孝通此次的研究重点仍然在于进一步考察乡镇企业，以及对城乡联结型的区域发展研究，在这个意义上，是对其小城镇研究的新开拓。

（7）第九访

1985年7月，费孝通九访江村，为期两周，依照调查内容，写作《九访江村》、《三论中国家庭结构的变动》。此次，费孝通在吴江考察了一个村、四个乡和三个镇。在这一行当中，他看到了乡镇工业重心转移的问题，就是他一直在关注乡镇工业的发展，但是他也一直看到了乡镇工业发展中遇到的问题，还有应该往什么方向发展的问题，在《九访江村》中，他提出重心应该转移到生产的量，还有技术质量和效益问题。此外，在写作《小城镇 大问题》时，他就已经分析了不同地区小城镇的特点，所以在这篇文章中他进一步提出乡镇工业还存在层次的问题。一个层次就是村办的工业，也就是他所说的草根工业的发展问题，另一个层次是乡办和镇办工业，乡办和镇办工业就是它处于草根工业和现代工业之间的阶段。此外，在文章中他还注意到一个重要的现象，即乡镇工业如何支农养农的问题，当地工业在激进地发展过程中，忽略了农业的发展问题。在他看来，较为和谐的一种发展模式应该是工、副、农三业协调发展，而现实是农村劳动力开始出现紧张，这是由于农村劳动力已逐渐转移到工业上，农业的发展亮红灯了。在他看来，农业的现代化和工业的现代化应该同步进行的。

此外，费孝通写作的另一篇文章是《三论中国家庭结构的变动》，接续他的"一论"和"二论"，主要讨论自1936年以来江村的家庭结构呈现的变化。从数据的统计情况来看，核心家庭持续上升到1964年后开始逐步下降，主干家庭则表现出在1964年前后先落后起。在这篇文章中，费孝通补充分析了核心家庭稳定和主干家庭起落的原因。在

---

[1] 费孝通：《费孝通全集·第10卷，1983—1984》，内蒙古人民出版社2009年版，第528—529页。

▲ 1985年7月13日，为撰写《江村五十周年》，费孝通九访江村

负担赡养义务的传统伦理观念上，江村的农民通常把主干家庭而不是核心家庭作为他们主要的家庭结构。然而，出于人口自然增长的原因，凡是有一个以上儿子的家庭，长大成婚后就会分裂出一个或多个核心家庭，因此核心家庭不可避免地增加。另一个致使核心家庭增多和主干家庭减少的原因是主干家庭的分裂，家庭里两代人之间的矛盾容易致使父子分家。然而，直到20世纪80年代，主干家庭的比例又有所回升。江村落实了联产承包责任制后，经济上的互惠是导致家庭合户的主要原因，"合户以后，田地划在一起，农活在一起做，大忙时全家出工，平常的田间管理等农活均由老人负责，解决口粮问题的同时，老人还可帮助养蚕，搞家庭副业和做家务劳动，大家都实惠，两家的灶头合在一起，也节省了近一半的柴草"[1]。可见，农村经济体制改革对家庭结构的影响是深刻的。

主干家庭的增加并趋于稳定，也带来了赡养方式的变动。责任制规定父母和儿女都有了口粮田，这样使得父子合并经营田地比较方便并且

---

[1] 费孝通：《费孝通全集·第11卷，1985》，内蒙古人民出版社2009年版，第348页。

合算，经济上的合作和依赖直接加强了两代人之间的融合，减少分家的要求。此外，主干家庭的结构也符合当前所鼓励的"离土不离乡"的政策，近年来乡镇企业的发展，乡村人口虽然进厂做工，但仍然安定地居住在农村，没有出现大量人口外流的情况。可见这样的工业化形式并不冲击已有的家庭结构。

另一方面，虽然主干家庭有所增加，但却存在逐渐趋向核心家庭的力量，而核心家庭本身的比例也在上升。费孝通认为，家庭结构核心化的原因很多，其中最主要的原因就是家庭成员有了个人的收入以及两代人消费观念的差异。此外，村办工业实行的一户一工的政策，以户规定建筑用地面积，类似的政策规定也在鼓励核心家庭的建立。

总而言之，在农村经济体制改革的影响下，这一时期江村的家庭结构的状况是："主干家庭的凝固力和分化力正在相持状态中，凝固力略高于分化力。"[1]

九访江村，费孝通赋诗两首：

太湖杂咏

一

太湖三万六千顷，稚翁满舱笑语盈。
自从陶令扁舟去，时代兴衰说到今。

二

湖风吹我入梦来，七五老翁志未衰。
振笔尤欲书心愿，山边莫管起暮霭。

一九八五年七月二十一日[2]

---

[1] 费孝通：《费孝通全集·第11卷，1985》，内蒙古人民出版社2009年版，第351页。
[2] 费孝通：《费孝通诗存》，群言出版社1999年版，第33页。

(8)第十访

1985年10月12日至18日,费孝通十访江村,并派其博士研究生沈关宝住在村子里作追踪调查,为"江村经济五十年"收集材料。在费孝通写作的《江村五十年》[1]这篇文章中,他主要回顾了这些年江村社会、经济的发展变迁,在面对地少人多的情况下,农民无法只依靠种植业的收入来维持生活,因而副业和工业应运而生,在近些年迅速成长起来,而工业在乡村兴起的标志便是"乡镇企业"的出现。"城市经济的瘫痪也使得原在城市工厂里的技术人员流入农村,类似于此的众多因素凑合起来,在长江三角洲首先出现了大批'社队企业',那就是,由公社或生产大队集体开办的小型工厂。社队企业从发生到在80年代初期取得合法地位并改称乡镇企业,走过了充满艰辛和考验的十几个年头。"[2]

家庭中除了农业所需的劳动力之外,剩余的劳动力就要出去工作,这迎合了乡镇企业所需的劳力问题,推动了农村工业的发展。从当地的农工比例来看,"70年代末还是农大于工,大致是7:3;到了80年代中期,比例就倒过来了,成了3:7,农小于工"[3]。此外,江村的经济结构中值得注意的特点是农、工、副三业之间的和谐关系。在费孝通看来,"乡镇工业始终是以繁荣农村经济为目标,充分利用最基层的集体经济力量和丰富的劳力资源,从农村的'草根'上兴办起来的。这种'草根工业',不仅没有损害农业和剥夺农民,相反倒促成了工农相辅和城乡协作"[4]。这就真正能够做到以工补农,农工相辅。此外,在乡村地区发展工业,使得工业从集中的大城市向乡村地区扩散,随之也带来了人口的扩散,避免人口在大中城市的过度膨胀。

"乡镇企业确实可以称得上中国农民的创举,它在历史上曾出现过

---

1 费孝通这篇文章的实际写作时间是1986年6月13日。
2 沈关宝:《一场静悄悄的革命》,上海大学出版社2007年版,第6页。
3 同上书,第7页。
4 同上书,第8页。

▲ 费孝通十访江村，摄于1985年10月17日

▲ 费孝通与农户座谈

对立的工业与农业之间，对立的城市与乡村两端，起着协调的作用"[1]。同时，费孝通也看到了农业出现不稳定的问题，"农业不稳定的主要原因是农业的经济效益远远落后于工业的经济效益"[2]。因此，农业的发展问题需要着重考虑，而不能只看到工业发展所带来的经济效益，农业不只是人们取得收入的手段，其社会意义和生态作用也是不容忽视的重要方面。必须看到，"农业现代化的条件则有赖于乡镇工业和国营工业共同提供和创造"[3]。

（9）第十一访

1986年5月16日，费孝通十一次访问江村，应他的邀请，同时来访的外国学者还有日本东京大学教授中根千枝和美国康乃尔大学教授巴乃特。他们分别走访农户，并在农民周文昌家中共进午餐。同年12月，费孝通著《江村经济——中国农民的生活》，由江苏人民出版社出版。他说："本书英文原本系1939年在伦敦初版，越四十七年后有中译本与国人相见，了却著者一桩心愿。"在北京举行的出版发布会上，他即兴抒怀一首，以表心意：

老来羡夕阳

愧报对旧作，无心论长短。

路遥试马力，坎坷出文章。

毁誉在人口，沉浮意自扬。

涓滴乡土水，汇归大海洋。

岁月春水逝，老来羡夕阳。

阖卷寻旧梦，江村蚕事忙。

一九八六年十二月二十日[4]

1　沈关宝：《一场静悄悄的革命》，上海大学出版社2007年版，第9页。

2　同上书，第9页。

3　同上书，第10页。

4　费孝通：《费孝通诗存》，群言出版社1999年版，第54页。

（10）第十二访

1987年5月31日，费孝通十二访江村。赋诗一首：

故园怀旧

岁月故园任天真，青衫白发返古城。

南林不是寻常梦，一觉始惊乡谊情。

一九八七年六月五日于吴县[1]

（11）第十三访

1987年9月4日，费孝通十三访江村。北京科教电影制片厂派员随行，拍摄了电影；还与日本日中小城镇研究会代表团在同里镇的退思园就城乡关系问题，进行了学术交流。

（12）第十四访

1990年4月14至15日，费孝通十四访江村。他将这些年在长江三角洲地区的调查研究成果与江苏、浙江两省的人大代表进行了交流和讨论，对这一区域的进一步开发问题进行了一番思考，写作了《长江三角洲之行》，形成了建立长江三角洲经济开发区的初步设想，并以此作为民盟向中共中央提出的关于我国地区发展战略的第三个方案。

在这篇文章中，费孝通从长江三角洲的经济历史地位以及乡镇企业的发展情况，分析了在这里建立新的外贸格局的可行性和优势。"上海的优势有地理的因素，但主要是历史造成的，当年十里洋场的上海，堪称东亚第二，仅次于东京，20世纪30年代，上海就有168家银行，58家外国银行在上海设立了分行，有一条很气派的银行街，早就是亚洲的金融中心"[2]。在经济布局上，以上海为中心，能够超越香港，通过内河航运和铁路公路运输，连接中国中部和西部的广大腹地，成为全国性的

---

[1] 费孝通：《费孝通诗存》，群言出版社1999年版，第58页。

[2] 费孝通：《费孝通全集·第13卷，1988—1991》，内蒙古人民出版社2009年版，第331页。

▶ 1987年5月31日，为研究乡镇工业的第二步发展问题，费孝通十二访江村，乡党委副书记陈功平、村书记谭汉文迎接费孝通

◀ 1987年9月，费孝通十三访江村，深入农户调查

▶ 1990年4月，费孝通十四访江村

第一章 江村作为一种研究范式

对外贸易中心。从具体的基层乡镇企业发展上看，1985年以来，苏州地区的工业产值在全国大中城市中居第四位，特别是外向型经济得到了蓬勃的发展。1989年，苏州的几个自费开发区完成的工业产值与全国14个沿海开发区相比，仅次于广州和上海闵行，居第三位。因此，在费孝通看来，"如果上海通过浦东开发，能够更上一层楼，成为东方大港，苏州则愿意成为对外开放的第三个层次——沿海经济开放小区的'试验田'"[1]。江苏和浙江两省紧靠上海，工业基础深厚，交通便利，改革开放之后，外向型经济发展更为迅速。费孝通深入这些地区的县村，感受到这里的干部群众非常明确农村商品经济的发展思想，"正如吴江县委书记所说的，搞现代化不能割断历史，而要继承传统，利用优势。吴江全县已经做到农、工、副三业良性循环，协调发展，实行种植、养殖、加工、出口相结合，逐步形成五条龙……外贸收入在全省已经维持了8年第一，去年外贸收购额达6.8亿元，其中乡镇企业3.7亿元"[2]。

随着商品经济的发展和经济上的横向联合的增加，江、浙、沪共同提出"上交会"的要求，引进高技术，调整产业产品结构，开辟新市场，这也是进一步开发长江三角洲的共同基础。然而，这三个地区的各自利益竞争，以及中央和地方，各地区之间的关系仍然存在一定的问题，这就涉及财政体制、金融体制等方面的改革。总而言之，费孝通的建议是，"要在长江三角洲，建立起一个新的外贸格局，从'货郎担'式的零敲散打，上升为'赶集'式的上交会，然后更上一层楼，以浦东为基础，加上一个'坐商'式的服务层次，也就是在上海建一个'大陆上的香港'，包括江、浙两省腹地的工农业在内的长江三角洲开发区"[3]。

---

[1] 费孝通：《费孝通全集·第13卷，1988—1991》，内蒙古人民出版社2009年版，第335页。

[2] 同上书，第336页。

[3] 同上书，第339页。

(13) 第十五访

1991年4月14日至21日，费孝通十五访江村，写作《吴江行》。自1981年三访江村以来，他每年都会回乡考察，这一年正好是第十个年头。费孝通怀着激动的心情谈道："10年里我看着这一带农村的房屋从草房变瓦房，一层变多层，联门接户变成了别墅式的小楼房；我看着农村里兴办起了一个个作坊式的小工厂，又看着它们逐步长成为厂房宽敞、设备先进的现代企业；我看着农村的青少年里冒出了一批批头脑敏捷、眼光宽阔的农民企业家。"[1]这十年来，家乡吴江已从温饱型经济转入了小康型经济，而经济发展的主要推动力是工业化的结果。吴江工业化的特点：一是主要以乡村为基础发展起来的，直到目前乡和村两级所办的工业产值还占工业总产值的74%；二是主要以农副产品为原料进行加工的基础发展起来的，以丝绸为主的纺织品产值目前已接近工业总产值的一半。[2]

费孝通此次访问吴江的重点是丝绸业的中心——盛泽镇。在经济停滞了30多年之后，盛泽镇已恢复"日出万匹，衣被天下"的历史盛况，此时已有丝织、印染、服装等可列入丝绸类的企业130多家。费孝通此行还特地去拜望了新民丝织厂的毕玉明经理，"他是我1957年重访江村时结识的老朋友，现在已是'五一劳动奖章'的获得者，全国纺织系统的优秀企业家"[3]。毕玉明将新民丝织厂由1958年若干个作坊合并起来的集体工厂办成了技术领先、产值连续两年破亿、创汇2000万美元的现代丝织厂。为了帮助江村丝织厂的发展，在费孝通的联系下，新民丝织厂还在江村开办了一个联营工厂。

要进一步推动乡镇企业的发展，除了生产上的进步，还要抓住商品市场流通的环节。费孝通很高兴看到在盛泽东方丝绸市场建立后，万

---

1 费孝通：《费孝通全集·第13卷，1988—1991》，内蒙古人民出版社2009年版,，第441页。
2 同上书，第445页。
3 同上书，第446—447页。

▲ 1991年4月，三访江村十周年，费孝通再次来到家乡考察（十五访）

商云集的盛况，促进了贸、工、农的结合，也就是"贸工农一条龙"[1]。1988年前后，吴江提出了"五龙夺珠"，即要将农村的农副业和工业同贸易挂钩。这五条龙分别是：第一条"老龙"是传统的丝绸，此外还有四条新生的"小龙"，第一条是从养兔到织成兔毛衫上市；第二条是蔺草织成榻榻米出口；第三是用家畜的皮革织成各种用品；第四条是瓜菜加工。[2] 在费孝通看来，吴江工业的主要特点就是以农副加工为基础，因此只有将农、副、工、贸紧密结合为一条龙才能发挥这样的特点。在这十年当中，吴江在流通这一环节上，主要是坚持了"左右开弓，两个市场"[3]的方针，即同时开拓了国内外两个市场。此外，在工艺技术的改进方面，在长江三角洲地区，乡镇企业通过横向联营的方式，建立了关系密切的经济网络。

---

1 费孝通：《费孝通全集·第13卷，1988—1991》，内蒙古人民出版社2009年版，第448页。

2 同上书，第449—450页。

3 同上书，第451页。

（14）第十六访

1993年10月14日，费孝通十六访江村，写作《乡镇企业的发展与企业家面临的任务》。在这篇文章中，费孝通谈到了乡镇企业面临的两个问题，即"一个是对内的问题，一个是对外的问题"[1]。简单说来，对内就是要把中国广阔的中西部地区同沿海各省联系来，东部带动中西部发展，缩小目前经济发展阶段出现的差距。单独依靠中西部自己的力量发展工业非常缓慢，需要东部的帮助，反过来中西部地区的发展也对东部有利，能够为东部提供广阔的市场。另一方面，对外就是要了解外国市场，扩大出口。这就要建立相应的信息服务机构，解决产销对路问题。进一步的问题是与国际经济市场接轨，这样的竞争有很大的风险，要求企业家要扩大对外联系，能够应对国际市场的风云变幻。

（15）第十七访

1994年10月13日至15日，费孝通十七访江村。他在村民姚凤金家里，聊家常、察民情；在老房东周文昌家与周家老小共进午餐；到小学校看望了师生；还同他姐姐费达生一起，与当年在开弦弓村生丝精制运销合作社里工作过的老工人进行座谈。

（16）第十八访

1995年5月，费孝通十八访江村。

（17）第十九访

1995年10月18日，费孝通十九访江村。

（18）第二十访

1996年4月4日，费孝通第二十访江村。"他听取镇村两级负责人关于太湖开发情况的介绍，对开弦弓村出现的喜人景象表示出极大的兴趣，提出到农户家去看看。在农户徐林宝家，费孝通详细地询问了主人家中收入，房屋是何年盖起来的，勉励他们继续努力，在致富路上为家

---

[1] 费孝通：《费孝通全集·第14卷，1992—1994》，内蒙古人民出版社2009年版，第208页。

▲ 1994年10月13日，费孝通参观开弦弓小学

▲ 1994年10月14日，费孝通及姐姐费达生与原丝厂老工人、苏州退休工人交谈

乡作贡献。"[1]

(19)第二十一访

1996年9月19日，费孝通第二十一次访问江村。纪念费孝通教授《江村调查》60周年国际学术讨论会在吴江市召开，出席会议的有中外学者一百多人。上午举行开幕式；下午，全体代表到开弦弓村参观访问。开弦弓村举办了"江村调查60周年图片展览"。

这一年，费孝通发表了《重读〈江村经济〉序言》的论文，在《江村经济》出版六十年后，他通过重温马林诺夫斯基为他的《江村经济》出版时所作的序言，明白了这本书之所以是人类学发展中的"里程碑"，是赞扬了作者开始自觉地认识自己的文化。"我把中国一个农村中农民如何生活、生产、分配的过程按我自己直接观察中得到的理解写了出来，这种研究本土文化的尝试，对这门学科来说，是前进了一步。"[2] 人类学是用实证主义的科学方法认识人的文化，在这个意义上，费孝通认为，人类学所起的作用就是在促进人的文化自觉。六十年前他所做的江村调查正是其自觉之下去认识中国文化的举动，这一举动为这门学科开创了新风气，在不经意间，跨越了西方人类学"文野之别"的门槛。

(20)第二十二访

1997年4月8日，费孝通第二十二次访问江村。上午，"费老在市人大常委会副主任李文彧、老同志于孟达等陪同下，来到庙港太湖边，沿着大坝边走边详细询问了太湖水的情况。庙港镇领导告诉费老，近年来减少了蒿草面积，进行合理养殖，发展围网养鱼等，既增加了经济收入，又改善了水质。费老满面笑容眺望了那清澈见底的太湖水，高兴地说，我最担心的就是太湖水质的情况，今天看了很高兴。费老还向镇领

---

[1] 王炜:《鲈乡荡春风 殷殷乡情浓——记费孝通副委员长视察家乡》，《吴江报》1996年4月15日，第4版。

[2] 费孝通:《开创学术新风气——在北京大学重点学科汇报会上的讲话》，《高校社会科学研究和理论教学》1997年第3期。

▲ 1996年4月，费孝通与镇人大主任崔明芳、书记庞启剑、陈圣江交谈

▲ 1996年4月，费孝通到个体农户家参观编织羊毛衫

▲ 1996年9月,"江村调查六十周年"图片展

▲ 1996年9月,费孝通与姐姐费达生(左一)、女儿费宗惠(左二)、女婿张荣华(右二)在开弦弓陈列室看村发展规划

导关切地询问蚕桑生产、丝绸工业、治太湖工程等情况,特别询问了缫丝行业的近况,镇领导一一做了汇报,并介绍说,金蜂的缫丝业走在全国同行业前列,取得了很大成绩。费老听了十分高兴。费老还在开弦弓村看望了88岁的于长宝老人,询问了老人的身体状况和家庭情况,关怀之情溢于言表"[1]。

(21)第二十三访

1998年4月2日,费孝通二十三访江村。"考察期间,费孝通去庙港看了两家农户,一家办起了家庭电子器材厂,另一家编织羊毛衫。他对农户发展家庭工业很感兴趣。他说,开弦弓的羊毛衫使我想起吴江的兔毛生产,80年代初这里的农村曾经出现过饲养毛兔的热潮,被誉为'兔毛之乡',后来因兔毛价格降低,养兔的农户减少了。近几年,随着国外兔毛价格的上扬,吴江农民养兔的积极性又被调动起来,春风吹又生了。费孝通说,开弦弓这两户家庭工业和吴江市涨涨落落的兔毛生产,不正表现出'草根工业'和传统副业生产的基本特点吗?而且表明开弦弓的农民经过这些年市场经济的锻炼,学会了经营,主动出来找市场,并且在家庭工业里应用了一些新的技术,因此,可以说开弦弓的家庭工业已经提高到一个新的层次。"[2]

(22)第二十四访

1999年4月13日,费孝通第二十四访江村。

(23)第二十五访

2000年4月1日,费孝通第二十五访江村。

(24)第二十六访

2000年9月3日,费孝通第二十六访江村。"费老在苏州市人大常委会副主任陈炳斯、我市人大常委会副主任翁祥林和老同志于孟达等陪

---

1 王炜:《家乡的变化使我欣慰——记费孝通副委员长视察吴江》,《吴江报》1997年4月10日,第4版。

2 王炜:《"草根工业"长成"满帆工业" 费孝通回家乡鼓励农村经济》,《吴江报》1998年4月14日,第4版。

同下，来到庙港缫丝有限公司，听取了庙港镇、开弦弓村和缫丝有限公司的汇报，询问了镇、村、企业的生产经营和当地农民的收入情况，当了解到当地农民调整农业结构发展家庭工业和种养业，农民年年增收时，费老连连点头赞许，他感叹道，真没料到，由胞姐费达生始创的中国第一农村实验丝厂，已向现代化企业机制提升，组建有限公司，进入了快速发展时期，这都是因为有党的富民好政策。"[1]

（25）第二十七访

2002年9月29日，费孝通第二十七访江村。

（26）第二十八访

2003年4月，费孝通第二十八访江村，已93岁高龄。江村当时正在扩修公路，汽车不便通行，因此他在庙港镇听取了关于江村发展现状的介绍，并在吴江宾馆约见了民营企业家饶桂龙。

费孝通在《名镇世界》杂志上发表《家乡小城镇大发展的二十年》的文章。在文中，他回顾了二十年以来在家乡大力发展小城镇建设的成果。他在吴江看到，松陵镇已经成为具有现代气息的国家级卫生城市；盛泽镇成为我国重要的丝绸纺织业的生产出口基地和产品集散地；吴江最南端的铜罗镇依靠传统的酿酒业以及新兴的纺织服装业，经济也在飞快增长……这些小城镇的繁荣令费孝通倍感欣慰。由于小城镇的兴盛，不仅留住了当地的人口，还吸引了许多外来民工。在这里，吴江政府为他们改建"民工公寓"，开设托儿所、子弟小学等服务设施，妥善安置外来务工人员的生活。可见，随着我国工业化、城镇化的进展，进城务工的农民会越来越多，因此如何建立劳动保障制度、确保打工者的合法权益以及妥善管理流动人口等问题已亟待解决。

此外，在这篇文章中，费孝通通过对几个港口城市的访问，提出了"大上海"的观点，他看到以上海为顶端的金字塔形经济区域。"上海这个国际化大都会，在苏、锡、常、通、杭、嘉、湖、甬等这些发达的中

---

[1] 王炜：《费孝通第二十六次回家乡考察 充分肯定吴江"三资（制）"工作 汝留根、程惠明及省、苏州市人大领导等陪同》，《吴江日报》2000年9月5日，第4版。

等城市簇拥下高居塔的顶端,中等城市下面是一大批新兴的、实力强劲的小城镇和千千万万个生机勃勃的农村构成的基础。"[1]

2."费门"的江村研究

为了能够更加深入、准确地把握村落的社会变迁,费孝通不仅自己身体力行地二十八次访问江村,同时还积极安排自己的研究生在村落中做长期的深入调查研究,进而也形成了一批追踪调查研究作品,如沈关宝的《一场悄悄的革命——苏南乡村的工业与社会》(1993)等。

沈关宝在《一场静悄悄的革命》中,指出了乡村工业发展的性质、动力和条件。这篇著作是比较社会学的一个调查报告,就是他用了许多数据以及图表的分析,来说明当地的这种人口、家庭、住房等村落各方面的情况。在这本书中较为重要的章节是他在分工和兼业这章中提出了乡村工业发展的阶段性问题。乡村工业植根于中国的广大农民,是属于农民的"草根工业",农村的剩余劳动力是乡村工业的内在驱动力,而苏南的市场与交通便是乡村工业的优越条件。工业的发展带来了村民的职业分化状况,值得注意的是,乡村工业发展初期,在工厂里务工的农民在劳动时间的安排上可以很合理地将农业生产和副业、工业生产分配开来,并且可以在这三业之间相互转换,从工厂里退下来的农民可以直接再回到田间耕作,这就是农业剩余劳动力转移的"可逆性"[2]。而村落中新增人口从学校毕业后直接进入工厂,职业的转化主要在非农领域,这就使得他们在就业上无法在农工之间协调转换,即就业的"不可逆性"[3]。

在苏南,虽然工业的发展给农民带来了丰厚的收入,但粮食的重要性在他们心中也是不可比拟的,因此,在工业、副业利润的带动下,反哺农业成为乡村工业利润分配所无法忽视的一环。"以工补农"的方式

---

[1] 费孝通:《费孝通全集·第17卷,2000—2004》,内蒙古人民出版社2009年版,第392页。

[2] 沈关宝:《一场静悄悄的革命》,上海大学出版社2007年版,第119页。

[3] 同上书,第120页。

很多，除上述那种分配性的补贴以外，大致还有农业基本建设性的项目投资（如兴修水利、改造农田、购置农机具等）、农业生产服务项目的投资（如农药、化肥等的免费服务），以及代缴农业税等等。[1]但是，"以工补农"却面临着两大难题：首先，乡村工业对于"以工补农"显得力不从心，产生资金困难；其次，是"以工补农"的方式很难使工业的反哺真正起到增强农业自我发展能力的作用。[2]而如何使得传统农业走向现代化农业的道路还在进一步探索中。

此外，还有几篇重要的报告如《解放前的江村经济与土地改革》（沈关宝）、《从土改到合作化的江村》（惠海鸣）、《农工之间——江村副业60年的调查》（刘豪兴）、《江村家庭经济的组织与社会环境》（李友梅），这几篇文章都载在潘乃谷和马戎主编的《社区研究与社会发展》中。查阅沈关宝、刘豪兴和李友梅这几位学者近年来的发表情况，针对江村的研究并不多。因此，《社区研究与社会发展》一书比较集中地反映了他们在江村考察的成果。

在《农工之间——江村副业60年的调查》中，刘豪兴通过在江村进行的长时间的实地调查，对江村的副业发展情况有了一个非常细致的描述和分析，而"农工之间"这个词语也是费孝通提炼出来的用以涵盖江村的副业。刘豪兴除了访问江村中的一些中老年人来获取副业变化的情况外，还利用了许多文献资料。通过这些详细资料的分析，他认为，在江村，副业有以下几方面的重要作用："一，为工业和外贸出口提供原料；二，为城乡居民提供副食品；三，为粮桑增积了有机肥料，保护地力，促进了桑树和粮食稳高稳产；四，为转移农村剩余劳动力开辟了一条门路；五，为耕作和工业之外的剩余时间转化为生产性的劳动提供了可能；六，增加农民收入提高农民生活水平。"[3]此外，江村的副业有"主

---

1 沈关宝：《一场静悄悄的革命》，上海大学出版社2007年版，第144页。
2 同上书，第145—146页。
3 刘豪兴：《农工之间——江村副业60年的调查》，载潘乃谷、马戎主编《社区研究与社会发展》，天津人民出版社1996年版，第428—429页。

动性、传统性、现实性、仿效性、勤快性以及易变性"[1]的特点。

2006年，周拥平写作的《江村经济七十年》由上海大学出版社出版。他采用了一章一个案例来说明一个问题的写作方式，比如说通过养蚕人家的变迁来映照江村桑蚕世纪变化，或者从江村人的养蟹，来看待其所带来的市场理性的问题。通过这些案例，可以看到近年来江村人民的生活面貌以及出现的一些新问题。比如，从交通上来看，"1983年通了公路后，村里人出来，外面人进村，大多借用重汽车了"[2]。从水产品的生产上看，"现在人们不再关心水产品的数量，这已经不是问题，人们关注的是它的品质问题。我们不无遗憾地发现，人工养殖的水产品不如野生的好吃；一些关于在饲料中添加什么什么的传闻使我们对某些水产品敬而远之"[3]。从农业生产的问题上看，"不仅产量大幅度提高，而且现在种稻子也比以前省力多了：施肥用化肥，除草洒除草剂，杀虫用农药，喷喷洒洒不经意之间，稻子丰收了。但是品质如何呢？开弦弓村委会的姚富坤对我说，2005年秋季收获的新稻米至少半年之内不能吃"[4]。

费孝通重访江村时就看到了这里广阔的水面利用的问题，现在，养蟹成了这里人们开创的重要副业。"开弦弓村距太湖南岸有数公里的距离，不拥有也无法利用太湖的水资源，但是村庄东西两面有着广阔水面的东庄荡和西庄荡是与太湖相连的，用来养鱼养蟹还是很不错的。费孝通当年利用水面发展生产的设想在强大的市场需求的推动下，终于变成了现实。"[5]

从环境保护的方面来看，"这些年一直有专家在呼吁保护江南的鱼米之乡风貌，保护江南的人工湿地水稻田，但是江南的耕地包括水稻田仍在无可奈何花落去般地减少。究其原因无非一个'钱'字，就是种水

---

1 刘豪兴：《农工之间——江村副业60年的调查》，载潘乃谷、马戎主编《社区研究与社会发展》，天津人民出版社1996年版，第429页。

2 周拥平：《江村经济七十年》，上海大学出版社2006年版，第14页。

3 同上书，第56页。

4 同上书，第56页。

5 同上书，第57页。

稻不赚钱或赚钱少，虽然政府有所补贴，但其力度显然不足以抵御来自其他方面的诱惑"[1]。从工业生产上来看，"生产'羊毛衫'是开弦弓目前不少人家的一项重要事业，对全村生计的重要程度应在桑蚕业和渔业之上"[2]。在土地问题上，"村委会已经在尝试房地产开发，把一部分集体所有的土地变为商业用地，建商业用房，底层开店，楼上可以住人，因为是商品房，所以外来人口也可以购买，而且有人确实已经交了订金"[3]。

3. 外国学者的江村研究

国外学者的对江村的访问和研究也是江村研究谱系的一个重要的方面。他们的持续到访一方面体现了费孝通在国际学术界的广泛影响，另一方面也使得江村研究成为国际研究者探索中国东部地区经济与社会变迁的重要"窗口"。

葛迪斯来访江村的情形在本章的第二部分已有所详述叙。第二位来江村考察的外国学者是美国科学促进协会常务理事、马里兰大学教授南希·冈萨勒斯（Naneie Gonzalez）来访。1981年9月20—24日，在费孝通"三访江村"前，她先来到江村，进行了为期4天的调查访问，对该村的农、副、工业发展情况、社员的家庭收入以及当地的风土人情等进行了比较详细的调查研究。[4]

《南茜·冈萨列斯[5]访问开弦弓村活动纪要》

九月二十日

（1）九月二十日上午八时半左右抵达震泽镇，当即由杜庆云、

1　周拥平：《江村经济七十年》，上海大学出版社2006年版，第115页。

2　同上书，第73页。

3　同上书，第137页。

4　《庙港镇志》编纂委员会编：《庙港镇志》，浙江大学出版社2002年版，第283页。

5　原文译名如此。

周正华、沈春荣、周金福等四同志欢迎乘轮船赴开弦弓。

沿途对农村自然风貌很感兴趣，拍了不少照片，通过翻译了解欢迎者的职务、姓名，并询问何时知道她要来开弦弓。（我们答一周之前）

（2）当日十时前到达开弦弓，住开弦弓荷花湾大队楼上，对我们给予安排的住房表示感谢。说"比她想象的条件好得多"。随即简单进行座谈，由周正华同志介绍了开弦弓的简要情况。冈表示，她去年到过中国，访问过北京、西安等地人民公社；今年来此之前，已到过辽宁、安徽、广州、杭州、上海等地，包括开弦弓在内，已到过中国二十个公社。到开弦弓是她访问的最高潮，在其他地方都是住在宾馆，只有在这里是直接吃住在农村。本来费孝通先生要同我一起来的，我们能有机会同一位有年纪的中国男人同访农村，感到很高兴，但费老临时因病不能同来，感到很遗憾。

座谈中，她对墙上各种图表很感兴趣，一一询问，都由周正华同志作了比较详细地介绍。

（3）上午十一时半之后进行午餐，由翻译（中国科协国际部美大处朱葆琛同志），地区外办王士庆同志、杜庆云同志、周正华同志等陪同进餐。

席间，还询问墙上图表的情况。

（4）午饭后，即到村里进行参观访问活动。下午，先参观了荷花湾大队丝织厂，看了生产过程、产品，特别询问了工人的工资报酬的计算方法和奖励办法。

（5）当走到荷花湾大队五队时，看到五队蚕茧生产组在摘茧，询问该组的人数、户数，有几户同姓以及计酬办法。之后，又看了五队蚕室，看幼蚕生长情况，询问并观看蚕室的温度湿度的保持方法（炕道加温育蚕）。

（6）参观荷花湾大队商店，询问商店人数，售货情况。

（7）访问徐火泉家，询问人口、年龄、生了几胎，是否都养大了？出来时，看了徐伯庆（徐火泉叔）的虾笼，了解捉虾方法。

（8）参观公社丝厂，了解缫丝过程，蚕蛹的用途，当知蚕蛹可吃时，想要尝尝。（当天晚上即经过油氽后吃到了）

（9）参观荷花湾大队粮食、饲料加工厂。

（10）看到社员周荣坤家门口晒黑豆，正巧周妻周巧珍田间返回，即进门座谈访问。着重了解家庭经济和计划生育情况。（周家只生一女，已18岁）

（11）晚上召开座谈会，参加者六人：姚金奎（荷花湾大队10队社员，男，1956年新西兰人访开弦弓时所摄打腰鼓者），周付林（荷花湾大队10队社员，男，当年的老村长），赵成汉（荷花湾大队3队社员，男，1956年新西兰人照片中踏水车者），周海珍（开弦弓大队蚕桑技术员），姚金娥（荷花湾大队3队女社员，1956年照片打腰鼓者），周金荣（开弦弓9队生产队长，男）。

九月二十一日

（1）参观荷花湾大队三队蘑菇养殖房和种蘑菇社员赵志虎交谈种菇情况。

（2）在开弦弓大队一队见到泥炭，详细询问泥炭的发现，开挖、使用情况，并说烧泥炭在世界上其他国家已有悠久历史。

（3）在去一队青年社员徐锡坤家看泥炭燃烧（因不是烧饭时间未见）情况时，即访问徐家。徐与其爱人系新婚，即详细询问了恋爱过程，怎样办理订婚手续，履行结婚礼仪等，还问了男女双方需陪送何物，买何衣物品，谁付钱，并请徐开箱看了结婚衣物。

（4）参观开弦弓大队糖料厂和豆腐房，问糖料、酱油如何生产。

（5）访问钱锦和家。详细询问家庭经济收入情况，并在钱家午餐（芋芳、青菜、毛豆烧茭白、鲫鱼、豆腐干、鸡蛋、茭白炒肉丝、烘山芋、菱等）。停留时间10:30—14:30。

（6）参观开弦弓四队蚕室，并提出是否可用空气调节器发展养蚕，并问蚕种情况，带走蚕种一只纪念。

（7）看开弦弓大队丝织厂。

（8）到开弦弓大队，询问丝织厂和大队情况。

（9）看农田建设情况，了解电灌电排站及其他水利设施。

（10）看六队猪场，了解母猪饲养情况、管理办法。

（11）看到外公社路过鱼鹰船，追上拍照，并问鱼鹰如何捕鱼。

（12）参观开弦弓九队姚锡荣家房屋（是一座老房）看院子，问家庭情况。

（13）路遇荷花湾五队社员倪桂清（77岁），即进行交谈，了解费孝通及其姐费达生在开弦弓时生活工作情况。

（14）晚上感到疲劳，要休息，整理调查材料。

九月二十二日

（1）访问开弦弓学校，向校长辛培林询问学校学生、教师数，民办教师待遇，详细问了民办教师周仁宪的经济收入情况，观看了学生课间操、眼保健操，并抄了作息时间表。

（2）路遇荷花湾一队社员姚玉山（是1956年新西兰来访者所摄照片上的播种者）随即到姚家座谈，了解风土人情，家庭情况，生辰八字等，并在姚家午餐（9:40—13:30）。

（3）访问公社管委会主任周正华家，同荷花湾十队妇女交谈，了解风土人情，对"娘舅"和"干娘"的风俗感兴趣（13:30—16:00）。

（4）重访社员钱锦和家，照相后，了解责任制，自留田种植、收获，及经济收入。

（5）晚上看两个大队1962—1980年粮食产量及经济收入表。

九月二十三日

（1）访问荷花湾大队合作医疗站，了解收费情况，对赤脚医生待遇感到不合理，看赤脚医生给病人看病、打针、换药等。

（2）参加荷花湾四队社员会，听社员讨论责任制落实，桑田管理小组劳力搭配。

（3）访开弦弓社员周志浩家，问家庭经济收入，算账，并在周家午餐。

（4）穿上在开弦弓村做的中式大襟衣服，与接待、服务员合影。

（5）与社队干部座谈，询问统计表的数字情况，弄清早晚稻、籼、粳稻等，了解开弦弓八队三业分开分组联产责任制情况。

（6）与县、社、队干部共进晚餐，并有费孝通的秘书林友苏在场，餐中与餐后讲了很多热情友好的话语。

（7）开座谈会。有妇女主任、妇女队长、女赤脚医生，了解计划生育情况（计划生育的好处，群众的反映，认识的过程，采取什么措施等）。

九月二十四日

（1）上午七时半离开弦弓，乘船到震泽，转乘车到吴江。

（2）陈中孚副县长等接待，并座谈了解全县概况，县组织机构情况，县、局、社上下联系情况，人口方面的情况等等。

（3）陈县长中午陪餐，共十人。

（4）午后继续座谈。

（5）同参加座谈人员合影留念。

（6）下午4时许离开吴江去苏州。[1]

1986年9月20—23日，应江苏省小城镇研究会的邀请，以上智大学教授鹤见和子为首的日本小城镇研究会代表团一行8人来访，相关的调查成果发表在该年的《江苏社联通讯》上，题为《日本学者谈小城镇研究中值得注意的几个问题》，文章中他们指出当地发展过程中出现的一些问题：农工之间出现了不平衡，如何让青年人喜欢农业；人们的思想意识形态发展方向不明确，过度强调了经济的发展与改革；发展速度过快而带来的文化传统丧失过快；农业现代化的问题；公共服务设施不

---

1 庙港档案馆。

▲ 1981年9月，美国学者南希·冈萨勒斯访问开弦弓村

足以及女工的工作环境差的问题。[1]

鹤见和子带领日本的小城镇研究会代表团三次到江村访问，在苏南地区，她看到了中国学者在探索与欧美现代化方式标本相反的另一种发展方式。她认为，"小城镇的工业化道路是江苏省最显著地表现出的一个内发型发展的模式，自第六个五年计划以来，在全国农村地区，已采用小城镇工业化作为发展政策，目前在中国，正在把现代化模式和内发型发展模式（根据不同地区采取多样化的方式）同时进行"[2]。她也进一步提出，"在苏南地区，随着小城镇工业化的进展，环境污染也正在严重扩大，采取相应的具体对策措施，消除差距和保护环境，是内发型发展的目标"[3]。

---

1 江苏省小城镇研究会：《日本学者谈小城镇研究中值得注意的几个问题》，《江苏社联通讯》1986年第11期。
2 鹤见和子：《"内发型发展"的理论与实践》，胡天民译，《江苏社联通讯》1989年第3期。
3 同上。

▲ 1986年9月13日,日本小城镇研究会代表团访问开弦弓村

另一方面,鹤见和子也讨论了小城镇工业化所带来的社区家庭结构的变化。"相对于工业化的速度而言,小家庭化的发展速度毋宁说是比较缓慢的。形式上的大家庭并未迅速减少,但是大家庭内部的人际结构,正在不断发生种种的变化,大体可分为以下三类。第一是多门类的就业家庭,这至少在村和地方小城镇是普及化的。第二是出现了分居家庭。第三是无论理想型还是现实型的家庭,母方居住制已经获得了公认。"[1]

宇野重昭作为日本小城镇研究会代表团的一员,在访问了江村和苏南的小城镇建设之后,看到了小城镇建设作为中国本土发展模式的重要性和意义。"小城镇持续不断地吸收大量的农村剩余人口;小城镇利用很少一部分国家投资,却承担了相当大数额的国家税收;通过'以工支农'的政策,小城镇积极支持农业的发展;中国传统的乡村自治政权开始恢复;小城镇权力支持那些吸引外资的强有力的出口导向型企业的发展;小城镇使人们的心理观念发生了迅速的变化。"[2] 此外,他的调查和

---

[1] 鹤见和子:《小城镇工业化中家庭结构的变化》,徐大光译,《江苏社会科学》1990年第5期。

[2] 宇野重昭:《中国:本土发展论的证明》,王延中译,《国外社会科学》1992年第10期。

观察也看到了,"父亲在家中'一家之主'的地位还没有明显改变,亲属中互帮互助、经常走动的观念还十分流行,宗族势力依然强大,'团体'的集体主义压抑着个人的行为,前现代的机构制度仍很普遍"[1]。

1996年2月17日至5月14日,英国伦敦经济学院常向群博士先后6次访问江村,共计132天,写作《关系抑或礼尚往来——江村互惠、社会支持网和社会创造研究》[2]。

笔者对海外学者到访江村的情况,进行了搜集整理,列表如下:

表1-8 海外学者访问江村纪事一览表

时间	学者	身份	考察主题
1956年5月12—15日	葛迪斯	澳大利亚悉尼大学人类学教授	村落、人口、家庭、生计、土地、缫丝工厂、合作化的农业、教育等
1981年9月20—24日	南希·冈萨勒斯	美国科学促进协会常务董事、美国农业发展委员会亚洲组主席、马里兰大学副校长、人类社会学教授	参观丝织厂、缫丝厂、农户家庭以及风土人情
1983年12月11日	谢格蒙德·金泽贝格及其夫人	意大利共产党中央机关报《团结报》常驻北京记者	
1984年	罗西、林南、马丁、萨林斯等	美国社会学、人类学代表团	
1984年6月16日	哈丽雯	美国克拉克大学教授、社会历史学家	
1984年6月	吴白弢等一行10人	香港中文大学社会学讲师	
1984年9月9日	恰特	津巴布韦大学高级讲师,人类学博士	
1985年3月17日	鹤见和子、宇野重昭、安源茂	日本上智大学国际关系研究所教授、成溪大学太平洋研究所所长、成溪大学法学部教授	走访农民家庭

---

1 宇野重昭:《中国:本土发展论的证明》,王延中译,《国外社会科学》1992年第10期。
2 [英]常向群:《关系抑或礼尚往来?——江村互惠、社会支持网和社会创造的研究》,毛明华译,辽宁人民出版社2009年版。

续表

时间	学者	身份	考察主题
1985年8月30—31日	黄宗智（美籍）夫人、顾琳（美籍）、吕作燮	美国加利福尼亚大学洛杉矶分校教授、日本东京都上智大学教师、南京大学教授	太湖流域的农村经济
1985年8月31日—9月1日	恰特	津巴布韦大学教授	
1985年11月21日	黄枝连	香港浸会大学高级讲师	
1986年2月20日	柯兰君一家	西德西柏林自由大学研究所教授	乡村工厂；访问周友法、周文昌两户农家
1986年5月7日	章生道（美籍）	美国夏威夷大学地理系教授	养蚕和桑园
1986年5月12日	刘创楚	香港中文大学社会系高级讲师	
1986年5月16日	中根千枝、巴乃特	日本东京大学教授、美国康奈尔大学教授	乡村工厂、农户
1986年5月27日	沈形奎、胜应明、时锡焕	朝鲜桑树栽培和养蚕技术考察组组长（朝鲜农业委员会养蚕局局长）、平安道养蚕农场经理、养蚕研究所所长	农民家庭养蚕、缫丝厂
1986年9月13日	日本小城镇研究会代表团一行8人：鹤见和子（女）、宇野重昭、安源茂、山本英治、毛里和子（女）、河崎和明、加藤韩熊、汤山上升子（女）	上智大学教授、成溪大学教授、成溪大学教授、东京女子大学教授、日本国际问题研究所研究员、综合开发机构（NIRA）研究员、国际文化馆常务理事、北京师范大学研究生	缫丝厂、全村风貌、访问农户
1986年10月26日	铃木俊男一行2人	日本《读卖新闻》上海地区采访团	访问农户、参观村丝织厂、乡缫丝厂
1987年1月17日	藤内敏郎	日本一桥大学毕业生	春节做客采访
1987年3月28日	黄丽丽等18名学生	美国德堡大学社会学系	

续表

时间	学者	身份	考察主题
1987年3月31日	松户庸子（女）、松园苑子（女）、若林教子（女）	日本社会学家访华组	
1987年6月18—19日	格里戈里·维克	美国乔治大学博士研究生、南京农业大学高级进修生	走访13家农户、进行农业生产调查
1987年7月28日	孔迈隆及其夫人	美国哥伦比亚大学东亚研究部人类学教授	走访谈龙泉家庭，参观村办丝织厂
1987年8月26日	松本健男、浜崎富、荒木干雄	日本京都工艺纤维大学副教授、日本京都工艺纤维大学副教授、京都大学教授	参观养蚕、缫丝
1987年9月2日	日本小城镇研究会代表团一行8人		访问蒋松泉、谈龙泉、周友法、周文昌、赵金海、姚三毛6家农户
1987年9月20—21日	司高德	美国社会学家、加利福尼亚工学院教授	村办丝织厂、中学、乡办缫丝厂，走访谈龙泉、徐林宝两户农家
1987年9月28日	吉米（菲律宾人）	美国《时代周刊》北京分社记者	
1988年1月4日	滨岛敦俊、藤田女士	日本大阪大学教授、上海复旦大学的日本留学生	
1988年2月25日	米歇尔·科赛	法国社会科学院教授、社会学会前会长	参观缫丝厂、丝织厂、访问农户
1988年9月26日	巴博德、勒绨	美国纽约市立大学教授、哥伦比亚大学博士	
1988年10月16—17日	裴蒂·丽莎	美国麻省理工学院社会学研究所文化人类学教授	乡村工厂、个体工厂和农户
1989年2月27日	西德留学生3名		参观丝织厂、走访农户
1989年3月8日	柏佩兰和三名联邦德国留学生	美国西世界学院汉语学习班主任	选择教学基地
1991年3月	王斯福	英国伦敦大学社会学系高级教师、近代中国研究所所长	

续表

时间	学者	身份	考察主题
1991年10月31日	谷川善计	日本神户大学文学部部长	乡缫丝厂、村办丝织厂、访问周文昌家
1992年12月26日	加藤弘之、大岛一二、章政	神户大学经济学部助理教授、农业系讲师、东京农业大学博士后	村办工厂和农户
1993年10月14日	"第四届现代化与中国文化研讨会"	来自美国,中国台湾、香港的代表21人	考察"江村"风貌
1994年9月10日	加藤延寿	日本经济政策学会常务理事、亚细亚大学经济学部教授	
1995年10月31日—11月1日	日本吉备大学访问团,团长山口荣、副团长柳原佳子	日本吉备大学	参观金蜂集团公司、村办企业
1995年11月27日	荒崎博	日本大阪市市役所农业问题专家	农田、桑园、水渠、缫丝厂、农户
1996年2月17日—5月14日	常向群（英籍）	英国伦敦经济学院	《关系抑或礼尚往来——江村互惠、社会支持网和社会创造研究》
1996年3月29日	王斯福	英国社会人类学家、伦敦大学社会系主任	

五、人类学回访：社会变迁研究的理论与方法

在人类学的研究当中，回访研究是验证和推进前人理论、考察社会变迁的一种重要的研究方法。回访研究根据其研究者、研究方式的不同而有多种表述，如重访、回访、追踪研究、再研究等。兰林友将人类学再研究划分为两种类型，即重访（revisit）与再研究（restudy）。他认为，重访（revisit）顾名思义就是田野工作者对自身田野工作点的再次访问，即对自己原先的田野工作点的回访，雷蒙德·弗思（Raymond

Firth）、玛格丽特·米德（Margaret Mead）、罗伯特·雷德菲尔德（Robert Redfield）、费孝通、林耀华、杨庆堃等，都对自身田野点进行过重访；而再研究（restudy），通常是对他人的田野点进行重新的调查研究。[1]

人类学的回访经典研究之一是德里克·弗里曼对米德关于萨摩亚调查结论的质疑和反驳，这引发了人类学史上一次激烈的学术争论。韦娜（Annette B. Weiner）重访了马林诺夫斯基的田野点——特罗布里恩德岛，在时空变换之后以女性的田野视角重新发现了当地妇女在经济生活上的重要作用。中国人类学者庄孔韶通过对人类学回访的传统和视角进行了梳理，指出回访研究的三种取向：一是用于对知识失误的订正，涉及到加强学术的可信度；二是在于跨时空文化的观察与诠释，属于人类知识综观的递进；还有一种回访经历是需要给予注意的，特别是数十年间的社会文化变迁中人类学必须看到文化再造和知识再造的内容。[2]

在20世纪80年代以来，中国人类学者庄孔韶、阮云星、周大鸣等对国内知名的田野点进行了回访研究，并形成了一批回访人类学专著作品，如庄孔韶对林耀华《金翼》的继承性学术续本《银翅》的写作；周大鸣依据美国社会学家葛学溥（D. H. Kulp）的《华南的乡村生活：广东凤凰村的家族主义社会学研究》对广东凤凰村进行了跨度约八十年的追踪研究，并出版《凤凰村的变迁：〈华南的乡村生活〉追踪研究》；兰林友对满铁调查村落夏寨进行了再调查，进而写作《庙无寻处：华北满铁调查村落的人类学再研究》，等等。此外，还有一些回访研究的讨论文章，如潘守永寻访杨懋春所著《一个中国的村庄：山东台头》，他看到了随着时代变迁和当地村民与外来者的互动之中，而带来村落格局和乡村性质的改变，并发表文章《"一个中国的村庄"的跨时空对话——"台头"重

---

[1] 兰林友：《人类学再研究及其方法论意义》，《民族研究》2005年第1期。
[2] 庄孔韶：《回访的非人类学视角和人类学传统——回访和人类学再研究的意义之一》，《西南民族大学学报·人文社科版》2004年第1期。

访》[1]；孙庆忠回访广东南景村，在《人类学追踪调查的虚与实——重访南景村的思考》一文中，讨论了人类学追踪调查的虚与实。他看到，"南景村民身份的终结和村落地域边界的行将瓦解，使我们想象的'田野'和与之相配的乡民文化正在远去，而我们所关注的田野事实，却又以新的形式凸显出来"[2]。

这些回访研究的一部分成果还集中体现在庄孔韶的《时空穿行——中国乡村人类学世纪回访》一书中，在本书的序言部分，他对人类学回访研究的价值予以诠释，"回访使我们重新找到审视同一调查点的机会，加强了社区的过程研究，其间多种被抽绎出的重要学术问题的解答获得了综合的机会，因为触类旁通的观察恰恰产生于社区过程之中，这对更深入地理解中国汉人社会文化的本质颇有补益"[3]。此外，他也对接续性的汉人社会研究进行了专题述评，通过典型的汉人社会回访和人类学再研究案例阐释了回访学术工作的要义和价值。[4] 并且，更进一步提出在回访地点跨越时空所看到的社区的动态系统，运动既是文化的也是社会的特征。[5] 回访的工作加强了社区的过程研究，其间多种被抽绎出的重要学术问题的解答获得了综合的机会，因为触类旁通的观察恰恰产生于社区过程之中。[6]

从这些人类学回访研究作品上看，无论是人类学者对自身田野点的

---

1 潘守永：《"一个中国的村庄"的跨时空对话——"台头"重访》，《广西民族学院学报（哲学社会科学版）》2004年第1期。

2 孙庆忠：《人类学追踪调查的虚与实——重访南景村的思考》，《思想战线》2007年第1期。

3 庄孔韶等：《时空穿行：中国乡村人类学世纪回访》，中国人民大学出版社2004年版，第1页。

4 庄孔韶：《回访和人类学再研究的专题述评——回访和人类学再研究的意义之二》，《西南民族大学学报·人文社科版》2004年第2期。

5 庄孔韶：《南部中国乡村都市过程及动力——回访和人类学再研究的意义之三》，《西南民族大学学报·人文社科版》2004年第3期。

6 庄孔韶：《金翼家族沉浮的解说——回访和人类学再研究的意义之四》，《西南民族大学学报·人文社科版》2004年第4期。

重访，还是对他人田野点的再研究，他们都试图超越村落和社会文化研究的时空限制，而将历史进程和社区过程的分析带入其中，补充既有的"切片式"的民族志的理论范式，描述和讨论在一定时间跨度内所呈现的社会变迁。

人类学对一个村落或一个区域的考察往往忽略时间要素的作用。在人们的社会生活和个体意识当中，存在多种标记和感受时间的方式：最常见的钟表时间、日期年份，四季的变换，生命的成长过程等，或者还有人为的记录，如传承谱系，历史的书写。然而，另一方面，也存在令时间呈现非流动化的、划分时间单位的文化手段，如中国的传统历法。传统的阴历最广泛使用在记忆动感情的事件以及接洽实际事物等场合，它被用作传统社会活动日的一套名称，在宗教活动上，人们也广泛使用阴历。[1] 这类历法主要不用于衡量时间的流逝，也不用于强调过去瞬间的独特和不可逆，而是用于标记和类分时间借以在人类经验中自我呈现的性质特征。[2] 可见，它们是用以安排人类的社会生活和文化行为的手段，并具有相对固定的排列和周期循环性。在这个意义上而言，时间是无尽循环的，既不积累，也不消耗。

在人类学者看来，"时间"这一个概念存在自然和社会两个维度，而两者之中，社会如何转化时间，也就是认识"时间的社会结构化"，是极为重要的。在拉德克里夫-布朗（A. Radcliffe-Brown）提出社会结构的概念之后，引发了英国社会人类学界对这一概念的广泛讨论。埃文斯-普里查德（E. E. Evans-Pritchard）在其代表作《努尔人》中详细讨论了系谱组织，将当地人的时间概念划分为"生态时间"和"结构时间"两种，前者是年度周期内对一系列自然变化的概念化表达，后者则体现

---

1 费孝通：《江村经济：中国农民的生活》，商务印书馆2001年版，第135页。
2 [美]克利福德·格尔茨：《文化的解释》，纳日碧力戈等译，王铭铭校，上海人民出版社1999年版，第444页。

的是人们在社会结构中的彼此关系。[1]迈耶·福蒂斯（Meyer Fortes）对社会结构中的时间要素进行了区分，在他看来，存在三种不同的时间类型和性质：第一种是期间时间（duration time），这对社会事件或组织的结构并不会有关键性的影响，时间的分配和定位是期间的一方面，正如我们所看到的季节性活动、年度仪式，或者如"库拉"制度，而单一的序列则是期间的另一方面，正如大多历史书所展现的那样；第二种是时间的连续性，时间是一些社会事件或组织固有的、关键的特征，某种力量或状态在一段时间中是持续，因而所有明确的合作群体必须拥有连续性，例如世系，它是在一个给定的时间，决定社会结构力量的表达；第三种，与单纯的历史序列相反，时间代表了演变（genetic）或成长（growth）的过程，它是在连续性的框架中与变化相关联。[2]

社会人类学在社会结构的分析中通过对时间要素的讨论更进一步引出了社会结构如何变迁的议题。在拉德克里夫－布朗的社会结构理论中，社会系统似乎更加是一种理念上的均衡体系的存在，埃德蒙·利奇（Edmund Leach）站在这种观念的对立面，认为这种均衡的假设是过分简单化的，实际上真实的社会是永远不可能处于均衡状态，因此时间和空间维度的抽离是致使社会人类学者对社会结构的描述是一种稳定均衡状态的原因。利奇根据其在缅甸高地克钦社会结构的研究建立了一套"动态理论"，对制度的结构性变迁应进行动态分析。

马克思·格拉克曼（Max Gluckman）将历史的观点引入社会结构变迁的分析当中，并与利奇相对，认为"均衡模式（equilibrium model）"是研究社会变迁系统的一种方法。在他看来，时间以不同的方式存在于人们的社会生活当中，应依照不同的时间，区分不同的结构变迁，包括重复的变化、有限的结构变迁以及根本体系的变迁。格拉克曼所定义的

---

1 ［英］普里查德：《努尔人：对尼罗河畔一个人群的生活方式和政治制度的描述》，褚建芳、阎书昌、赵旭东译，华夏出版社2001年版，第114页。

2 Meyer Fortes, *Time and Social Structure and Other Essays*, The Athlone Press, UK, 1970, pp.1–2.

均衡模式是处于制度的"结构期间"之中的，在其中制度的全貌都存在于时间过程的之中，模式就是过程的归纳，基于时间和结构上的相互制约的均衡关系，制度模式一般都呈现出循环的形式。[1]因此，了解一种制度虽然需要时间上的深度，但并不是简单地去看其演化史或发生学的过程，而是要分析这个制度在一个结构期间的运转流程，以及它如何与人们的历史记忆和新的际遇互动协调。

通过对人类学研究中时间要素的理论分析，使我们能够更加明白应该如何在人类学的考察中理解社会结构变迁的意义；而通过今天对江村进行民族志的再研究，给予了我们在时空维度下进行社会结构变迁分析的可能。

根据江村研究谱系的梳理和社会变迁理论的分析，虽然江村人的社会生活诸多方面都在不断发生变化和转型，但这些变化正如格拉克曼所说，存在不同类型的区分。费孝通和其他中外学者通过持续的回访研究，实现了对江村的社会变迁的过程书写和理论探索。其中，包括经济结构的调整、家庭结构的变动，以及社会多方面物质与文化生活的延续与更替。这些研究者的坚持使得社会生活的动态分析更加明晰，并与当地人的社会生活变迁相互印证。近年来，随着全球世界文化的转型及新技术的日新月异，江村人的生活也在社会转型的大背景下发生着变革，因此，笔者仍然通过人类学的研究方法再次考察江村的社会生活，以了解新时期下中国乡村社会的样貌。

---

1 Max Gluckman, "The Utility of Equilibrium Model in the Study of Social Change", *American Anthropology*, Volume70, 1968, p.225.

第二章 江村概况

江村原名开弦弓村，是江苏省吴江县的一个村落。吴江县位于太湖流域腹部，江苏省最南端，苏（州）嘉（兴）湖（州）小三角中心，东临上海市青浦县，南连浙江省嘉善、嘉兴、桐乡、湖州等市县，西濒太湖，北与本省吴县、昆山相接，全县总面积1176.68平方公里（不包括东太湖水域约85平方公里），东西宽52.67公里，南北长52.07公里。1985年，全县耕地93.19万亩，河道湖荡水面40.06万亩，占全县总面积的22.70%，全境无山，地势低平，由东北向西南缓慢倾斜，南北高差平均不到2.0米，为东太湖平原的一部分。[1]

从《吴江县志》的记载来看，吴江县的地理坐标北纬30°45'36″～31°13'41″，东经120°21'04″～120°53'59″。全境地势地平，河道密布，湖荡星罗棋布。四季气候温和湿润，雨水充沛，壤土质的水稻土分布全境，宜于稻、麦、油菜等粮油作物和其他农作物生长。鱼、虾、蟹等水产资源丰富。桑林茂密，桑蚕生产历史悠久。但由于地处太湖下游，是湖水入海的走廊，又常有台风影响，历史上洪涝灾害频繁。吴江县地处中纬度，属北亚热带季风区，四季分明，气候温和，雨水丰沛，日照充足，无霜期长。据吴江县气象站观测资料，1959～1985年的27年中（下同）年平均气温15.7℃，年平均日照时数2086.4小时，全年无霜期226天，年降水量1045.7毫米。春夏两季盛行东南风，秋

---

[1] 吴江市地方志编纂委员会：《吴江县志》，江苏科技出版社1994年版，第3页。

冬季节多偏北风，7～9月常受台风影响。春季气温变化较大且多阴雨天气，早春北方冷空气势力仍较强，遇有寒潮侵袭，则气温骤然下降；夏季6月下半月至7月5日左右是梅雨期，平均梅雨量约160毫米，夏季也是台风活动频繁季节，每年有1～2次影响本县；入秋后天气渐凉，雨水减少，但9月有时还会出现高温天气，即所谓的"秋老虎"，9月处于夏秋之交，有时还受台风影响，雨水较多，下旬开始雨水明显减少；冬季盛行偏北大风，气候干燥，雨雪较少，1月至2月上旬是全年最冷时期，年极端最低气温大多出现在这一时段内。[1]

吴江县属太湖流域淀泖水系，西承太湖及浙西山区来水向东流入淀泖湖群。境内河网稠密，湖荡成群，全县水面积267.07平方公里（40.06万亩，不包括东太湖水面85平方公里），平均每平方公里有水面340.47亩。全县河流总长3461.89公里，河网密度每平方公里2.94公里。除东太湖外，吴江县尚有水面50亩以上的湖荡350个，总面积23.4万亩，其中水面千亩以上的有50个，16.46万亩。多数湖荡湖底平均高程在0.80米左右，常年水深2.0米左右，年水位变幅在1.0米左右。[2]

开弦弓村原本属于吴江县境西部的庙港镇，2004年七都镇与庙港镇合并，更名为七都镇，但庙港仍然是他们生活上的集镇所在，工业区在镇东北，商业区在镇中心，行政机关及其他事业单位散布于镇东和镇西。开弦弓村往南最近的集镇是震泽镇，在公路修建以前，村镇之间以水路相通。震泽镇历史上的手工业，主要是缫丝、织绸，始于明熙宣年间（1425—1435），清代中叶兴起纺经，"辑里干经"远销海外。震泽镇上最早的商业以丝行、米行为主，其次是鱼行、羊行、猪行、皮毛行、地货行等农副产品集散的牙行。[3] 在震泽镇，工厂一般集中在镇东北及西南二栅，商业区在镇中心河堤两岸，文教卫生事业机关主要在镇西北。依照费孝通在1936年的调查，那时开弦弓存所依傍的市镇是震泽

---

1 吴江市地方志编纂委员会：《吴江县志》，江苏科技出版社1994年版，第115—118页。
2 同上书，第126—130页。
3 同上书，第84—85页。

镇，市镇是收集周围村子土产品的中心，又是分配外地城市工业品下乡的中心。[1]

一、村落空间的形塑

费孝通在20世纪30年代第一次来到开弦弓村。起初，他并没有刻意要在此展开在田野调查，而是受到他姐姐的事业的启发，并凭借自身的学养，自发地调查了村落生活各方面的情况。在其民族志式的描述中，费孝通以一幅手绘的"村庄详图"直观地呈现了江村基本的地理环境和空间布局，包含了村落的住宅、交通、合作丝厂、庙宇、学校等生活空间和公共空间，如下图所示：

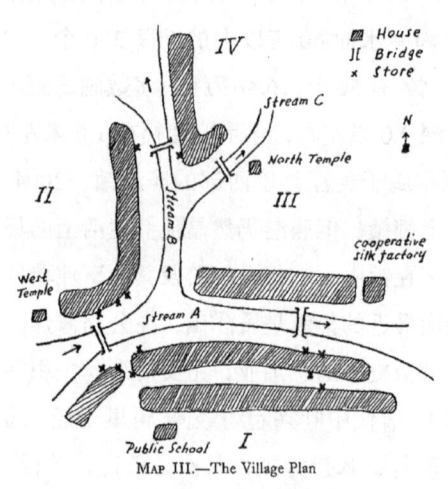

▲ 江村空间布局示意图（1936年，费孝通手绘）

从对这幅图的解读中，费孝通说明了村名"开弦弓"的由来，"开弦弓的'脊梁骨'系由三条河组成，暂且定名为A、B和C。河A是主流，像一张弓一样流过村子，开弦弓便由此而得名。字面上的意思就是：'拉

---

1 费孝通：《江村经济：中国农民的生活》，商务印书馆2001年版，第28页。

开弦的弓'"[1]。图中的"合作丝厂"是当时他的姐姐费达生正在帮助农民着手建立的,作为新建的公共机构,它的出现所带来的社区生活变迁是费孝通此次调查所关注的核心论题。

20 世纪 80 年代,在费孝通的安排下,他的博士研究生沈关宝在江村进行追踪考察,沈关宝同样接续性地绘制了村落的空间布局图示,与费孝通的手绘图形成时空对照,使读者一目了然地看到村庄在时间维度中所呈现出来的空间结构变化,进而可以推断当地人在生活方式上发生的一些变化。通过比较我们可以看到,村落的居住格局没有太大的变化,仍然是沿河而居;但在交通上,却有了显著的改变,公路以及汽车站的建设表明人们所依赖的交通方式正在从传统水路转变为现代公路;而在生产方式上,村落中的丝织厂和缫丝厂的再次兴起说明乡村工业仍然在当地发挥着重要的作用。

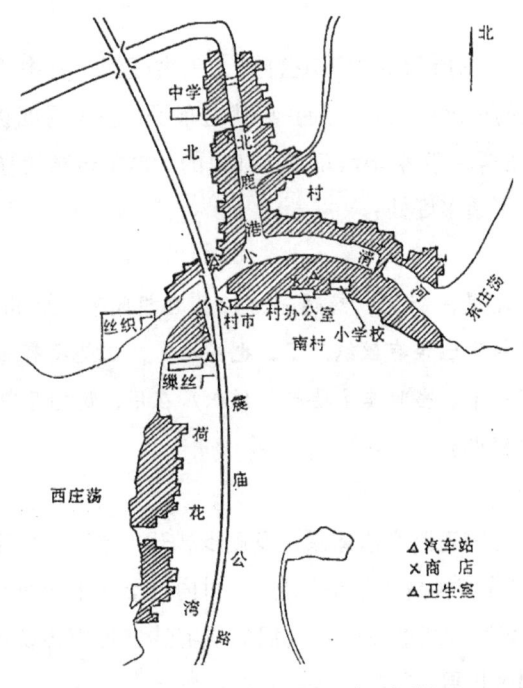

▲ 江村空间布局示意图(1993 年,沈关宝绘制)

---

1 费孝通:《江村经济:中国农民的生活》,商务印书馆 2001 年版,第 34 页。

交通方式从水路到陆路的变革是从 20 世纪 80 年代开始的。江村原村主任王主任回忆说：

> 当时他（费孝通）来的时候，公路还没有通，用船的，我们到震泽那边去接，三访的时候，这个轮船不是这里的，是梅堰那边去接过来的。当时党委书记是徐盛祥，他是梅堰人，到那边接的。当时来的时候主要说了路，从 1957 年之后到那时候也有好长时间了，来看看江村的变化，当时全国在搞承包到户，我们这里那时还没有承包到户，只是承包到组，这个路（修路）是他提出来的。到省交通厅去，他帮着说话了，说这里路还没有通，后来省交通厅在 1982 年就开始搞这个路了。当时这个路是 1983 年修到我们开弦弓，1984 年通到庙港，当时这个路我是抓基建的，从震泽到我们开弦弓。

这条路就是图所示的"庙镇公路"，王主任说，其中"震泽—开弦弓"路段修建的速度很快，不到一年就通车了，费孝通四访江村（1982年）的时候就是第一次乘坐汽车抵达江村的。这条道路的修建为村民的生产生活带来了诸多好处：

> 没有路是不行的，交通不方便，思想闭塞，还用船肯定不方便。当时村里已经有丝织厂了，也买车了，但是没有驾驶员，就去外面请了一个。当时车主要就是丝织厂在用，运输原料、成品。用船时间过程很长。

此后，江村的道路交通体系建设逐步展开，至今，村庄西有"庙镇公路"，东有"苏震桃高速公路"经过，村内也形成了四通八达的"环村公路"。随着交通方式的变化，人们的住宅选址也由传统的沿水而居，开始向道路两旁扩展。

笔者在江村进行田野工作时，也仿照费孝通、沈关宝的村落空间图示，手绘了当前江村的空间布局：

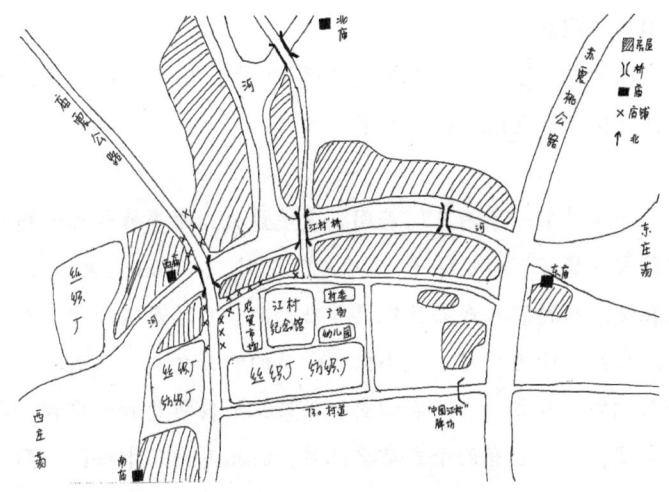

▲ 江村空间布局示意图（2013年，王莎莎手绘）

通过图示可以看到，在生产生活空间上，村庄的东南庙镇公路的两旁，是工厂、商店和农贸市场的所在，也就是主要的商业区；东南边的工厂区吸纳了村庄的部分劳动力，以及一些外来务工者。随着人口数量的增加、居住面积的扩大，以及主要交通方式的转变，人们的聚居区开始由河岸两旁向道路两边扩展。此外，在地方产业结构调整的"粮改渔"政策实施之后，原本的水稻田用地，现在已被开挖成数个养殖螃蟹、鱼虾的水池，由养殖户承包生产。

另一方面，江村还兴建了其特有的文化标识，包括："江村桥"，"中国江村"牌坊，建设费孝通、费达生江村纪念馆与江村历史文化博物馆等。笔者在村中进行田野工作的时期，政府还在主导修建"江村文化弄堂"、"费老足迹"等文化标签。

二、居住空间的变化

村民在居住空间的建造上，以南北朝向为主，正门朝南，房屋格局如今大多在二至三层，门前会留有一处场地，供人们活动、晾晒或放置物品，场地院落既有开放的也有以墙壁隔离封闭的，人们对自家所属的场地界限十分明确。

进入房屋的内部空间,根据费孝通20世纪30年代的调查,他对当时村民住房格局和功能的描述如下:

> 一所房屋一般有三间房间。堂屋最大,用来作劳作的场所,例如养蚕、缫丝、打谷等等。天冷或下雨时,人们在这里休息、吃饭,也在这里接待客人或存放农具和农产品。它还是供置祖先牌位的地方。堂屋后面是厨房,大小仅为堂屋的四分之一。灶头和烟囱占厨房面积的三分之一。紧靠烟囱有供灶王爷的神龛和小平台。再往后是卧室,家中如有两个家庭单位时,就把卧室用木板隔成两间。每间房里放一两张床。已婚夫妇和七八岁以下的孩子合睡一张床。孩子长大以后,他或她先在父母屋里单独睡一张床,再大一些的未婚男孩就搬到堂屋里睡,像那些雇工一样。女孩出嫁前一直睡在父母屋里,也可以搬到祖母屋里去,但决不睡在堂屋里,因为妇女是不允许睡在供祖先牌位的房屋里的。广义地说,一所房屋包括房前或房后的一块空地。这块空地既作为大家走路的通道,也用作一家人干活、堆放稻草或其他东西的地方。在这块地里种上葫芦或黄瓜就是小菜园。房屋附近还有养羊或堆放东西的小屋。[1]

到了80年代,房屋的类型开始从原来的平房结构过渡到楼房结构。新建楼房是从1982年开始的,最初两年只造了4栋,1984年起逐渐增多,近两年达到了高潮,每年有44栋楼房拔地而起。[2]这个时期的楼房一般建两层,从房屋内部房间的功能划分上看,与费孝通的描述相较,人们将卧室空间放在了二层,一层主要作为待客和生产的空间。一般的小楼有6间房,上下各三间,但下面的三间有两间没有墙壁隔开,成了

---

1 费孝通:《江村经济:中国农民的生活》,商务印书馆2001年版,第113页。
2 沈关宝:《一场静悄悄的革命》,上海大学出版社2007年版,第198页。

一大间房间。[1] 这里主要作为养蚕的场所，置放蚕匾等生产工具。堂屋和灶房也在一层。一般而言，人们主要在一层进行各种日常活动，比如待客、吃饭、养蚕等，将卧室搬至二层更加有利于保护人们的休息空间的私密性，因为没有这家主人的允许，外人到访止步于一层堂屋。1990年后又在原有的基础上添加了卫生设备，并注重内部装饰和外部结构美观，有些农户有了平展式的楼房又新建团结型别墅式套房。[2]

如今到访江村，仍然能够看到不同时期所建房屋的特点，有传统的青砖木门结构的老屋，有青瓦白砖的二层小楼，还有现在最为时兴的别墅式洋楼。目前，人们普遍更愿意建设三层结构的别墅式洋楼，还有少数人家加盖到四层。

从房屋内部的功能划分上看，既有延续费孝通所述的那种传统设计，同时也有根据现今的生活需求而更新的部分，下图则表明了当前人们对房屋内部空间的设计：

一层	厨房、日常餐厅	堂屋、楼梯大门（南）	储物间
	电视厅		宴会厅
二层	工作室	小客厅	工作室
	卧室		卧室
三层	储物间		储物间
	卧室		卧室

▲ 江村房屋的内部结构示意图

注：堂屋是正对大门的这一间，电视厅和宴会厅在堂屋的两边，东西方向不固定；二层和三层的卧室一般朝南而建；每一层内部房屋的功能是固定的，但具体位置的分布根据各家的情况有所不同。

可以看到，在一层的空间布局当中，堂屋、厨房和日常餐厅是一直延续下来的，只是随着人们生活水平的提高发生了一些功能变化和物质设备方面的更新，例如堂屋已经不再作为生产空间了，而主要为生活、待

1　沈关宝：《一场静悄悄的革命》，上海大学出版社2007年版，第198页。
2　《庙港镇志》编纂委员会：《庙港镇志》，浙江大学出版社2002年版，第335页。

客所用；厨房中新式的整体橱柜、液化气灶和抽油烟机替代了传统的土灶。但堂屋中摆放八仙桌的位置没有发生变化，笔者在江村看到，即使是装修和布置十分现代化的家庭当中，堂屋中八仙桌的摆放依旧被人们所重视，因为这里是他们进行礼俗活动的重要场域（在第五章详述）。

▲ 家户在堂屋中举办人生仪礼（2013年，王莎莎摄）

电视厅和宴会厅则是近年来新增的空间格局，电视厅主要由电视机、茶几和沙发组成，宴会厅中摆放有一个能容下十几人聚餐的大圆桌及成套的木椅，这两部分是现今招待客人的主要场所。虽然人们有时也会在一层的电视厅中看电视、喝茶、聊天，但一层的电视厅的主要功能是待客，最能发挥其功能的时期是在家中有新人结婚，因为现在村落中时兴请专业人士将婚礼的仪式过程以拍录像的方式记录下来，然后在一段时期内会持续地请亲戚、邻居、朋友来家中做客。这样的活动就主要在电视厅中进行，客人们坐在沙发上一遍喝茶、吃零食，一边看录像、聊天，分享新婚的喜悦，十分热闹。

堂屋的另一个主要区域宴会厅则是人们聚餐的场所，在宴会厅吃饭一般是家里有重要的仪式活动，或者是逢年过节家人聚餐，或者是接待贵客。平时吃饭则主要在餐厅中进行。

▲ 电视厅待客图

1. 房屋内陈设的变化

近年来，房屋内设变化最为凸显的就是电器种类的增多以及电子产品的普及。冰箱、洗衣机、音响设备以及各式的小家电，空调、电视机等常用电器在多个房间都有所配备。随着村落中网络设备的健全，家家户户几乎都拥有至少一台电脑，笔记本电脑、平板电脑也普及得相当迅速，很多家庭都已装有便于全家每个房间都能使用网络的 Wifi 设备。

2. 建房的仪式和花费

在江村，住房的更新一般发生在家中有成年人要结婚的前期，换句话说，更新住房主要是为结婚而准备的。这样的安排有几方面的原因：首先，一个家庭从子女出生到结婚的二十多年里有较为充分的时间积累盖房所需的资金，这是一项数额不小且又必须预备的支出，很多家庭往往还要承担一些借贷来完成；其次，房屋的新旧好坏是现代人对物质生活需求最为看重的部分，特别是对于即将谈婚论嫁的两个人，甚至是双方的家庭都会谈及于此，因而人们会提早为此精心准备，并尽其所能将房屋建得更好，以便彰显家庭的经济水平和社会地位；第三，在中国传统文化中，讲究新人要住新房，即便有的家庭没有能力重新建房，也会将室内的房屋重新装修一遍，特别是新婚夫妇的房间。在笔者田野调查的几个月里，有的人家将原来的房屋拆掉重新建造，有的人家在原有房屋的基础上翻新，有的人家对房屋的室内进行更为精致的装修，问及缘由，都是因为家中有即将结婚的子女。

此外，盖房伴随着一系列的文化活动。基本上，人们都是在自家原有的宅基地上修建新宅，也有因为拆迁的原因重新选址建房的情况。在确定了建房的区域之后，正式动工以前，房屋的主人要在半夜起来给盖房区域的四个角"打桩"，用四根长短、粗细均等的木棍，在每一个木棍的上端用红纸包起来，下端分别钉在房屋的四个边角。之后，要点香、蜡烛，摆一些贡品（猪肉、糕、鱼等），并烧些纸钱。等纸钱和香都烧完了，再将这些贡品拿回去。特殊的是，这样的仪式过程不能让他人看到。

"打桩"之后，在开挖地基（动土）当天上午，主人要在四个桩围着的方形的中心摆放用红布包裹的成筐的糕、馒头（有馅的），用篮筐盛放的蹄髈，然后开始放炮。这些物品一般是由娘家准备好送过来。仪式过后，再将这些贡品拿回去，分发给左邻右舍、生产小组、自家人和亲戚，有着告知和分享的作用。接下来，还有上梁仪式、首层封顶仪式、第二层封顶仪式以及进屋仪式（安床、装大门）等。

盖房子，办上梁酒席，要四次的，第一次是奠基，我们叫摆地盘，破土什么的；第二次是上梁，屋子封顶了，现在是水泥的，以前是木头的，房子正中间的最高的那个梁要包红布，红布上面要用那种方的铜钱弄出很多花纹，吊一个线，挂个糕啊、馒头啊或者万年青，很好看的。第一层做一个小规矩，第二层做一个小规矩，相当于上梁的意思，第一层是最重要的，要摆酒席，上梁酒，最隆重的。第三次是装大门，第四次是搬进去。都装修好了，要搬进去了，入门酒，是只有亲戚来的，朋友不来的。但是上梁酒是朋友都要来的，以前朋友很简单的，就是买一块肉过去，呵呵，现在造房子请客吃饭就是办酒席，最后入住的时候一起办的，程序都简化了，现在都是以红包为主了。以前买肉或者客气一点的买蹄髈，这些肉都是用得着的。以前盖房子是要请帮工的，不是像现在这样付工资，要请这些建筑工人吃饭的。娘家就是在上梁的时候和入住的时候要拿的东西很多，上梁的时候最多。最开始的时候是拿一些糕点、吃的，现在就是比如送一套卫浴设备，送个热水器，电器什么的，或者直接包个5000块钱过去，也有的。[1]

从盖房的花费上看，1936年，据费孝通的估计，"修建一所普通的房屋，总开支至少500元"[2]。沈关宝在80年代的调查数据显示，"1985年，盖楼耗资约1万元，1987年盖同样的楼耗资约1.3万元（均包括农民的老屋拆除后的再次利用部分）"[3]。而笔者在村中了解到，依据现今当地的经济水平，盖一幢三层的别墅式楼房（不算装修）至少需要60万元左右。据村中一位养殖农户的描述，他家新盖的楼房（三层）连装修下来大概花了90多万元，近100万元。

三、乡村工厂

在江村的近代史上，最重要的就是费达生在这里建立了最早的乡村工厂。民国18年（1929）初，成立开弦弓村有限责任生丝精制运销合作社，诞生了全国第一家农民直接办的缫丝厂。[4]

随着日本的侵略、国家政权的变动以及新中国成立以来国家政策的变化，江村的缫丝厂以及村内的其他乡村工厂历经沉浮，如今村内的乡村工厂有的是从原本集体的乡村工厂转制后发展至今，如江村丝绸、荣丝达纺织；有的则是新建立的企业，如田园纺织、永泰电子等。这些乡

---

1 徐姓村民的讲述。
2 费孝通：《江村经济：中国农民的生活》，商务印书馆2001年版，第114页。
3 沈关宝：《一场静悄悄的革命》，上海大学出版社2007年版，第199页。
4 吴江市地方志编纂委员会：《吴江县志》，江苏科技出版社1994年版，第111页。

村工厂吸纳了多数村内以及周围乡村的劳动力。

20世纪70年代前期，化纤织物兴起，至1985年，吴江县已形成以棉纺织、针织、毛纺织为主要门类的纺织工业体系，全县有县、乡镇独立核算纺织企业33家（不包括丝织，下同），职工4742人，固定资产原值2684万元，年产值8457万元，利润637万元，另有非独立核算企业1家，村办企业98家，工业产值分别为11万元和1843.64万元。[1] 2012年，吴江全区规模以上的工业中，丝绸纺织、电子资讯、通讯线缆、装备制造四大主导产业分别实现产值929.87亿元、913.87亿元、383.83亿元、271.97亿元，合计占规模以上工业的比重为83.4%。[2] 丝绸纺织仍为第一大支柱工业。

表2-1　2013年开弦弓村内企业一览表

序号	企业名称	序号	企业名称
1	吴江江村丝绸有限公司	8	吴江欧盛制衣有限公司
2	吴江乾昌纺织有限公司	9	吴江市江村锻造有限公司
3	吴江荣丝达纺织有限公司	10	吴江江村酿造厂
4	吴江求是纺织有限公司	11	吴江市振庆纺织有限公司
5	吴江市田园纺织有限公司	12	吴江市博名针织有限公司
6	吴江永泰电子有限公司	13	吴江月亮家纺有限公司
7	吴江江村金属物资有限公司	14	苏州东绵服饰有限公司

目前，丝织厂工人的收入是相对较高的，一年大约有5万~10万元左右的工资收入。一方面他们具备专业的技术，这方面人才现今较为稀缺，另一方面，他们的工作环境比较艰苦，工作强度也很高（12小时工作制）。一般男性为设备保全工，女性为纺织工。

除了这些颇具规模的乡村企业之外，还有一些在家户内自行生产的家庭小工业，如羊毛衫编织。

1　吴江市地方志编纂委员会：《吴江县志》，江苏科技出版社1994年版，第270页。
2　吴江区统计局编：《吴江区统计年鉴》2012年版，第2页。

▲ 江村丝织厂

四、家族与姓氏

依据2010年的统计，开弦弓村有747户人家，29个姓氏。其中，户数最多的是周姓，其次是徐、倪、沈、谈、姚、吕、王等8个姓，仅1户的有陈、刘、黄、许、谷姓。

亲属群体依照姓氏居住得较为集中。民国24年，周姓和姚姓集中在城角圩；谈姓集中在长圩和谈家墩（吴字圩）；吕姓和邱姓只集中在凉角圩；赵姓、陈姓、方姓、杨姓等只集中在城角圩。这样的姓氏分布格局一直延续到2010年。荷花湾村和西草田村先后并入行政村开弦弓村后，最明显的变化，是徐姓有36.43%集中在第21、22村民组，周姓有31.43%集中在第18、19村民组。同姓非亲属群体居住则比较分散，周、徐、谈、姚和沈等同姓分别居住在17、12、9、7、6个村民组里。李和方姓各有3户，分居在第1、16和15村民组；何姓3户，分居第22、25村民组；马姓两户，居住在第20村民组；谷、黄、陈、刘和许五姓均为独户，分布在第3、7、14、15和23村民组。表2–2是2010年九户以上的16个姓氏的分布情况。

表 2-2 2010 年开弦弓村在册村民部分姓氏分布情况表

单位：户

组别	周	徐	倪	沈	谈	姚	吕	王	严	朱	吴	饶	邱	谭	蒋	陆
1	14	13	—	3	3	2	—	—	—	—	—	—	—	—	—	—
2	17	—	—	9	—	—	—	—	—	—	—	—	—	—	—	—
3	5	2	—	1	10	—	—	—	—	—	—	—	—	—	—	1
4	—	4	—	—	10	—	—	—	—	—	—	—	—	—	1	7
5	6	—	—	8	5	—	11	—	—	—	—	—	—	—	—	—
6	5	—	—	—	14	—	5	—	—	—	2	—	10	—	—	—
7	1	—	—	3	—	2	—	—	—	4	11	1	—	—	—	—
8	18	—	1	—	5	—	7	9	—	—	—	—	—	—	—	—
9	5	6	4	16	—	4	—	1	—	—	—	—	—	—	—	—
10	10	—	—	2	1	2	—	—	—	—	—	—	—	—	—	—
11	9	3	—	4	—	3	—	—	—	—	—	—	—	—	—	—
12	10	2	—	—	—	12	—	—	—	—	—	—	—	—	—	—
13	7	—	—	—	—	16	—	—	—	—	—	—	—	—	—	—
14	12	—	—	—	5	6	—	—	—	—	—	—	—	—	—	—
15	1	9	8	—	—	2	—	—	—	—	—	—	—	—	9	—
16	2	6	27	—	—	—	—	—	—	—	—	—	—	—	—	—
17	—	—	40	—	—	—	—	—	—	—	—	—	—	—	—	—
18	33	—	—	—	—	—	—	—	—	—	—	—	—	—	—	—
19	20	—	—	—	—	—	—	—	—	—	—	—	—	10	—	—
20	—	9	—	17	—	—	—	12	—	—	—	—	—	—	—	1
21	—	31	—	—	—	—	—	—	—	—	—	—	—	—	—	—
22	—	20	—	8	—	—	—	—	—	—	—	—	—	—	—	—
23	—	18	—	—	—	—	—	—	—	—	—	—	—	—	—	—
24	—	17	—	—	—	—	—	15	—	6	—	—	—	—	—	—
25	—	—	—	1	—	—	—	—	18	—	—	—	—	—	—	—

资料来源：《开弦弓村志》[1]

---

[1] 《开弦弓村志》编纂小组编：《开弦弓村志》，江苏人民出版社 2015 年版，第 88 页。

五、饮食生活

不同地区饮食习俗的特征往往与该地域的自然地理环境相契合。江村地处长江三角洲的平原地区，并位于太湖的东南岸，其地貌特征是地势平缓且河渠水网密布，适宜稻米的种植和各类水产的养殖，因此人们常常称其为"鱼米之乡"，当地食物的种类也基于水乡和农作两方面的特点。

笔者曾经调查和描述过中国西北地区人们以面食为主的饮食结构，那里食物的丰富性和变化性是体现在人们对"面"的转化和烹饪技艺之上的。[1] 而相比较之下，在江南地区的村落当中，食物的丰富性和多变性主要体现在对人们对稻米的烹饪技艺上，同时伴随四季的变化和水乡食物种类的多元性用以迎合人们饮食生活需求。

当地的植物性食物，蔬菜类包括：香青菜、雪里蕻、小白菜、莼菜、茭白、芋艿、水芹菜、荸荠、藕、茨菰等；粮油作物包括：油菜、蚕豆、芝麻、红薯、毛豆等；瓜果主要有：橘子、梨、杨梅、枇杷、金桔、南瓜、西瓜等；当地人比较常吃的肉类有：猪肉、羊肉、鸡肉、鸭肉、鹅肉等；此外，最能体现这里饮食结构特点的，便是湖荡中可供人们食用的种类繁多的水产，比较常见的有：鳊鱼、鳜鱼、鲢鱼（白鲢）、鳙鱼（花鲢）、草鱼、鲫鱼、鳗鲡、鲚鮍鱼、甲鱼、白鱼、黄鳝、黑鱼、昂刺鱼、白虾、青虾、太湖蟹、螺蛳等。

费孝通在20世纪30年代的调查中，是这样描述江村的食物来源的："稻米是农民自己生产的，剩余的米拿到市场上去出售，换得钱来用于其他开支。蔬菜方面有各种青菜、水果、蘑菇、干果、薯类以及萝卜等，这个村子只能部分自给。人们只能在房前屋后的小菜园里或桑树下有限的土地上种菜。农民主要依靠太湖沿岸一带的村庄供给蔬菜。食

---

[1] 赵旭东、王莎莎：《食在方便——中国西北部关中地区一个村落的面食文化变迁》，《民俗研究》2014年第5期。

油是村民自己用油菜籽榨的，春天种稻之前种油菜。鱼类由本村的渔业户供给。人们吃的肉类仅有猪肉。"[1]可见在这个时期，稻米作为人们的主食是自给的，而蔬菜、肉禽，以及鱼类等则要依赖一定的交换。

沈关宝在80年代的调查中看到，食品分为三类，主食、副食和其他。主食仍然是大米，副食是吃菜，荤菜主要有肉、鱼、禽、兔、蛋等。其他食品包括酒、烟、点心、瓜子和茶叶。烟酒的消费者主要是村里的男子，点心与瓜子是孩子与妇女的食品。村里人很少吃水果，但茶是最大众的待客食品。茶泡在小碗内，对贵客还要放上熏炒过的青豆和芝麻。[2]

在日常的饮食中，菜品的种类会根据季节时令有所变化。笔者在江村的田野工作完整地经历了一年的三个季节，分别是秋季、冬季和春季。这里四季物产种类丰富，人们会跟随季节的变动而选择应季的食物。他们很看重食物的"新鲜"程度，他们在家里的冰箱中，很少会存放剩余的饭菜，尽量做到每天供给家人的食物在一定时期内吃完。例如，晚上如果有剩余的炒菜，第二天早上会搭配热粥将其吃完，不会再留到第二天的晚上，如果早上还没有吃完，就会倒掉了，晚上再做新的。这样的饮食习惯也与当地食物本身的特性有关，比如鱼虾蟹等水产品是比较讲究"活鲜"的，这类食物只有在"活"的状态下，才能保证烹饪出来是"鲜"的味道。因此，当地人说，"我们不吃死的东西"。

通过人们对食物本身新鲜程度的要求，我们可以体会到他们对食材本身味道的追求，因此，在饮食烹饪的过程中，他们往往只使用简单的调味品，最常用的就是油、盐、酱油和味精。所以这里菜肴的味道偏清淡，在烹饪手法上以蒸、煮、炒、炖为主。

费孝通在《江村经济》中，记述了当地人的一日三餐："早饭、午饭、晚饭，分别准备。但农忙期间，早上就把午饭和早饭一起煮好。妇女第一个起床，先清除炉灰、烧水，然后煮饭。早饭是米粥和腌菜，粥系用干米饭锅巴放在水中煮开而成。午饭是一天之中主要的一餐。但农

---

1 费孝通：《江村经济：中国农民的生活》，商务印书馆2001年版，第117页。

2 沈关宝：《一场静悄悄的革命》，上海大学出版社2007年版，第203—204页。

忙季节,男人们把午饭带往农田,直到傍晚收工以后才回家。晚上男人们回家以后,全家在堂屋里一起吃晚饭。"[1]

现今村民们大多都是工厂的"上班族",上班时间一般在早上7—8点这个时间段,因此,7点以前,人们就要开始准备早饭了。通常情况下,做饭仍然是妇女的职责。妇女是全家最早起床的,用电饭锅煮上米粥后,去菜场采购日常所需的食材,这主要是为晚饭准备,因为上班的人中午一般在工厂或单位里吃午饭。早餐的米粥一般会搭配前一天晚上剩下的素菜,或者咸菜,有时可配着用酱油泡的熏青豆。早饭准备好以后,全家人陆续起床,匆忙吃过以后就各自赶去上班了,有时来不及还会将早饭带到单位吃。

大多数在外上班的人中午在工厂或单位吃午饭。笔者前述过村落中的经济特征和职业模式,与此相适应的饮食生活便是人们的午饭一般是由工厂的厨师准备,与同事一起吃饭。工厂里的老板和工人大多数都是本地人,他们习惯于当地人的烹调手艺,所以工厂主通常都会请村里的老年妇女来承担此项工作,她们也能够以此获得自己的一份收入。有的工厂有专门的餐厅供职工吃饭,有的则没有,工人们会在厂房里机器的周围,或者空地上聚在一起吃午饭。有的工厂提供的午饭并不能完全满足工人的需求,主要是菜品的种类较为单一,菜量常常也不足,因此,许多人为了让自己吃得好一点,都会带一些自家做好的菜、肉到工厂里,以调节和补充工厂饮食的不足。以下是笔者在工厂里的参与观察:

> 即使工厂离家不远,这些工人中午一般也不回家吃饭,因为厂里提供午饭。厂里有专门负责烧菜的人,但蒸饭的米是工人自己从家里带来的,放在各自的铁质饭盒里,由厂里的锅炉统一来蒸,每个人的餐具也是自己带过来的。多数情况下,工人们会觉得厂里烧的菜比较单一,味道也一般,所以她们会从家里带来一些烧好的菜。
>
> 工厂的女工带了生的鸡肉、青菜和香菇,厂里可以用电,所以

---

[1] 费孝通:《江村经济:中国农民的生活》,商务印书馆2011年版,第117页。

她们用电饭锅来烧汤煮菜。工作地点比较近的几个同事常常一起吃饭，她们各自从家里带一个菜，大家凑在一起吃，再加上厂里提供的菜，午饭就变得很丰富了。通常情况下，中午11点是吃饭时间，工人们到看门大爷处取回每个人放在那里蒸制的米饭，然后三三两两地聚在厂房的各处吃饭。厂里没有固定的专门用来吃饭的桌子，有的人拿凳子和纸板搭一下，就可以当作桌子用了，或者直接把饭菜放在工作台上。下班以后，工人们各自回家吃晚饭。[1]

晚餐是全家人聚在一起吃的，可以说，这是一天中最为丰盛、休闲的一餐。人们在家里的餐厅吃饭，男人们通常会喝点酒，有的人喜欢喝老酒（黄酒），有的人喜欢喝烧酒（白酒）。饭间，人们会闲谈一些日常的琐事，或者正式地商议家庭要事。通常情况下，饭菜仍是由家中的妇女来准备，但现今村里的大部分妇女要上班工作，在忙不过来的情况下，家中的老年妇女往往会承担照料家庭饮食的职责。偶尔，男人也会下厨烹饪。

晚饭过后，邻居或亲朋常常会聚在一起喝茶聊天，白天人们都在上班工作，只有晚上才有时间相互走动。喝茶是这个地区人们饮食中的"饮"最普遍也最具特色的一个方面。首先，从茶叶上来看，当地人主要喝的是"白茶"，与其他茶类相比，白茶的味道是偏清淡的。其次，从喝茶的方式上来看，他们更习惯用碗喝茶，并且喜欢在茶水中加入熏青豆、萝卜干、芝麻、桂花等食物，在聊天的过程中，一边吃一边喝，并不断在碗中添加开水，保证茶水的满度和温度，待碗里的茶水、食物和茶叶都吃掉了，代表聚会聊天也结束了。

当地人常喝"熏豆茶"，以此待客。熏豆茶中最多可以加十一种茶料，但最基本、最常见的是熏青豆、萝卜干、芝麻、豆腐干。熏豆茶几乎是半碗茶料、半碗茶水，人们一般是先喝茶水，最后再将所有的茶料包括茶叶一并吃完。所以他们也将喝茶称作"吃茶"。

---

[1] 笔者2013年10月31日的田野记录。

第三章 家庭、婚姻与亲属关系

在《江村经济》中，费孝通在对江村所在的调查区域有所交代后，最先选择了论述当地的家庭及亲属关系的基本状况，并以三章的篇幅详细描述，此后才展开了村落经济生活的叙述，由此可见家庭作为村落生活的基本结构的重要性。

家庭的概念包含着两个核心的关系：夫妇和子女。夫妇是通过婚姻关系而缔结的，而子女是家庭再生产的结果。费孝通认为，村落中的家庭是"扩大的"，即：在家庭中不仅包括父母及未成年的子女，还包括成年或已婚的子女，有时，还有一些远房的父系亲属。[1]

因此，家庭中最重要的两个核心关系就是婚姻和亲子。就婚姻而言，韦斯特马克对婚姻起源的假设认为，婚姻和家庭的关系非常密切，男性和女性之所以持续地生活在一起，最初就是为了下一代的利益，因此我们可以说，婚姻起源于家庭，而不是家庭起源于婚姻，的确，在许多民族中，男女之间的真正婚姻生活，并不是从正式宣布结婚或订婚的时候开始的，只有到孩子出生或者明显怀孕时，婚姻关系才算最终确定。[2] 因此，他对婚姻的定义是：得到习俗或法律承认的一男或数男与一女或数女相结合的关系，并包括他们在婚配期间相互所具有的以及他们对所

---

[1] 费孝通：《江村经济》，商务印书馆2001年版，第41页。

[2] [芬兰]E. A. 韦斯特马克：《人类婚姻史（第一卷）》，李彬、李毅夫、欧阳觉亚译，刘宇、李坚尚、李毅夫校，商务印书馆2002年版，第72页。

生子女所具有的一定的权利和义务。[1]可见,婚姻关系从最早的起源开始,就并非仅仅是男女之间纯粹的爱恋关系,而是一种基于现实生活,在各个方面有着一定社会规约的制度,其主要目的是为了保证子女的出生和成长。

在乡村生活中,男女双方订立婚约之后,他们的备孕之事便被提上日程,双方家庭都期望"新娘子"能尽快"有喜"。或者,奉子成婚的事情也在一定程度上存在着。可见,子女对婚姻和家庭生活的重要性。费孝通也曾说道,要有子女的愿望是出于双重的动机:首先是传宗接代;第二是向祖宗表示孝敬。[2]有了子女才能够祀奉祖先,延续香火。

马林诺夫斯基在《文化论》中说,婚姻在任何人类文化中,并不是单纯的两性结合或男女同居,它总是一种法律上的契约,规定者男女共同居住、经济担负、财产合作、夫妇间及双方亲属间的互助,婚姻亦总是一公开的仪式,它是一件关涉着当事男女之外一群人的社会事件,婚姻的解除及婚姻的结束,亦都是受着一定传统规则所支配的。[3]成年子女进入适婚年龄之后,其家人便开始帮忙打探婚配的人选,虽然现在更多是以自由恋爱的方式结合,但家人也会参与到评定婚配人选的讨论中,他们往往更多地从"实际"的角度考虑,如双方家庭的经济水平、生活习俗、亲属互助等。男女双方确认婚姻关系后,他们的家庭便开始为其结合做各方面的准备工作了。他们依照祖上沿袭的规则和传统,各司其职,如住房、彩礼、嫁妆、礼仪用品等。在婚姻真正缔结后,男女双方在家庭中的地位和关系也随即发生本质的变化,他们不仅成立了自己的小家庭,同时也是各自原本大家庭中的正式成员,对待长辈、夫妇双方及子女都有既定的责任和义务,同时,一系列的亲属、姻亲关系也得以成立。

---

1 [芬兰] E. A. 韦斯特马克:《人类婚姻史》(第一卷),李彬、李毅夫、欧阳觉亚译,刘宇、李坚尚、李毅夫校,商务印书馆2002年版,第33页。
2 费孝通:《江村经济:中国农民的生活》,商务印书馆2001年版,第44页。
3 [英] 马凌诺斯基:《文化论》,费孝通译,华夏出版社2002年版,第29页。

社会制度的变革和经济发展的变化，使得村落的家庭结构特征也在不断发生改变，本章将回顾和分析江村八十年家庭结构的变迁，并着重描述人们如何在国家独生子女政策限定下，通过发明"两头婚"来适应和平衡家庭结构的完整。同时详细描述亲属关系中娘舅权威所体现出姻亲关系对出嫁女儿的支持和补偿机制。

一、家庭结构的变迁

费孝通基于1936年在江村所了解到的家庭基本结构的情况，并结合20世纪80年代以来的几次回访考察结果，对几十年来村落家庭结构的变化进行了翔实的分析，发表了一系列相应的文章予以讨论，即"三论"中国家庭结构的变动[1]。要理解费孝通对家庭结构变动的分析，我们首先要清楚他对中国的"家"的概念的认识及其对家庭结构类型的划分。家的概念在前面已有所交代，对于家庭结构，他划分为以下四种类型：（1）不完整的核心家庭；（2）核心家庭，也称"小家庭"；（3）主干家庭；（4）联合家庭，也称"大家庭"。

在"一论"中，费孝通比较了这四种家庭类型分别在1936年和1981年所占的百分比，数据结果表明，这些年来村落中主干家庭明显减少，核心家庭有所增加。因此，一对夫妻和他们未婚子女构成的生活单位即核心家庭或小家庭已经成了当时江村里为数最多的模式了，这是由于家庭中有劳动能力的男女同工同酬，共同分担家庭的经济来源，在农村开办了工厂以后，在工厂做工的女性开始逐渐获得了经济上的自主权。[2] 相应的，年轻一代的经济的独立自主带来了两代之间关系的紧张，特别是婆媳关系的对立，从而导致小家庭从原来的大家庭中逐渐分化出

---

[1] 费孝通在20世纪80年代写作的这"三论"分别为：《论中国家庭结构的变动》（1982）；《家庭结构变动中的老年赡养问题——再论中国家庭结构的变动》（1983）；《三论中国家庭结构的变动》（1985）。

[2] 费孝通：《论中国家庭结构的变动》，《天津社会科学》1982年第3期。

来。但由于当时住房条件的限制，许多家庭选择了"分灶不分家"的生活模式，即：在分灶的家庭中，虽然两代人仍住在一间房屋里，但在生活上是各自分开的，婆媳各自为自己"家"的人烧饭。此外，随着妇女经济职责的独立，家中的老一代夫妇在一定程度上承担了儿童抚育的职责，这也是限制主干家庭分化的又一因素。

在"再论"中，费孝通以村落中的老年赡养问题为切入点，从世代交替的角度进一步谈论了随着社会经济的转变而产生的家庭结构的变化。在中国的传统亲子关系中，父母对子女有抚育的义务，同时，子女在父母年老以后，也相应承担对他们的赡养义务，即"反馈模式"[1]，这是社会家庭成员代际交替取予的传统模式。由于两代人在不同的时期存在相互抚育和赡养的义务，因此在一定的人生阶段，他们要在一起共同生活，并承担各自的家庭职责。这就是在中国的家庭结构中常常会包含两对夫妇的原因。这样的伦理规范使得村落中存在相当数量的家庭是扩大的核心家庭。

此外，通过分家而从大家庭中分化出来的"小家庭"在村落中也占有很大的比例。凡是有一个以上儿子的家庭，成婚后就会分化出一个或几个小家庭。例如，一对夫妇如果有两个儿子，在儿子结婚以后，就要分家，其中一个儿子及其家庭要从原本的大家庭中独立出去，另一个儿子的家庭与他们共同生活。一般而言，大儿子的家庭通常会与其父母同住，并承担赡养义务，与此同时，他也会获得更多的家产，而小儿子另立门户，增殖出一个新的核心家庭。通常情况下，两代同住的主干家庭不应该再次分裂，在"三论"中，费孝通认为主干家庭的分裂是导致核心家庭和残缺家庭增多的另一原因。

主干家庭和核心家庭的形成在于是否分家，而分家涉及家庭财产的分割，在此基础上，当地人对生育子女数量的控制有着十分现实的经济考虑：

---

[1] 费孝通:《家庭结构变动中的老年赡养问题——再论中国家庭结构的变动》,《北京大学学报（哲学社会科学版）》,1983年第3期。

我们这里本来家庭就不会生育太多的子女，比如我是70年代出生的，像我们这个年龄的人，家庭中大部分是生两个，小部分人家是三个，三个以上就很少了。我们这里以前是挣工分的，生小孩要有好多时间去养的，就不挣工分了，那就会影响口粮。集体挣工分的时候，没有个体经济，你给集体打工，种田，大家都是一样的挣工分，吃饭都不够，根本也造不起房子，房子少家里就不能留那么多孩子，多余的就要送出去的，有一户人家生了五个儿子，只有一个儿子留在家里，其他的都送出去了，去做女婿，或者给没有孩子的人家，留在家里根本没有那么多房子给他们的。现在有能力的家庭可以再出去多造房子给儿子，没有能力的就让儿子出去做女婿。[1]

因此，家庭中子女数量的多少直接决定了家庭的进一步分化，而家庭经济的状况也是分家的决定性因素，特别是房屋的数量。基于房屋的限制，村落中家庭的分化存在分家和分灶两种情况。

分家，是人类学讨论家庭增殖的一个重要议题。在中国江南乡村地区，通常情况下，有两个或两个以上儿子的家庭，在大儿子或二儿子结婚后会进行分家，即父母同已婚的儿子所建立的新家庭分开生活，并将家庭的财产进行分割，此后家庭成员便对自己所分得的那一份财产自主使用。分家通常都会因一次家庭争执而引发，年轻一代对经济独立的要求便成为家这一群体的瓦解力量，最终导致分家。[2]此外，在分家中最重要的还不是财富本身，而是控制和消费财富的权力与权利。[3]

从经济上来看，分家首先是依据家庭成员的地位和分工对家产进行正式的划分。通常，分家还要有正式的仪式，这是对分家结果的社会性

---

1 村民的讲述。
2 费孝通:《江村经济：中国农民的生活》，商务印书馆2001年版，第71页。
3 阎云翔:《家庭政治中的金钱与道义——北方农村分家模式的人类学分析》，《社会学研究》1998年第6期。

承认，并且要由最具权威的亲属成员来进行主持和调解。如前所述，在这个地区一般是娘舅。家庭财产的划分与义务的承担将会在分家仪式中进行讨论，自家人、娘舅、姑父等重要亲属作为中间人，要秉持公正合理的原则，协助调解并作为见证人，所有家庭成员的意见统一后，再立字，并由家庭成员分别签字画押。另外，分家工作完成以后，这家人还要请吃"分家饭"，邀请自家人、亲戚和邻居聚餐，依然是由娘舅来主持。可见，具体的分家过程是家庭内部私下的仪式过程，而"分家饭"则是公开地向社会宣布这一事项的成立。经过了这两方面的程序，分家才能最终得到社会的认可。

按照当地的习俗，正式分家一般会安排在农历六月十五日，他们认为在这一天进行分家时最为公平的，在上半年分家会对弟弟不利，在下半年分家则对兄长不利。

分家使社会分化出新的独立家庭。父母与子女构成了双系抚育的三角关系，子女成熟之后，与其他男女结合并生育子女，又会形成新的三角形。这个新的三角形是否要从关联的旧的三角中脱离出去，人们还要经过诸多方面的考量。首先，从经济上看，分家的结果是否利于人们的生产实践。其次，在家庭中，人们生活在同一个屋檐下，人与人之间相处的关系好坏，也是影响家庭分化的关键因素。在父母与子女之间，家族也是一个明显不稳定的单位，女儿一出嫁，跟了丈夫去住家，儿子娶了媳妇，自己去创立门户，到了这时亲子关系虽然没有完全毁灭，也绝没有从前亲密了。[1]从自家人和外人的区分上看，外来的媳妇能够跟婆婆和睦相处的并不多，因此，婆媳关系的不睦常常成为分家的诱因。

在中国有三个重要不同时期：一是传统私有制时期，家长控制家庭经济，家庭成员以家庭就业为主，分家受到抑制；二是集体经济时期，土地成为集体财产，家长权力缩小，分家变得相对容易；三是集体经济解体后的当代，家庭成员的非农流动成为趋向，子代在经济活动中优于

---

1 ［美］罗维：《初民社会》，吕叔湘译，商务印书馆1987年版，第81页。

亲代，分家成为子代所主导的行为。[1] 分家的传统不仅是中国农村多数家庭财产传递的主要方式，同时也与家庭中的老人赡养和儿童抚育等问题相关。麻国庆认为，分家是分中有继的，这里的"继"主要包含两层意思：一为继人，这就是对老人的赡养义务，"继中有养"；二为继宗祧，就是要继对祖先的祭祀。[2]

20世纪80年代以来，村落中主干家庭分裂的情况减少了，相反，以前分裂的家庭还出现了合并的情况。一方面，上述的房屋限制是阻碍分家的一个重要因素，但更重要的是，当时落实下来的联产承包责任制。改革开放后，村里的年轻劳力多数都在乡村企业里工作，而每个家庭要承担的责任田也需要他们耕种，"那时又要在厂里上班，又要种地，非常辛苦"[3]，如果有了小孩，更是忙不过来。但是，家中如果有老人，就可以协助农活，抚育儿童，还能兼顾养羊养兔等家庭副业。因此，经济和生活上的互惠带来了家庭的合并。

虽然主干家庭的比例有所上升，但核心家庭仍然有着很强的趋向力。乡镇企业的发展提高了务工人员在家庭经济中的收入比例，工资制也增强了家庭成员的经济独立性。经济上的独立和自主也使得这一代人与老一辈之间由于生活方式和消费观念上的差异而产生分歧，最终带来主干家庭再次分家的结果。此外，婆媳关系的紧张，村办企业的"一户一工"的政策等，都是容易导致分家的因素。因此，在80年代中期，江村主干家庭的凝固力和分化力正在相持状态中。[4] 虽然在1981年以后农村经济实行了家庭联产承包经营责任制，但是在苏南及其他乡村工业发达的地区，家庭所组织的农业生产只占有家庭经济生活中的一小部

---

1 王跃生：《家庭结构转化和变动的理论分析——以中国农村的历史和现实经验为基础》，《社会科学》2008年第7期。

2 麻国庆：《分家：分中有继也有合——中国分家制度研究》，《中国社会科学》1999年第1期。

3 当地村民的原话表述。

4 费孝通：《三论中国家庭结构的变动》，《北京大学学报（哲学社会科学版）》，1986年第3期。

分。因此，虽然农业生产的责任制增强了家的成员的凝聚力，而乡村工业的发展则产生了一股与此相反的力量，这两股力量的相互作用使家的结构出现主干家庭和核心家庭协同增长的新趋势。[1]

二、"两头婚"的发明

前文叙述了江村八十年以来，分家与否给家庭结构所带来的动态变化，这些变化同经济因素和实际生活密切相关，但并不影响家庭进行持续稳定的再生产，其所隐含的前提是人们对生育子女数量的自我控制。然而，随着国家独生子女政策的实施，这一前提被打破，家庭再生产和婚姻模式也发生了相应的改变，"两头婚"的现象由此而来。

在这个区域的村落中，多数家庭普遍采用的婚姻形式是当地人所称的"两头婚"，即夫妻双方既不娶进，也不嫁出，作为新成立的家庭，仍然分别属于男女双方的家族体系，顶各自家族的门户。当地人是这样表述"两头婚"出现的原因的：

> 我们苏南有上门女婿的传统，倒插门，不像你们北方，长江以北，生多少女儿都是要出嫁的，所以要死要活都要去生男孩，我们这里的这个传统还是比较好的，如果家里生的是女儿，可以招一个女婿上门，就顶一个门户了，所以以前有两个女儿的家庭，大女儿就留在家里，小女儿出嫁，有的人家生两个儿子的，你看我们这里房子地基都是比较紧张的，一个老房子就两间、三间的，现在造房子搬出去蛮多的，但早的时候经济条件限制，两个儿子都在家里房子都不够，所以小儿子就去给那些生两个女儿的人家做女婿，这样的一个好处就形成了我们这里的一个传统，就是女儿也可以顶门户，这样的传统形成了。现在多数家庭都是双独子女，女方嫁出去，家里舍不得，男方也不能到女方家来，但是恋爱谈起来了，就变成

---

[1] 沈关宝：《一场静悄悄的革命》，上海大学出版社2007年版，第156页。

两家都顶，大家各顶各的门户，住新房呢，女家也做新房，男方家也做，然后就随他们了，他们想在哪里过夜就在哪里过夜好了。一般，女方生小孩以后，女方家就占便宜一点，因为女孩子生小孩以后，肯定是她的妈妈照顾她比较好，如果是婆婆服侍的话，不周到的地方提出来又不好意思，母亲嘛没关系的，随便怎么说都行，这就造成了这种两头挂的婚姻。然后，就有小孩子姓的问题，姓都不一样，所以现在就生两个，一个姓她家，一个姓他家。[1]

由此可见，"两头婚"主要有以下三个方面的特点：第一，在结婚仪式中，花费上讲求夫妇双方的平等、均衡；第二，夫妇双方在日常生活中力求兼顾各自原生家庭的事务；第三，生育子女的姓氏也要满足双方家庭延续香火的要求，因此一般会生育两个孩子，一个继承男方家的姓氏，一个继承女方家的。后文将予以详述。

接下来，笔者首先简要分析"两头婚"出现并得以普及的文化、社会和经济的因素。

（一）文化基础：从夫居与从妇居的认可

定居之方式在任何一个案例中都必然对于家族生活发生重大的影响，因为亲属的离合，夫妇的相对地位，子女对于父方亲属和母方亲属的关系，这些都因从夫居与从妇居之不同而有所变异。[2]

一个人是否住在自己家里，体现了不同的亲子地位和夫妇关系。一般而言，中国传统家庭的基本形式是以从夫居为主，代际相传的原则主要是父系的，夫妇共同养育其生育的男孩和女孩，他们的子女成年后，女儿会离开原本生活的家庭，出嫁随夫，并逐渐淡化与原来家族的关联。相反，儿子则要留在家中，祭祀祖先，延续香火，并成为家中事务的主导者与承担者。

---

1 村民的讲述。

2 [美]罗维：《初民社会》，吕叔湘译，商务印书馆1987年版，第88页。

一对夫妇养育一儿一女是当地人的一种较为理想的生育选择，但事实上，人们的生育行为并不能对性别进行预先的筛选，费孝通在20世纪30年代的调查中了解到，当地人曾通过溺婴的办法来处理不受欢迎的孩子。如果人们不能预知或者选择下一代的性别，那么他们也就不能够保证每个家庭一定会生育男孩来完成世代的继替，另外，即使生育了男孩，在天灾人祸等不安定因素的影响下，人们也无法保障他一定能够顺利成人。因此，当家中没有男孩能够完成世代继替的情况下，也需要通过另外的方式来完成这个社会过程。其中最容易被认可也最能体现平等的便是承认家中女孩在这些方面也能够与男孩起到同样的作用。

　　如果女孩要像男孩一样成年后在家中"顶门头"，那么首先她的婚姻就与其他女子不同，其中最重要的一点就是不能够出嫁离家，而是要将丈夫"娶进门"，也就是通常所说的入赘。男子入赘到女方家后，一生都要在女方家度过，并以女方家中的事务为主。更重要的是，他们所生育的后代，也要继承女方家的姓氏，祭祀女方家的祖宗，为其延续香火。人的繁殖只是表面上看才是生物体的复制（或"再生产"），事实上它是社会的复制。[1]虽然在生物性上，从妇居与从夫居的夫妇所生育的子女无异，但是在社会性上，从妇居制度下夫妇所抚育的子女所被赋予的一系列的亲属关系也与从夫居恰好相反。例如，他们称母亲的父母分别为"爷爷、奶奶（Diadia、Niania）"，而称父亲的父母为"外公、外婆（Wagon、Wabu）"。随着亲属称谓和关系的变化，他们在生活中对这些亲属的权利和义务也相应地反转。

　　从妇居这种婚姻结合的形式是女方家在订婚后要向男方家支付"彩礼"，而男方家也会为自己的儿子准备"嫁妆"，在婚礼仪式举办之后，男子便"嫁入"女子家，成为女方家的人。与此同时，他也就此失去了自家财产的继承权。因此，通常情况下，选择从妇居的男子主要来自经济上较为贫困的家庭，或者家中存在较多子嗣的情况。例如，一个家庭

---

[1] 王铭铭：《人与社会再生产——从〈生育制度〉到实践理论》，《社会科学战线》1997年第5期。

有两个或两个以上的儿子，经济状况普通的家庭会选择让其中的一个儿子在家"顶门头"，其余的则送出去"做女婿"，以免家产的过度分割而致贫。

在江村，招女婿是很平常的，也有很长的历史，解放前就有，那时招女婿确是因为家贫，无力娶妻，上门女婿的地位也较低，子女和自己全要从妻姓，还不能完全继承女家财产；解放后当招女婿自己可以不改姓，又能完全继承女家财产，再加上招女婿可以将婚事办得简单一些，男家女家都能省钱。[1]从经济上看，在生产资料公有制下，家产的继承只限于生活资料，在一般人中已微不足道，所以家系的认宗已失去其经济意义。[2]因此，这种招女婿从妇居的婚姻模式越来越受到社会的肯定和认可。此外，从家庭成员相处的关系上看，翁婿与婆媳的关系相比，更容易相处，使得家庭成员之间的关系能够更为融洽。

虽然人类的生殖是两性的，但进入生理抚育时是单系的，由母亲专任。[3]在这个地区，由于妇女是丝织经济的主要劳动力，她们是家庭经济收入来源的"半边天"，因此生育过多会影响她们对家庭经济的贡献。此外，由于该地区土地和房屋的限制，生育过多的子女可能会导致土地和家产的过度分散，因此，即使没有限制人口的政策，这里的家庭也会根据自身的经济状况控制生育子女的数量。

（二）社会和经济基础

迄今为止，对人类生育冲动的抑制力量可以被归纳为两大类：一类是社会经济因素，另一类是计划生育的行政因素。[4]不可否认的是，"两头"的婚姻形式的出现其直接的缘由是为适应国家独生子女政策的结果，这样的生育政策要求每个家庭只能生育一个孩子。如前所述，在

1　杨善华：《"江村"婚俗趣谈》，《社会》1982年第3期。
2　费孝通：《论中国家庭结构的变动》，《天津社会科学》1982年第3期。
3　费孝通：《生育制度》，天津人民出版社1981年版，第20页。
4　李银河：《生育与村落文化》，中国社会科学出版社1994年版，第142页。

当地的家族观念中，一直以来都存在重视香火绵续的习俗，如果一个家庭里只能生育一个孩子，那么无论男女，这个孩子都必须要继承自家的香火，能够持续祀奉祖先。因此，这个孩子是不能嫁出（女）或者入赘（男）到别人家的。在独生子女政策实施之前，村落中一般家庭都会生育两三个孩子，如果在经济条件比较好的家庭中，这几个孩子都有可能继承自家的香火，在他们成年之后会有分家的情况出现；而如果是经济状况较差的家庭，父母会选择一个孩子（通常是长子）用以延续香火，其他的子女则会被"嫁出"或"入赘"到别的家庭中去。

独生子女的国策实施以后，如果每个家庭都只拥有一个孩子，那么按照上述的家庭香火继承原则，这个地区的人就无法如传统那样实现婚配的平衡。因为无论家庭中的独生子女是男孩还是女孩，都不能入赘或嫁出，否则家中香火便会断续，除非与家中子女结合的人来自外地。实际上，近年来在村落中实现的嫁娶婚或入赘婚多数是当地人与外地人的结合，这些外地人通常是在这个地区的工厂中长期打工的人。然而，当地人往往更加倾向于与本地或者临近地区的人婚配结合，一方面是由于双方家庭之间的生活习俗较为相似，另一方面是这里的家庭普遍经济状况较好。"两头婚"的出现也有着一定的经济原因。改革开放以来，长江三角洲地区的经济保持着较快的发展，并且随着乡村工业的兴盛，该区域乡村中的农民也逐渐富裕起来，他们的生活条件和水平有的甚至已经超越了城镇居民。在这种情况下，人们更加不愿意将自己的子女"出嫁"。

一方面，许多家庭已经具备能够扶持下一代成立家庭的经济实力；另一方面，如果将自己的独生子女"嫁出"或"入赘"到别人家，自家香火便会后继无人。因此，这个地区的独生子女在成年婚配时，如果男女双方都是该区域的人，基本上都是以"两头婚"的方式予以结合的。

（三）"两头婚"的特征

随着这种婚姻模式的形成和普及，出现了一些婚姻关系的新特点。首先，在婚姻结合的花费和仪式上，讲求夫妻双方家庭的平等或平衡。

由于没有所谓的迎娶或者出嫁的概念,那么也就没有彩礼和嫁妆的说法了,男女双方家庭各自操办结婚的物质准备,或者相互赠送、补充。原则上,双方家庭尽量要保持花费的平衡。如果双方的家庭经济水平差距太大,当地人认为是没有办法以"两头婚"的方式结合的。例如,笔者在访谈中了解到这样的情况:

> 在适婚年龄,有人给周某介绍相亲对象,其中一个阿姨介绍给她介绍了一个男孩,那个人一见到周某就喜欢上她了。那个男孩家里的条件非常好,生意做得挺大的,他那时候还开着一辆保时捷,周某对他的印象也不错,但是她还是觉得两家的经济条件差距太大,最终只能是自己嫁过去,没法"两头",因为两头讲求的是双方家庭比较平衡,很多事情可以一起做,但是这种差距太大的就没法"两头"了。如果自己嫁过去,家里人实际上是不太愿意的,她的外婆还告诉她"嫁过去就丢死人了"。家里就只有她一个女儿,一般是不允许出嫁的,出嫁会被认为是家里太穷或者是不好的人家才做的事情。

可见,"两头婚"实现的基础首先就是要婚姻双方家庭经济水平相当,笔者在村里所得知的几家"两头婚"均是在自己的经济阶层内实现的,比如,工厂企业主的子女之间,或是普通就业者之间容易形成"两头婚"。

不仅在婚姻的物质筹备上讲求双方家庭的平等,在婚礼的仪式上,也要凸显男女双方婚后生活地位的一致。例如,在村落中,结婚仪式上一直有"讨新娘"或"讨新郎"的传统过程,而在现今的"两头婚"中,这样的仪式就被变通为"讨来讨去"的形式,即:既要有"新郎讨新娘"的仪式,也有"新娘讨新郎"的过程(第五章有详细的论述),通过这样转变用以说明,新婚结合的夫妻双方都要"走进"对方的家门,都成为对方家庭中的一分子,而不再是传统的偏重一方家庭。并且,在未来的家庭事务中,夫妻两边的家庭都要有所兼顾。

更进一步，在夫妻的日常生活中，他们也要尽力去满足双方父母家庭的需求。依照现在的居住条件和生活水平，在夫妇两方的父母家中，都有专门为新婚子女准备的单独的房间，依照传统的结合形态，新成立的家庭是嵌入在原有的大家庭之中的。那么，依照"两头"的原则，现在一个新的家庭就拥了两个可以嵌入的大家庭。然而，现实是人并不可以分身同时居住在两个家庭之中，因此为了要平衡两边的大家庭的需要，这个"小家庭"就需要经常"两头走动"。例如，有人说道："我的儿子和媳妇每二十天就要'搬一次家'，二十天在我家里住，二十天在娘家住。"

此外，"两头婚"的婚姻形式对下一代的生育数量也有了新的要求。一般而言，一对夫妻至少要生两个孩子才能分别继承双方家庭的香火，他们称要分别"顶门头"。这种情况下，在男女双方结合的时候，各自的两家人就需要提前商量孩子出生顺序的姓氏，以及如何继承两边的香火。通常出生的第一个孩子会继承男方的姓氏。当然，根据家庭情况的不同，也存在许多特殊情况，例如村落中的一对夫妇，生育的第一个孩子是随女方家的姓，孩子的母亲讲述了其中的缘由：

> 她（婆婆）一开始也不愿意的，我先讲了，我爸爸身体不好，我赶紧要给我们家先生一个孩子，起码他（爸爸）也能看到了，这么想的，也就这样直接说了。主要是我老公没意见，他是中立的，他觉得有道理就支持我这么做，他爸妈也没有什么强烈反对的。反正要生两个的。

由于夫妇双方家庭的香火继承的责任均在这一对夫妻生育行为上，因而两方的家庭常常会对此事出现争议。一般会提前口头约定，出生的第一个孩子姓谁家，第二个孩子姓谁家。但是也发生过事后反悔的情况，因此，有的还会为这种事情要立书面的字据，即便如此，有的家庭还是会因此事而发生争执，例如：

我哥哥的朋友，他们家生出来是儿子，本来说好是姓女方家，后来男方家觉得是儿子很好，想姓自己家，第二天产妇还在产房里，婆家就直接把小孩抱回去了。最后闹得夫妻俩就离婚了。还有我同学家的隔壁那家，开始的时候说第一个生出来姓自己这边，后来对方偷偷把户口上到他们家了，之后发现了这边就火了，双方也闹离婚。[1]

对姓氏的重视和争夺正是人们对延续香火的重视，在他们看来，眼前生下来的这一个孩子才是最真实可靠的。而要生育第二个孩子，无论在身体上还是在经济上，都会给新夫妇带来一定的压力和负担，特别是在今天，夫妻双方都有自己的一份职业。特别是对于女性来说，兼顾工作和生养下一代会非常辛苦。因此，如果只生养一个孩子，无法同时满足双方家庭的香火需要时，人们找到"折中"的办法，如将双方的姓氏并入这个孩子的姓名，在未来将承担其父母双方两个家庭的香火的延续。

三、亲属关系与娘舅权威

以个人为核心，在家的范围之外人们还拥有自己的亲属圈，并有制度来约定个人与亲属间的远近关系。在这个圈子的范围之内，人们通常是以血缘或者姻缘关系作为认定的标准；而在这个圈子的范围之外，人们可以根据地缘、业缘等其他因素来选择社会交往的对象。费孝通曾经以"差序格局"来描述中国社会人与人之间的关系远近。[2] 人们对社会距离的远近有着明确的范围和界限，这种距离决定了人与人之间交往所惯用的方式以及程度的深浅，并代表着明确的人际的权利和义务。

---

1 村民的表述。
2 费孝通：《乡土中国：汉英对照》，（美）韩格理、王政译，外语教学与研究出版社2012年版，第47页。

在这个地区的村落中，亲属关系中最为密切的称之为"自家人"，有的人也习惯叫"本家"或"族亲"，自家人是祭祀同一个祖先的，因此他们拥有同一姓氏。地位仅次于自家人的，是"过房亲"（即干亲）[1]。干亲在个体一生的成长中要负有一定的责任，他们在孩子的人生仪礼中扮演着几乎等同亲生父母的重要角色。此外，干亲也会带来的一系列附带的亲属关系。比如，一个女孩认了干亲，那么她干爹干娘的儿子也会成为她的兄弟，如果她自己有一个亲兄弟，等到她的子女结婚的时候，其子女就会有两个娘舅，即：一个是自己的亲娘舅，一个干娘舅，在婚礼上，亲娘舅和干娘舅都要携特定的厚礼前来道贺。而基于婚姻而形成的姻亲关系，地位则要远于干亲，当地人称之为"亲戚"。

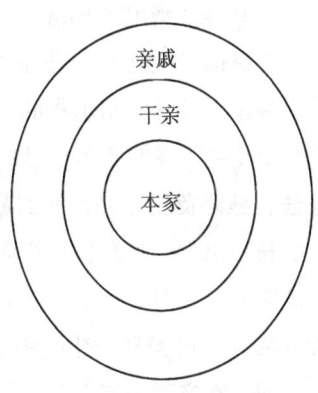

▲ 亲属关系远近示意图

亲属关系的远近决定了人们在日常生活和仪式习俗中所特定的权利和义务。这些社会既定的权利和义务并非是一种生硬的规约，而是存在于人们所生活的社会体系当中的合情合理的处世之道。例如，在当地人的仪式生活中，娘舅往往是喜事（如成人礼、婚礼）中最重要的人物。他们之所以如此重要，是因为其代表了夫妇关系中女方家的力量和权

---

[1] 这个区域有为小孩认干亲的传统，如果小孩自小体弱多病或者成长不顺，孩子的父母就会为其选择一家人认作干亲，庇佑孩子成长。此外，当地人还会选择认庙里的老爷（神仙）为干亲。

威。也就是说，他的姊妹虽然已出嫁到别人家里，但并不代表就完全脱离了原来的家庭，如果他的姊妹在婆家生活得不好或者受人欺负，作为娘家的支柱人物，娘舅可以出面向婆家问理，或者给予自己的姊妹帮助和支持；另一方面，从传统的继承权上看，出嫁的女儿，只获得了娘家准备的一份嫁妆，而没有任何财产的继承权，是她的兄或弟来继承家中的全部财产。因此，当她生育了下一代，作为孩子的娘舅，要在物质上、经济上对侄子或侄女的成长予以支持，以表示娘家人对出嫁女儿的一种补偿。

另一方面，女儿、女婿则是在人生礼仪中的丧事上是最重要的亲属。办丧事时，祭祀的物品如糕、猪肉、粽子等要由已出嫁的女儿来准备，用以超度亡灵的唱经班则是女婿出钱来请。唱经是按场来收取费用的，因此每一场都代表了女婿的孝敬之心，送的场数越多，越能体现女婿对长辈的孝道。葬礼上规定女儿和女婿承担的义务，他们认为有两方面的原因：一是已出嫁的女儿主要在婆家尽自己的义务和孝道，而自家的长辈过世后，作为补偿，她要负责送好长辈的最后一程；二是作为女婿，在葬礼上为丈人家的长辈出力、尽孝，是要向妻子的娘家表明他们把女儿嫁过来是好的，证明女儿选对了婆家。还有一种解释是，在亲属关系上来说，出嫁的女儿实际上已经是"别人家的人"了，与"自家人"相比，女儿、女婿都是亲戚，在亲属距离上是比较远的了，但是女儿曾经是这家门里的人，只是在婚姻关系之后，成了别人家门里的人，所以在这种特殊的关系下，女儿和女婿成为葬礼的关键角色，一方面在感情上他们能够表达对逝去者的孝顺之意，另一方面，亲属距离较远的人却能够厚葬逝者，也彰显出了本家的地位。

以上两种亲属关系下的权利和义务的实践，说明了人们如何通过社会规约来实现交换与平衡的机制，亲属关系之所以被赋予了一种社会现象的特点，原因并不在于它必然会从自然当中保留下来什么，因为这其实是它用来区别于自然的主要方式，一个亲属关系的系统的本质并不在于那种人与人之间在继嗣上或血缘上的既定的客观联系；它仅仅存在于人的意识当中，它是一个任意的表象系统，而不是某一实际局面的自然而然的发展……[1]也就是说,亲属关系实际上是人为建构出来的人与人之间的一套关系体系。

这一点,在当地的娘舅关系中体现得最清楚。无论是人生仪礼还是社会习俗中,娘舅在这一区域的社会地位是非常尊贵的。例如,在成年仪式或婚礼上,娘舅是最重要的客人,礼仪上的地位甚至超越新人的父亲,而在经济表达上,娘舅也要超越所有的亲戚,献上最丰厚的礼物和红包;在建房习俗中,从最初的打桩、上梁、封顶,到后期的装门、进屋,每一个重要步骤娘舅也要送礼、送钱上门;日常的生活中,儿童到了学龄期要向娘舅讨书包;分家及家中的重要事项的决议,娘舅都是极为重要的调解和见证人,等等。以下从村民的讲述,表达了娘舅权威在亲属关系中特殊的权威地位:

> 外甥或者外甥女结婚,娘舅要花很多钱,比如买帽子,上头的时候要用的,是娘舅来买,还有大糕,办事的时候,放在办酒席的正厅里面,堂屋中间挂的一个东西,前面放一些糕点,我们这叫大糕,所以办事之前要请他,吃蹄髈,这个是要坐位置的。以前结婚的时候有两个人是要坐位置的,一个是媒人,一个是娘舅,以前说做一个媒人,要吃十八个蹄髈的。位置就是要有专坐的位置。隔夜,提前一天把娘舅请过来,坐一个专位,等于说这个蹄髈是专门给他吃的,拆开来第一块要加给娘舅吃,然后大家再一起吃。这个位置一般是正中朝南的位置,这个位置最大。如果在饭店的包厢里,就是正对门的位置,主人的位置好一点。我们这里是在东北角,先东后北。
>
> 娘舅就是娘家的代表人,娘舅出钱实际就是娘家的力量,这实际上也是农村里的一种分配上的均衡。因为出嫁女儿继承不到父母的遗产,所以小孩子的大事情,娘家要出一份,那娘家的代表人就

---

[1] [法]列维·施特劳斯:《结构人类学(1)》,张祖建译,中国人民大学出版社2006年版,第61—62页。

是娘舅呀,所以从满月、读书、十六岁、结婚什么的,做娘舅的肯定是要花费很多的。小孩子读书,要买个自行车、书包、粽子、糕点,送过去;十六岁,要包一个大红包,最大的,比其他的亲戚都要大。[1]

列维–施特劳斯认为,舅甥关系所表征的是一种基于交换关系而产生的。在大多数亲属关系的系统里,就特定的一代人而言,那种一开始就发生在一个女人的出让者及其接受者之间的失衡现象,只能靠后代人做出补偿才能重趋稳定,一个亲属关系的系统,哪怕是最基本的,也是同时存在于共时和历时两个方面的。[2] 婚生子女的舅父,即一开头就被出让出去的那个女人的兄弟,是以女人的给予者的身份出现的,而不是出于他在血缘上的特殊地位。[3] 舅舅作为亲属关系中的特指角色,一方面对母系家族的晚辈有着责无旁贷的责任和义务,另一方面也同时获得礼节、经济等方面的回报,这种相互关系牢固地确定舅权的至上地位。[4] 从江村的亲属关系中的娘舅权威来看,其所表现出了姻亲关系中夫妇双方家族的力量的交换与平衡,即通过一系列的地位彰显和经济上的互惠来寻求一种相互的平等与交换。

---

1 村民的讲述。

2 [法]列维–施特劳斯:《结构人类学(1)》,张祖建译,中国人民大学出版社2006年版,第57页。

3 同上书,第104页。

4 彭兆荣:《转换"舅""权"互为关系的一个原则》,《云南社会科学》1994年第2期。

第四章

经济生活：生计方式的变迁

江村位于长江中下游地区的太湖流域，河网众多，并存在密布的人工河渠。在中国的半封建时期，农业生产决定国家命脉，农业生产依赖灌溉耕作，因此统治者往往通过对治水活动的控制来强化自身政权的稳定性，管理提供帝国物质基础的基本经济区，长江中下游流域，早在唐朝（618—907）就取得了基本经济区的地位，由于唐朝水利事业的发展，该区域在经济上有了很大的进步，此后宋朝政权的南移，又大大促进了长江流域的开发，中国南方农业生产中独具一格的围田或圩田开始出现，很多维修工程和其他水利工程在皇帝的命令下得以完善。[1]直至元、明、清时期，长江流域在经济上一直处于统治地位，即使政治中心再次迁往北方，但统治者仍通过改建大运河、发展海河流域以及漕运制度等方式来平衡和控制南方的富裕。这样的统治逻辑在19世纪中叶以后，发生了根本的改变。工业主义开始影响中国，长江流域在通商口岸上海的带动下工商业迅速发展，随之而来便是道路的建设和工厂的林立，传统的江南地区依然是现代中国经济发展的前端，但是，其新的经济基础已与传统截然不同。

就江村所在长江三角洲的基本经济特征上来看，传统的农耕文明与缫丝手工业相互结合，使得这一带成为中国早期工业文明和商品经

---

[1] 冀朝鼎：《中国历史上的基本经济区与水利事业的发展》，中国社会科学出版社1981年版，第92—108页。

济文明最为发达的地区，也令该区域的生产方式成为农工相辅的典范。1927—1937年间，江苏机器工业的生产，基本上是以私营厂家为主，较少受国家直接行政干预，以激烈竞争方式进行生产，在产业结构上，轻工业占绝对优势；大机器工业生产的经济效益高于全国水准，过渡型小工业占有很大比重；形成集中的近代工业的重要生产地带；工业原料和产品市场高度依赖农村经济。[1]其中，主要销往国际市场的原料加工业缫丝业，在蚕丝的销路上，主要取决于国际经济形势与需求。1904年以前，中国生丝在国际生丝市场上为第一位，此后日本生丝才占据了第一位，1929年资本主义世界经济危机爆发后，各国消费能力大幅度下降，生丝市场的需要量也急剧减少。[2]另一方面，生丝质量低劣，缺少政府的支持以及海外推售机构的缺失也是导致我国生丝出口量减少的原因。

帝国主义经济侵略，占领了中国大片市场，特别是资本输出，直接在华设厂，造成在我国的总供给中，有很大一部分是外国资本的产品。第一次世界大战后，中国生丝出口还是逐年有所增加，但1929年世界经济危机的爆发，带来了中国生丝出口的急剧下降，到1932年，中国生丝出口比1929年下降了58.8%。[3]

江村所在的江苏省吴江县，历来以生产蚕丝著称，这一区域的农民也以养蚕缫丝作为次于农业的第二大收入来源。20世纪30年代，我国生丝质量的落后以及出口量的大幅下降冲击了当地农民的缫丝生产。为了改变当时中国蚕丝业的现状，江苏女子蚕业学校开始在吴江的农村展开技术变革的实验，费孝通的姐姐费达生就是在蚕业学校校长郑辟疆的带领下，最初来到开弦弓村（即江村）宣传土丝改革。经过了几年的艰苦努力，1929年，费达生与当地农民一起建立了"吴江县震泽区开

---

1 南京图书馆特藏部、江苏省社会科学经济史课题组：《江苏省工业调查统计资料》，南京工学院出版社1987年版，第598—603页。

2 同上书，第619页。

3 同上书，第3页。

弦弓村有限责任生丝精制运销合作社"[1],费孝通受到姐姐的工作的鼓励,1936年来到江村,以他细致、客观的文字描述,记录了江村在20世纪30年代的生计方式,包括农业、渔业以及养蚕缫丝等,并着重分析了合作工厂的建立给当地人的生产生活带来的变革。

此后,无论是费孝通自身持续地再访江村,还是其他国内外学者对江村的考察,几乎都没有离开对该区域经济结构的考察。澳大利亚人类学者葛迪斯在1957年访问江村时,看到了农业合作社时期的经济生产模式[2],费孝通在同年再访这里仍然关注的是农民经济收入如何提高的问题。改革开放以来,江村经济的发展持续被世人所瞩目,这些研究者叙述了当地农村经济结构多年来发生的变化,并适时提出乡镇工业在中国经济发展中的重要作用。江村经济的结构在70年代末还是农大于工,大致是七比三;到了80年代中期,比例倒了过来,成了三比七,农小于工。[3] 费孝通根据当时的该区域的工业经济特点还总结出"苏南模式"的概念。然而,进入90年代后期,苏南模式下的集体工业由于多重原因走向了衰落,乡镇企业开始纷纷倒闭。当地政府也在经济体制上不断寻求改革的道路,最终开始鼓励发展个体私营企业。费孝通在90年代的回访中写下了"审时度势,倡行三资(制),功不自居,泽及桑梓"的题词。

根据笔者的调查,2000年以后,江村已经没有所谓的集体经济了,现今村落中的这些工厂(以丝织厂和纺织厂居多)在转制之后成为自负盈亏的民营企业,它们中有的是村民个体将原本倒闭的集体工厂的资产买下来并重新开始经营的民营企业,有的是村民个体发挥自身的创业才能而逐步发展起来的个体私营工厂。除此之外,村落中还有无数个在家门之内实现工业生产和销售的家庭工厂。另一方面,特别值得注意的是,

---

1 费达生:《吴江开弦弓村生丝制造之今夕观》,《苏农》1930年第1卷第5期。
2 [澳]葛迪斯:《共产党领导下的中国农民生活:对开弦弓村的再调查》,载费孝通《江村经济》,戴可景译,江苏人民出版社1986年版,第301页。
3 费孝通:《江村五十年》,《社会》1986年第6期。

近年基于长江三角洲地区电子商务经济意识的快速发展以及网络、交通等基础设施的日趋完善，当地的年轻人正在借助互联网的平台创造自身职业发展和家庭经营的新形式。

另外，在农业方面，自当地的"粮改渔"政策实施以来，村里现在几乎已经没有人种植水稻了，村里原本种植水稻的地面，已经开挖成养蟹池，养殖螃蟹和鱼虾，相比太湖里养殖的螃蟹，这种在稻田池里养殖的螃蟹称为"稻田蟹"。原村主任王主任说：

> 村里搞产业结构调整之后，种田、养蚕都很少了。产业结构调整是逐步进行的，到现在十年有了。以前在太湖里养螃蟹，现在稻田里也养螃蟹，逐步一块一块地，慢慢开发的，一开始没有几家人搞，后来都是稻田养蟹了。以前养蚕的时候我们这里都是桑树地，现在都没有了，一调整之后就都养螃蟹了。养螃蟹最早是在太湖，后来发现稻田养螃蟹也行的，当时螃蟹的价格也很贵的，因为稻田螃蟹和太湖螃蟹可以一起卖，但是大家也都知道太湖的螃蟹是很清的，可以区别开来，但这几年稻田蟹也都卖得出去。这些蟹农也会套养，养鲫鱼之类。
>
> 我们这里原来养鱼很多的，开始有几个人会养螃蟹的技术，后来弄弄大家都会了，水产局也专门有培训会，经常来培训的，每年4月份，水产养殖培训。养螃蟹，老百姓也实惠了，以前种田，一年没有多少钱，还要这么劳累。养蚕也是很辛苦的，晚上都要起来看的，现在把地租出去一年1000元是有的，好一点的1200元，最差的也有800元/亩，老百姓肯定觉得，不用劳动，每年也有这些收入蛮好的，愿意把地租给他们（蟹农）。

据统计，全村养蟹水面多达2452亩，年产量24.52万斤，产值490.4万元，全村25个村民小组中都有养蟹专业户或合作养蟹户。[1]

---

1 谢舜民：《江村经济调查研究》，江苏人民出版社2012年版，第213页。

在本章中，笔者将以当地人的口述记录来呈现江村经济的时代变迁，并描述在当前互联网的作用下，年轻一代的生计方式的转变。另一方面，江村所在的江南地区，经济活动历来较为发达，那么当地人如何看待资本，如何运用资本，以及他们如何在既有的社会体系中来建构互惠和信任关系，也是本章论述的重点。

一、农工相辅的集体记忆

在传统的农业社会，土地是提供粮食的基本生产资料，它的独特属性给人们的生活带来最有保障的安全感。首先，在当地人看来，土地是永久的、固定的，而且具备一定的生产能力培育植物、饲养动物；其次，土地具有相对稳定性，并且在合理的养护之下可以循环使用，即使遭遇灾情，也只是暂时的情况，人们仍然可以长期依赖土地所培育的食物供给。因此，在村落中，人们认为最有价值的财产就是土地，是可以持续传递的家产。相比村落中的蚕丝业和渔业，农业仍然被当地人看作最有保障的职业。农业主要是男人的职业。[1] 基于江村的自然环境和地理条件，土地也用来种植水稻，兼种油菜籽、小麦、蚕豆等。前者是人们基本的粮食作物，后两者仅起到补充的作用。一年中，用于种稻的时间约占六个月，人们靠种稻挣得一半以上的收入。[2] 此外，桑树的种植在村落中也占据一定的土地和劳力，这是由于当地蚕丝业的需要。

江村所属的庙港邻震泽，北滨太湖，为吴江西南部栽桑养蚕制丝之区。早在唐代，这一带栽桑养蚕缲丝织绸（绵绸）已相当兴旺，到了明代后期，庙港农村普遍以栽桑养蚕采茧，置土灶脚踏丝车缲土丝，备木织机绵绸坯布逐渐形成的家庭作坊式的工业生产。[3] 养蚕和缲丝的工作主要是家庭中的妇女来承担。因此，男耕女织是这里传统职业分工的准

---

1 费孝通：《江村经济：中国农民的生活》，商务印书馆2001年版，第151页。
2 同上书，第31页。
3 《庙港镇志》编纂委员会：《庙港镇志》，浙江大学出版社2002年版，第157页。

确写照。

二、乡村工业的兴起历程

江村所在的长江三角洲地区的乡村工业源于城市工业向农村的转移。他们从实际生活出发,需要在耕作农业之外另谋活路,就在这时候,城市里的许多工厂还在停产闹革命,生产停顿,但市场需求依然存在,于是部分城里的工业就向正需要找活路的农村转移,城市经济的瘫痪也使得原在城市工厂里的技术人员流入农村,类似于此的众多因素凑合起来,在长江三角洲首先出现了大批"社队工业",社队工业从发生到在80年代初取得合法地位并改称乡镇企业。[1]

乡村企业最初是依靠周边城市的技术扩散而逐渐建立起来的,通过村落中的劳动力来完成一些产品的加工生产。但只是一些临时性的工作。因此,那时乡镇企业的职工亦工亦农,具有职业构成的双重性,他们大都白天在乡镇企业上班,早晚和农忙季节在田间劳作。

随着国家政策的开放,乡镇企业逐渐发展起来,越来越多的村民被吸纳进工厂,成为工人,家中土地的耕种越发成为人们的"累赘",一位村民回忆道:

> 以前种农田是要交粮的,而且还要有农业税,土地越多,交的也要越多。我年轻的时候,既要在工厂上班,又要在家里干农活,非常辛苦。那时候村子里的人,特别是非农职业的人,都不想要家里的土地,愿意让村里划给别人家,土地那时在很多人看来是累赘。后来,土地政策变了,取消了农业税,人们不用再交粮交税,土地的收入就都是自己的了,大家又开始抢着要土地。[2]

---

1 费孝通:《江村五十年》,《社会》1986年第6期。
2 笔者2013年10月21日田野记录。

三、苏南模式的兴衰

"苏南模式"是费孝通曾在 20 世纪 80 年代初基于苏南地区通过乡镇企业的发展来实现非农化发展的方式，这种发展模式类型的概念的提出是他在苏南与苏北的调查过程中，通过比较两地在发展方式上的不同所总结出来的。它所特指的是苏南地区在一定的地理、历史、社会和文化等条件的影响下，从传统经济结构向现代经济模式转变的独特道路，以及由此所带来的社会文化结构的面貌。从经济所有制的特点上看，苏南的乡镇企业所有制结构是以集体经济为主，以乡镇政府来主导企业的发展。政府的支持强有力地带动了苏南地区乡村工业企业的建设和发展，极大地促进了农业生产所无法容纳的劳动力的就业，增加了农民的经济收入。1984 年年底，全村三业总产值为 415.5 万元，其中工业产值 265 万元，副业产值 86.7 万元，农业产值 63.8 万元；三业产值各占比例是：工业占 63.8%，副业占 20.9%，农业占 15.3%；全村务工人员为 648 人，务副人员为 266 人，务农人员为 355 人。[1] 基于村办企业和多种经营的发展，不但对国家做出了贡献，集体经济也得到了不断壮大，全村村办企事业固定资产已达 112.5 万元，社员的家庭收入来自工副农三个方面，收入在续年增多。[2] 通过以上具体的统计数据可以看出，八十年代以后，村落中人们收入的主要来源已由农转工，这是苏南模式下的产业变革所带来的。

苏南乡村的工业化是农业经济向工业经济过渡的一种形式，这种形式以乡村和县城范围的小城镇为阵地，使得工业从城市向乡村辐射，并以农工相辅、城镇一体化为目标。[3] 另一方面，在苏南模式的带动下，当地人在由农转工的过程中，也在逐步地改变着自身的职业素养和思想

---

[1] 吴江市档案馆，全宗号 7001，目录号 1，年份 85，案卷号 6，第 2 页。
[2] 同上，第 3 页。
[3] 沈关宝：《一场静悄悄的革命》，上海大学出版社 2007 年版，第 222—224 页。

意识。

在当地人看来，提到苏南模式，他们就会回忆起那段集体经济繁荣的时期。集体经济在庙港地区的1992—1994年间是发展最为兴盛的几年，"当时政府投入的资金很大，镇上的要求也比较高，宣传力度也比较大，在考核上也是以工业发展为主，村里和镇上那时都大力发展工业企业"[1]。在政府的推动力作用下，无论在城市还是乡村，苏南地区的工业企业开始了一段兴盛繁荣的时期，越来越多的工业企业在村镇中建设起来，而工厂的兴建也使更多的人离开了传统的农业生产，走进工厂成为训练有素的工人。

然而，到了20世纪90年代中期，苏南地区的乡镇企业开始出现了衰退的趋势，原村主任王主任讲述了当时集体经济衰退的原因：

> 一个是市场，别人家都是搞家庭、股份制企业，民营企业了，集体企业竞争不过民营企业，职工工资、生活待遇也不好，集体企业都是办公室很多的，厂长、副厂长、科长……民营企业就是一个老板，没有其他的，肯定竞争不过人家。我们村里那时亏掉了很多钱。民营经济是自己管自己的，集体企业都是集体的，有一些事情一个人不能做主的，还要和集体商量，厂长没有权力的，还要村里的几个人一起商量再决定。

因此，国家开始倡导乡镇企业脱离政府的管理和干预，从将企业由集体所有制转变为个体所有制，企业交由个人经营和管理，在市场经济中自负盈亏。根据笔者的调查，庙港镇在1997—1998年间是转制时期，无论乡镇企业在当时是盈利的还是亏本的，该区域内几乎所有的企业都要开始转制，必须交由个人来管理。具体到江村中几个工厂的情况而言，准确地说，当时村里的企业已经不能称之为转制了，因为那时工厂已经倒闭了，所谓的"转制"其实就是将已关闭的厂房出租或者卖给经营者

---

[1] 原村会计徐会计的讲述。

个人。

转制时期担任村支书的周书记讲述了当时集体企业的状况和村落中企业转制的原因和经过：

> 1998—1999年叫转制年，所有的乡村企业都卖掉、转制，许多乡村企业那时大多数都在亏本，大家都在亏本，剩下不多的那些不亏本的厂，也会把它做到亏本，否则厂长就太吃亏了，实际上这些厂并不是真正的要亏本，很多是自己贪污，大家都心知肚明，所以你亏我亏大家都亏。但是，这样亏下去对政府造成了沉重的负担，所以政府晚转制一年，一个镇上的这些企业都要多担几千万甚至上亿的债，每推迟一年转制，都要多承担这些债务。所以当时大家都觉得赶紧出手，烫手山芋，当时比如一家厂本身价值几百万，转制的时候只要十万，有时甚至叫"一块钱转让"，把债务也带走。当时的银行不是商业银行，而是靠政府的指挥，当时缺钱了不是先找银行，而是找镇长，镇党委书记，然后再到银行拿贷款。一个镇上如果有10家企业，有六七家都属于亏损状态，这个亏损不是真正意义上的亏损，而是被老板贪污，其他赚钱的几家企业心里也有数的，因为这些老板也经常在一起玩，我赚了你亏了，大家面子上也挂不住，在政府面前也不好交代，索性大家要亏一起亏。还有一个原因就是当时亏损的企业好转制，盈利的企业不好转制。
>
> 企业转制是最不公平的一件事，但也是最有效率的一件事，它使许多村、镇拜托了企业的包袱，盘活了资产。我到村里的时候，所有的厂全部关门了，我把它卖掉也好，出租也好，就盘活了资产，另外也解决了老百姓的就业。转制非常有效率。当时这些厂卖的时候很便宜，我记得有一家化工厂，要转制，原来的厂长不要，如果这家厂转制的时候老板不要，其他外行人更买不来，更不要。镇上没办法，就威胁厂长说："你买不买，不买就给你查账，不相信你当厂长这些年没有一点问题，价格都好商量的，不出钱都行，只要答应把它买下来。"没钱没关系，只要到银行签个字，把贷款

压到你头上就行了。实际上，这些厂长通过多年的经营，心里都有数的，把厂改造一下或怎么样一下肯定能够有钱赚，所以这些人是当时得益最大的一帮人。

就开弦弓村而言，当时村里的厂都关了，已经没有企业了也就无所谓转制，当时村里有两个丝织厂（开弦弓丝织厂，新民纺织厂），一个化工厂，一个酒厂，共四个厂。

当时村里的这些厂都关了以后，工人们都回家务农了，所以周××先进来（接手村里的一个丝织厂），我说你来了以后，有一个条件，员工一定要招本村的，另外厂里需要发出去加工的产品也一定要交给本村人。外发加工，就是厂里的机器不够，就鼓励老百姓自己买机器。当时村民们买的都是二手机器很便宜，老百姓有几十人家里都有机器，一家买个两台、四台，就可以生产。厂里也有机器，但实际上是不够的。周××曾经担任过这个丝织厂的厂长，那时叫他到村里当村主任，他不肯，镇上就也不让他当厂长了，他就走了，出去了，到丝绸市场做生意，搞贸易。我到村里以后，叫他回来，我给的条件就是把厂房以较低的价格租给他。有人说租给他便宜了，但是我认为：第一，当时也没人来做；第二，我是有条件的，就是工资要发给本村人。

人们将那时乡镇企业的转制评价为"最不公平却最有效"的举措，"不公平"的原因在于那些有能力接管工厂的个体以非常便宜的价格就可以拿到工厂的资本，且这样的"转换"过程多数也并非公开，有些甚至是政府强硬指定个人去接管工厂。在当时，往往能够将企业接手的个体大多是原本企业中的技术骨干或重要管理者，他们既对这个行业的情况非常了解，同时也与政府、银行等相关部门的人员相熟知，因此他们有能力很快地再次将企业运营起来。这些人在转制后的企业经营中成为得益最大的一批人，他们的成功一方面是基于自身在集体工厂中所习得的生产技术和管理经验，但更重要的是这一时期转制的特殊政策使他们能够以非常低廉的成本获得了企业的原始资产；另一方面，"最有效"的原因则在于，政府将不再干涉企业人员的任免以及工厂的经营，这使得乡镇企业摆脱了繁复的行政管理过程和人事工作，也有效地避免了那时企业中较为严重的贪腐情况。而最实际的是，转制的过程有效地清理了当时集体经济时期所背负的经济债务，接管企业的个体经营者能够将那些集体已经无法使用的资产重新"盘活"，并将其继续投入到工业的生产和运行当中。企业和工厂的复兴使得那些原本依靠乡镇企业的村民再次得到了的就业机会和工资收入的保障。

苏南的乡镇企业在起初政府的大力扶植和推动下，建立了村镇工业化的基础，实现了当地劳动力离开农业向工业、商业、服务业等行业的转移，完善了苏南城乡之间的关联网络。虽然在集体经济时期遇到一些管理上的问题，并经历了所有制的转变，但这些乡镇企业所带来的社会变革是巨大而深刻的。

> 提到苏南模式，我们不能说集体经济的衰落就是苏南模式的失败，它也曾经辉煌过，曾经对苏南的经济是做出过贡献的，它的贡献应该说包含两方面，一个是大家都公认的，对苏南的经济做出了贡献。但是大多数人把另一方面都看得不重视，就是它培养了一批人才，这些经营者，是现在乡村企业的经营者，他们的管理经验都是乡村企业给他们的；还有就是培养了一批员工，这一批员工原来都是农民，农民基本上是没有工业生产的意识的，包括纪律性，纯粹农民的话，今天九点出工，明天八点出工都无所谓的，但是上班以后就要把这样的习惯改过来，农民要养成这些习惯，服从厂纪厂规，也不是那么容易的。现在丝织厂有一个产品叫"特立纶"，只有我们庙港的丝织厂做得好，全世界的这种产品都是这里出的，七都镇做不好，横扇镇也做不好。能够产出高质量的产品就是得益于当时训练出来的这一批员工。这两方面人才在现在的私营工厂中发挥了重要的作用。[1]

---

1 原村书记周书记的讲述。

四、成为赚取工资的人

可以看到,从长远而言,乡镇企业培养出来的两方面的人才是当前村落中的民营经济得以再次兴盛的关键所在。虽然集体企业衰落了,但是工人能够凭借自身所掌握的行业技能继续找寻他们的就业道路。不可否认的是,他们不会再回到农业上去了。原村主任回忆了在集体企业倒闭以后,村民是如何自寻出路的:

> 以前集体垮台的时候,我们这里的工人都没地方去。种田又没有这么多的收入,到外面去打工也挣不到钱的。现在丝织厂稳定了,他们就在这里工作,庙港那边这几个地方,到庙港开发区这个路很近,就不用出去了。那时各家各户帮人家加工,织一米布多少钱,家里机器的噪音很大,人家都没法睡觉,后来就并起来了。老板自己盖厂房,把机器和人都收进去了。以前是手动织机,一个人看两台机器,现在是自动的,一个人可以看很多台机器。现在工人也稳定一些了,以前这些厂都要抢工人。[1]

虽然乡村的集体工厂倒闭了,工人们无法再依靠工资收入生活,但他们已经通过多年在工厂的工作积累了相应的技术和经验,以此找寻出路。依照上述分析可见,那个时期的乡镇企业,工厂的衰退的原因主要在于管理机制的问题,而非市场的不景气,市场对这些工业产品仍然有所需求。因此,虽然无法继续在工厂集中生产,但村民也要想办法继续谋求生产的办法。这个区域历来有家庭工业的传统和意识,房屋的空间区分一直以来也专门有生产部分的设计,只是工厂的建立将各家各户的分散生产集中到了一起。此时,这个历史过程反了过来,生产再次分散到家家户户了。他们购买几台厂里的旧机器,在自己的家中织布,然后

---

[1] 原村主任王主任的讲述。

再通过熟人关系联系销售，或者直接去做其他工厂的外发加工品。转制之后，工厂再次运营起来，机器、生产又从家庭集中到工厂里了，继而人们也重新成为进厂上班领取工资的工人。

这一时期，一种易于在家庭中实现生产的小工业开始兴起，即针织衫的编织行业，当地人称之"拉羊毛衫"。例如，一位村民讲述了他当时在家中做羊毛衫编织小工业的情景：

> 我原来很早就做羊毛衫，我们家是在1995年的时候做家庭纺织，那时候家里就请七八个工人，搞几台机器，就二十几个平方的一个小车间，放几台横机，以前都是手工织的，现在有大的机器了。在家里的一层开始做。但是我当时不是专门做这个，还有村里的工作要做，只作为一部分的家庭收入。做羊毛衫是不亏本的，但是赚的也不多，有时候就是小几万块钱一年，两三万。图纸是根据市场的，什么衣服比较紧俏，比较好卖，就去拿个样子照着做。然后放到门市部销售，有的人专门开门面的。
>
> 卖衣服的话现在做的人多，量也比较大，都是自动化生产。以前是人工拉的，一个人一天也就最多做10件衣服，一个家庭小作坊一年可能最多能做几千件万把件衣服，现在有的人家一天就可以出一万件衣服。还什么工人都不要，就是一个老板，自己进货，电脑横机，全自动的。打样、染色、包装、后期整理都有专门的人可以给做。我们以前这些程序都要自己做的，例如，昨天晚上工人交出来的衣服，是一个毛片，第二天上午拿出去叫人家缝制，之后去印染厂染色，下午和晚上包装，两天的时间就到门市部了。[1]

可以看到，以家户为单位来进行生产和销售的家庭小工业在乡镇企业的衰退中发展了起来，这一区域传统的家庭作坊式的工业生产模式又开始发挥作用。在此前乡镇企业的带动下，农民富裕的直接呈现就是

---

1 徐姓村民的讲述。

他们对住房条件的改善和提升，那个时候，多数村民的家庭房屋已经由一层发展为两层的结构。家庭居住空间的扩展使得家庭小工业能够得以实现，基于传统习惯和隐私性的考虑，人们将生产空间放置在房屋的一层，而二层作为家庭的生活空间。集体工厂的效益开始下滑后，有的村民意识到针织衫编织的商机，就开始自行购置织机，并在家庭中开设生产"车间"，由几个家庭成员或者雇佣外来工人在家中进行编织操作，再拿到市场上去销售，赚取收入。

可见，村里和乡镇的工厂倒闭以后，村民们那时主要有两种就业趋势：村里的一部分人在家中购置机器继续为转制后的民营丝织厂加工化纤织物，后来村里的民营丝织厂再次开办起来以后，他们就再次进厂工作了；此外，还有一些人受到当时相邻横扇镇针织衫编织业兴起的影响，购买编织横机[1]，在家中从事针织衫的编织生产。他们的针织衫按件计费，供应周边门市部的销售。到了2000年，开弦弓村的针织衫编织已经发展到126户，拥有手拉横机1379台，编织工人1418人。[2] 几年之后，一些专门从事针织衫编织的人家引进了更为先进的小型电脑编织横机，电脑机不仅使编织效率提高了近10倍，而且大大节约了人力成本，"夫妻两人在家专做羊毛衫，可同时操作7—8台小型电脑横机，每台机器每年的利润大概在8000元左右"[3]。此外，这种针织衫编织行业的发展也带动了相关产业的出现，例如，有的村民在家庭中购置了电脑绣花机，专门为针织衫绣花，或者用亮片机为针织衫贴上装饰的亮片，等等。

而另一方面，前述的那些转制后开始由私人进行管理经营的乡村企业，经过了这几年的发展，目前依然成为吸纳当地劳动力的主要力量，如：江村丝绸有限公司、荣丝达纺织有限公司、田园纺织有限公司等。那些进厂上班的工人，多数都曾经在集体工厂工作过，不仅有

---

[1] 一种织造针织衫的机器，最早是手工操作，后来改进为电脑操作。
[2] 《开弦弓村志》编纂小组编：《开弦弓村志》，江苏人民出版社2015年版，第192页。
[3] 村民的讲述。

熟练的专业技术，而且也相互认识、熟悉，能够比较顺利地适应工厂的工作和生活。近年来，随着当地技术工人数量的减少，乡村企业开始出现招工数量不足的问题，到了年底，这些"本地工"往往成为当地企业所争抢的对象，因为与"外地工"相比，本地的工人经历多年的企业培养已经"训练有素"，而且长期生活于此，大家彼此熟悉，便于管理。原村主任王主任讲述了现在村里劳动力的主要职业状况：

> 大多数人还是靠打工，老板没有几个，一家几个人都在厂里打工，现在工资也很高的。以前的工资没有这么高，我们开弦弓丝织力量的技术是很高的，当时厂里好多都是在苏州那边经过培训的，职工都是一流的，当时在横扇那边的厂都是调我们这边的人。现在这批人都被企业聘请为生产厂长、车间主任。当时盛泽在我们这里有一个联营厂，新民丝织厂，是费老帮着联系的，当时费老二访江村的时候他（盛泽新民丝织厂的厂长）是做保卫工作的，后来是厂长了，老于（老县长于孟达）他们几个人一起商量在这里搞一个民营厂。所以当时的技术力量都是一流的。

五、互惠与资本

刘玉照根据乡村工业化所形成的一种新的社会结构单元提出了"基层生产共同体"的概念，即：在相邻的几个村子里，绝大部分村民在从事某种经济活动，主要是从事某种工业品的生产加工或者交易。[1] 在江村，除了专门的渔业养殖，人们基本已经脱离了农业的生产，形成了一种基层的生产共同体，大部分的村民都在丝织、纺织的行业领域中从事生产活动。人们在村落、镇上的工厂里上班，虽然看似稳定，但这个行

---

[1] 刘玉照：《村落共同体、基层市场共同体与基层生产共同体》，《社会科学战线》2002年第5期。

业的好坏或者经营者的能力却直接影响着工人们的工资收入。在乡村企业中，老板、员工之间并非是单一的、纯粹的雇佣关系，他们之间还存在一定的地缘、亲缘或者业缘上的关联，他们的利益诉求相互关联，并且能够基于地方的、私人之间的信任关系而相互结合，来规避或者抵抗一些来自于市场的或者国家的风险和压力，形成多种地方上特有的企业运营和管理方式。

例如，企业如何给工人发工资，就是一件非常值得人们去注意和研究的事情。笔者在村落中了解到，在这些乡村企业中，工人的工资并不是按月发放的，通常是以三个月或者半年为期，有的甚至到年终才会付给村民工资。如果有人急着要用钱，找到老板要工资，老板会考虑给他个人一些钱先去应急，签个字条就可以了，等到一起发工资的时候再去补差。起初，笔者认为这样的工资制度是不规范、不合理的，很难保证人们的日常生活。但事实上这是过于简单的理解。

首先，年终发放工资是当地历来的传统，最早的乡村企业一开始就是年终发放工资，据了解，这个传统源于早期农村生产队的分红机制，"农村生产队分红是一年一次，所以他们也是养成这样的习惯了，最早农民进厂的时候，厂里的工资不是跟工人直接结算的，也是到了年终结算到生产队，生产队再把它转化成工分，然后再按照生产队的分红一起算，也是到年终结算，所以一直延续到乡村企业都是这样"[1]。所以，对当地人而言，他们比较习惯企业年终统一结算工资。其次，从企业员工的角度来看，年终发工资有助于他们进行储蓄，对他们而言，年终拿到一年辛苦工作所积累的一笔现金，相比每月定额发放工资，前者的满足感和成就感更为强烈。第三，对企业老板而言，工人的工资可以作为他们进行工厂运营和投资的部分资本，当然，他们会相应地付给工人比银行储蓄更好的利息。实际上，在资金借贷方面，他们之间存在更为牢固的信任关系，如上所述，乡村企业中的老板和工人基本上都是本地人，他们相互认识、熟知，并且有着地域和亲属关系的限定。此外，在企业

---

[1] 村民的表述。

老板看来，从员工那里集资要比从银行更加容易、实惠一些，从银行贷款不仅手续繁复，而且利息的计算也更为复杂。因此，在当地人看来，企业老板与员工之间的一些资本运作是互惠的。村中一位私企老板谈到了他对村民工资收入的看法：

> 现在打工经济是他们（村民）的主要收入来源。农民的收入来源最早是一产（农业），副业的比例很小，后来产业结构调整，又增加了养殖业，现在是打工经济为主了，可能要占到70%以上，一产已经基本没有了。产业结构调整的时间大概在1998—2000年左右，开始大量开挖鱼池，养虾养蟹。在此以前，由于工资比较低，打工经济所占比例还不大，特别是最近几年，工资收入大大提高。此外，工业的发展也给百姓带来了一部分投资性收益，也应该计入。所谓投资性收益是指把钱借给企业获得比存银行高得多的利息。企业从银行得到的贷款不够，就会向社会集资，利率比银行高一点，但对于存款人来说这个利率比银行高得多了，而他们的集资对象首先就是本企业的员工，这个对双方都是有利的。（笔者问）员工怎么信任企业？（企业主答）自己在这个企业里打工，总会了解一些，再说借出去收不回来的都不是在真正做实业的，再说万一企业不行了，老板自己早就有数，宁可多欠银行的或其他企业的，也一定会把私人的借款还掉。大家都乡里乡亲的，这个钱是赖不掉的，本地的企业家都会这样想。
>
> 现在我的厂平时发得比较多，他们（工人）都说你们别这样发了，再这样发我们年终拿不到钱了。他们是这个理念，就是钱要到年终一起拿，才会有很多，这样很开心。要是这个月发，那个月发，就觉得这个钱少了。丝织厂现在主要是政府规定他们，老是要查他们，有没有按时发工资，他们（政府）是怕到年终以后企业发不出工资，员工要到镇上去闹，造成不稳定因素，所以他们老是监督企业一定要按时发工资。
>
> 年终发是员工自己这么想的。对于企业来说我也希望按月发，

到了年终我就没有什么负担了。比如，我今年共发了60多万工资，如果我一下子到年终拿不出这么多钱来，就不好了，但如果我这个月拿出几万，那个月拿出几万，就无所谓了。我现在也给他们（员工）做工作了，说你们不要用，自己存银行，还有利息。晚一点发（工资）对企业来说也有好处，有的企业有贷款，或者本身资金紧张，当然这样好了，可以利于企业资金的周转。[1]

此外，针对那些仅依靠丝织厂的工资收入"打工者"，他还分析了在市场中有可能出现的行业危机，进而带来村民收入的不稳定，以及对目前创业环境的判断。

真正要使百姓富起来只有让百姓自己创业，但现在的创业环境很不好，再加上打工经济的稳步提升，就打消了很多人创业的欲望。过分依赖打工经济，也会有风险，而且我们这里的工业是比较单一的纺织业，这个行业受国际国内的影响很大，一旦行业不好或许多企业关闭，对农村的经济会是一大打击。（笔者问）为什么创业环境不好？（企业主答）首先，自己家即使有土地也不能盖厂房，一定要你去开发区，而开发区一是没有土地，即使有也起码要10亩以上，1亩要价30多万，一个自然人哪来这么多钱？就是说创业的门槛很高，小企业就没法开办，开办以后主要就是赋税沉重，企业要负担的社会责任太多。[2]

国外学者在考察后也对乡镇企业的发展情况有所分析，毛里、山本在肯定苏南小城镇工业化巨大意义的同时，对乡镇企业的稳定性也产生了担忧：1. 乡镇企业可能遇到"不景气的状况"；2. 乡镇企业势必会出现发展壮大和萧条破产的分化，其结果将会使地区之间和阶层之间的差

---

1 笔者对村中一位企业主的采访。
2 笔者对村中一位企业主的采访。

别扩大；3. 在第一、第二两种事态的情况下，由小城镇吸收剩余劳动力将不再可能。[1] 的确，乡镇企业经历了从20世纪80年代初的兴起繁荣到90年代末的衰落破产的历史过程，但通过"集体转私营"的所有制转换，这些乡镇企业重新焕发了活力，并且依旧成为吸纳当地剩余劳动力的主要力量。而另一方面，个体对企业财产的占有和控制也致使村落中社会阶层之间差别的扩大。

六、信任与借贷

在村落社会中，企业的人员管理和资本运作原则都与一般的理性规则有所不同，特别是基于传统熟人网络的信任关系中的私人借贷行为。通常情况下，当人们需要一笔资金的时候，他们首先并不是选择通过银行借贷来实现，因为银行借贷手续的办理不仅繁琐，而且利息计算的结果也很高，最重要的是没有人情因素的考虑。相反，私人借贷并没有复杂的申请程序，只要有值得信任的家人、亲戚、朋友这一身份便可担保，利息也一定会有，但并非是像银行那样依照固定的公式按日计算，而只是一个大概的比率，多一些少一点也能够允许，灵活性比较高。这种信用制度的重要性就在显示亲属和友谊是经济互助的道路，而且提示了这种金钱上的往来，并不完全是商业性质，而是受着其他社会联系的作用。[2] 对西方的工业发展历程而言，在19世纪的第三个25年，是为了工业发展测试资金调动的结果期，大多数调动资金的做法无论如何都会直接或间接涉及银行，而所谓间接就是通过当时很时髦的信用动员银行，这是一种工业金融公司，它们认为正统银行不很适合为工业筹措资金。[3] 例如：

1　王淮冰：《日本学者对苏南小城镇问题的研究》，《世界经济与政治论坛》1991年第6期。
2　[英]弗思：《中国农村社会团结性的研究》，《社会学界》1938年第10卷。
3　[英]霍布斯邦：《资本的年代》，张晓华译，国际文化出版公司2006年版，第274页。

有些企业借得到私人借款的话还是借私人的，因为私人的钱有什么好处呢，比如从人家借10万或者20万，今年借了，明年如果这个钱你不用的话，就放在这，我还你利息就好了。如果在银行里贷款的话它每个月都要扣你利息，相当于利滚利它又可以拿这个钱去放贷了。而且现在银行里算账精得不得了。

厂里如果暂时发不出来工资，就直接开个单子，当作存款好了，有的人认为存在银行里也没有多少钱的。主要是得对自己工作的企业会放心一点。

有的高利贷利息很高的，比如借给人10万块钱，然后一个月的利息就是1万，基本上都是所谓的"黑道"上面做的。现在银行比较喜欢担保公司来担保，是国家注册、合法的，担保公司收取担保费，但是还是要请一个反担保，没有银行那样要求严格。银行毕竟属于集体控股的，万一你还不出来，打官司就比较麻烦，就算赢了官司，执行起来也会很困难，但是担保公司主要都是私人的，押金已经放在银行里了，担保公司帮你给银行还上了以后，他在问你要钱，所以也有一些半黑道的形式，他跟你要钱的时候担保公司也会有一些极端手段的，他不大会直接去通过法院起诉，手续太繁琐，赢了官司也赢不到钱，万一他破产了你怎么办，所以也会有反担保，手续比较简单，只要签个字就行。[1]

西方的现代观念常常将理性与文化分属两个无法统协的讨论范畴：一个范畴是人们会算计个人行为实际的得失，另一个则指的是社会形式，比如母系氏族、仪式义务、统治等级关系、家庭关系、贡赋关系，以及其他有关社会供应分配的组织形式。[2] 然而，在萨林斯看来，理性是文化的一种表述，两者绝非对立。

---

1 村民的讲述。
2 [美]萨林斯：《石器时代的经济学》，张经纬、郑少雄、张帆译，生活·读书·新知三联书店2009年版，第5页。

七、网络时代的生计方式

如前所述，这里的工厂多数为丝织厂，通常情况下，男性在工厂里主要做"设备保全工"，女性主要是做"纺织工"。根据笔者的了解，近年来由于技术工人的缺少，在丝织厂工作的职工工资水平相对较高，目前一个设备保全工，年薪约为10万元，一个纺织女工，年薪在5万元上下。目前在丝织厂上班的人多数是年龄大概在40岁左右。虽然工资水平比较高，但在丝织厂工作是比较辛苦的。由于目前在该地区所广泛使用的是喷水式织机，这种机器一旦运转就不能停下来，一旦停下来机器就十分容易生锈损毁，所以工厂里的机器时时刻刻都要运转。机器运转就意味着要有工人在旁维护生产，因此丝织厂工人的上班制度是12小时的倒班工作制，即：每天上午7点至晚上7点一班（白班）；晚上7点至第二天早上7点一班（夜班）。工人们一段时间上白班，一段时间上夜班，轮流调换。他们的工作环境比较艰苦，工厂车间几十台甚至上百台机器同时运转时噪音非常大，两个人站在一起相互很难听到对方说话。而且喷水式织机的使用往往致使车间里水雾弥漫，冬天潮湿阴冷，夏天则闷热难耐，化纤所散发出来的化学气味也很刺鼻。听当地人讲，常年在工厂车间里工作的人，日久都会积劳成疾，比如关节风湿、听力下降等，有的人甚至认为，"他们是在拿命换钱！"因此，当地人已经不愿意再让自己的下一代进厂当工人了。

另一方面，这个地区能够形成以针织衫生产为主的行业源于村民自发的家庭工厂的生产模式。20世纪90年代中期之后，村落中的集体丝织厂经营日渐衰落，工厂中工人的工资收入无法保证，因此他们只能自寻出路。下面是江村一位村民讲述自己的工作转换历程：

> 我最早在庙港丝织厂的供销社工作，在那个时候，这是最好的单位，也是城镇户口，工资也有保障，但是到了1998年，工厂倒闭了，我也失业了，就在家里和几个人共同购买了手工织机来织针

织衫，后来又购买了电脑织机。那段时间村里非常流行做这一行，当时全村大概有三十多户都在搞，但是多数都亏本不做了，能坚持下来的没有几家。后来我也不做加工了，家里的两台电脑织机最终处理掉了。现在主要是将比较看好的针织衫款式拿去让人家生产、染色、熨烫，然后一件件包装好，挂上自己注册的品牌卖到门市部。我现在看好电子商务这一块，女儿也在开网店，一方面支持女儿的生意，一方面也可以拓展销路。现在的门市部是对口销售的，就是把衣服批发到哪里，在门市卖不掉的还会退回来，退回的衣服就只能拿到处理市场去卖，以亏本价。目前家里做的针织衫的生意有几条销路，第一，继续做门市部的批发；第二，女儿的网店销售；第三，批发给网配店。[1]

  由此可见，随着制度与市场需求的变化，村民通过转变生计方式来谋求生存与发展，新的技术和生产方式不断被试验、实践。2000年以来，长江三角洲地区电子商务迅速崛起，乡村中的年轻一代把握机遇，开始利用网络实现产品的跨区域销售。这一代人，能够接续父母继续去工厂就业的人已经不多，他们多数是家中的独生子女，长辈们不舍得也不希望自己的子女再从事工作环境艰苦、劳动强度大的工作。现在这个区域的乡村工厂中有或多或少的外地工人来补充本地劳动力的不足。通常情况下，村民的教育程度越高，就会越远离工人的身份。当然，在技术工人工资水平大幅提高的情况下，村落中也有一部分人选择进厂工作，并引以为豪。随着社会的发展和人们生活水平的提高，现在年轻人对工作的认识也与此前不同，他们并不将工作看作是纯粹获得工资收入谋生的手段，而是从更为多元的角度来考虑工作的意义，比如，有的人在意工作环境的舒适度；有的人重视工作职位的体面程度；有的人则更加认同工作所带来的成就感，等等。总之，赚取工资的多少不再是他们选择工作的唯一目的和标准。

---

[1] 村民的讲述。

在互联网技术的普及和长江三角洲地区电子商务发展的基础上，人们借助网络的沟通来实现商品买卖的方式已经日常化，笔者在田野中看到，当地的许多年轻人正在试图把握这样的商业契机，谋求职业道路，寻找致富的机遇。特别是所谓的"八零后"这一代人，网络的世界已经长期渗透在他们的日常学习和生活当中，他们对于网络时空中互动和交流的诸多方式能够快速习得，在这一点上，他们是超越家庭长辈的。目前，最能够体现当前村落中新一代人的工作和生活特质的，就是网络和信息时代的到来所展现的社会与经济的转型和变革。

伴随着权力支配方式的转变，文化的形态已在发生着一种带有根本性的转变。[1] 作为一种历史趋势，信息时代的支配性功能与过程日益以网络组织起来。[2] 无论是工作还是生活，今天的人似乎已经无法摆脱网络对自身的支配和控制。就消费方式上而言，通过网络平台来实现消费行为正在趋向成为主流的购物方式。

一般而言，人们有工作，并获得一定的劳动报酬，这是一种基于雇佣关系的衡量人的劳动价值的方式，大多数的工人基本上是这种"一般劳动力"；另一种组织工作的方式可以概括为"可自我规划的劳动力"。[3] 这种"可自我规划的劳动力"具备组织资源整合的能力，并运用创新来驱动经济的增长。在村落中，一部分年轻人不再认可和甘于作为工厂所雇佣的一般劳力，而是试图通过自己的方式对其所从事的工作进行自我

---

[1] 赵旭东：《人类学与文化转型——对分离技术的逃避与"在一起"的哲学回归》，《广西民族大学学报（哲学社会科学版）》2014年第2期。

[2] [美]卡斯特：《网络社会的崛起》，夏铸九等译，社会科学文献出版社2003年版，第567页。

[3] "一般劳动力"和"可自我规划的劳动力"是卡斯特在网络社会中所划分的两类劳动力，后者的概念为：集中实现生产过程中分配给它的目标、发现相关的信息并将其重新结合成知识、使用可获得的知识库并为了实现目标而在任务过程中进行应用……这要求适当的训练，不是在技术方面，而是在创造力方面、发展组织的能力方面以及在社会中知识增长能力方面。具体的论述可见：[美]卡斯特主编：《网络社会：跨文化的视角》，周凯译，社会科学文献出版社2009年版，第29页。

规划，最显著的是，他们正在基于对网络世界的探索和对相应技能的学习，在另一个空间中开启并塑造新的"一番天地"，他们凭借网络平台，将可获取和操控的资源在一定程度上在网络中进行整合，便能够开创一种获得经济来源的方式。

在这个地区，工业生产以轻工业为主，除了传统的丝织行业外，20世纪90年代中期以来兴起了针织衫编织，江村附近的横扇镇，是全国针织衫最大的生产基地，散布于这个区域各个村落中的针织衫编织的生产，正是受到了横扇镇的辐射影响。针织衫传统的销售方式是在门市店，而网络打开了另一种销售空间，由于近产地之利，因此，如果要经营网店，人们通常都会选择销售针织衫。笔者在村落中接触到的一些同龄人，他们或者是带动全家一起在网络上开店销售针织衫，或者是将开网店作为自身的专职工作，或者仅以此作为兼职。以下是笔者对网店经营者工作过程的直接记录：

> 下午到邻居（"八五后"）家聊天，她两岁多的孩子在堂屋里玩耍，她和她的老公正在堂屋西边的房间里工作，堂屋的东边是电脑间和餐厅。西边的房屋主要用来堆放从外面批发过来的针织衫，堂屋的角落中也堆积了一些。房间的中间有一张四方的桌子，上边铺着毯子，毯子上有两把小剪刀、若干全新的透明塑料袋（用来装要卖出的衣服）、快递包裹袋（黑色的），以及一沓已写好姓名、地址、电话的快递单。他们夫妻俩正在将昨晚和今天白天网上发过来的订单打包，等快递员一到，这些包裹就随之发往全国各地的买者手中。在工作间里，他们各自手持一把小剪刀，快速地将每一件要发出的针织衫进行核查，领口、袖口和衣边都是翻看的重点，并用手中的剪刀将一些线头剪干净，检查无误了，还会将衣服整齐地折叠并一个个放入塑料包装袋中。如果遇到问题衣物，比如染色不均、袖长不一致等，要退回到网配店或者生产商那里去，而绝不能发出给买方，因为即使发出去了也会被退回来，这样做还会影响网店的信用评价。

他们夫妻俩大学毕业后都在吴江工作，相识后，因并不满意在吴江的工作，觉得工资不高，连车都养不起，就回到女方这边来开网店了。这一带是针织衫的生产加工地，横扇那边有很多网配店，附近还有许多大大小小的工厂可以完成针织衫各个步骤的制作，所以他们自己也联系工厂做批发销售，即联系生产地将一些加工好的衣服批发给网配店。她的老公在浙江羊毛衫加工厂里拿货，因为他看到这里（江村及周边）的织机没有他拿到的这种款式的，所以能够有市场。一方面这种款式的针织衫供应横扇的网配店，另一方面，由于自己也开办网店，所以也在网络上进行销售。网络销售与实体店销售不同，要通过图片来展示自己的商品，因此，他将这款衣服快递给广东的一个模特穿着拍照，同款每个颜色拍一张，这次一共拍了四张，每张200元，一共800元，通过网银将费用打过去。图片拍好以后，就可以上传到网店里供人们参照选择了。

  夫妻俩都认为这里的人基本不怎么喜欢去外面（工作），中国一个长三角一个珠三角，都是全国经济最发达的地区，在这里赚钱是最好的，又在家（生活），不用担心吃住，想去外面交通也方便。

  在家里做网店与在工厂里上班不同，工作时间是不固定的，通常要忙到半夜。她老公每天都要夜里12点多才能休息，因为多数人自由上网时间集中在晚上，所以这一段时间是最忙的。一般第二天中午才会起床，吃过午饭之后继续工作，到下午主要是夫妻俩一起做核查衣服以及打包的工作，快递一般在晚饭前（大概下午4点左右）会到，包裹都发出之后，他们再吃晚饭。[1]

  通过这样场景描述我们可以看到，在网络上实现的经营工作与现实社会中的区别：首先，在空间上，互联网使得经营者无需离开自家的椅子就可以与任何人进行互动，进行商品交易，与从未遇见或看到的人进行非直接接触。卖家在特定网站（例如淘宝网、拍拍网等）开办网店，

---

1 2013年11月6日田野笔记。

通过照片、图片、文字、视频等媒介来介绍商品,而不是传统的实物接触;相应地,买家也是通过这种虚拟的空间来选购所需的商品。买家在选择的过程中,可以通过卖家在网上标示的聊天软件与卖家进行沟通,进一步了解商品的具体情况。如果买家确定了购买意愿,即可在该网店生成订单,并通过网上银行、支付宝等付款,付款完成后,卖家就依照订单上的货物信息和买家的资料(姓名、电话、地址)将商品打包,交给快递员送货。人们足不出户,就已经实现这种经济交易的互动行为。

目前以一切沟通模式(从印刷到多媒体)之电子整合为核心的新沟通系统,其历史特殊性并非是诱发虚拟实境(virtual reality),反而是建构了"真实虚拟"(real virtuality)。[1]可见,人类通过媒介在从事互动沟通时,一切现实在感知上被虚拟化了,而"虚拟"在实际上则促成了真实的购买行为。

其次,网络时空中的互动和交流重新安排了现实社会中的时间经验。人们的作息时间不再遵循"日出而作,日落而息"的自然规律,而是要被网络空间中随时而来的信息所控制。就开网店而言,卖家几乎随时都要在电脑前接收和回复买家的咨询信息,只要身边有电脑和网络,任何人随时随地都可以进行网购,为了便于与客户沟通,网店卖家的电脑几乎是24小时开着的,他们一听到电脑发出的信息"嘀嘀"声,就会即刻予以回复,以免失去任何一份订单。虽然每时每刻人们都有可能在网上购物,但根据网店经营者的经验,一天之中网购的高峰时间一般是从下午开始到凌晨结束,除了回复买者的询问以外,再加上整理订单资料、将货物打包等工作,网店经营者通常工作到半夜两三点才能休息,第二天中午才起床吃饭,之后再继续在电脑前工作。因此,经营网店的人同那些在工作单位"朝九晚五"上班的人的作息规律是近乎相反的。

再者,有过网店购物经验的人都可以提体会到,在网络上浏览商品

---

1 [美]卡斯特:《网络社会的崛起》,夏铸九译,社会科学出版社2003年版,第462页。

与现实中最大的不同之处就在于，前者是通过平面的图片展示和文字描述来选择商品的，而不是后者的直接与商品进行近距离的接触。目前在这个区域经营网店生意的主要是服装行业（针织衫），服装与其他物品不同，是穿着于身上、有着一定实际功能的物品（比如装饰、御寒等），它的款式、颜色、材质等属性都是人们在购买时所考虑的方面。在服装店里挑选衣服，不仅可以直观地看到它的颜色、款式，可以触摸它的材质，还能够亲身试穿，人们可以真实地感受服装的方方面面，最后再决定是否购买。然而，在网络上购买服装，人们只能通过照片和文字来了解它，这种认识是较为平面的，而且是人为建构出来的。因此在网络环境中进行服装销售有其特有的技巧和规则，比如上述案例中所描述的通过模特来进行衣服的展示，在相机的拍摄和后期的照片修饰后，这样的照片颇具广告效应，能够增强顾客（特别是女性）购买的欲望。

这些服装的照片通常都有生产商统一提供，但个体的网店为了追求自身特色，以便能够在诸多网站中凸现出来，抓住顾客的眼光，也会通过其他方式来制造独树一帜的照片。例如，当地人常常讨论邻村的一户网店生意非常火的卖家的生意经，她家近年来每年都能够有40万～50万左右的年收入，其经营方式就是不用针织衫生产商所提供的统一的照片，而是自己当模特，穿上每一款要在网络上销售的衣服，用一定的相机设备和技术拍出更能突出服装风格唯美的照片，放在自家网店的页面上。笔者尝试在网络上登陆并对比了村落中的这几家网店，从视觉效果上看，的确能够感受到，即便是同一款针织衫，经过该家网店经营者的重新设计和加工之后，在网页上显示出较为独特的衣着风格，促使人们点击浏览并更能激发女性的购买欲望。

可见，网络空间的最独特之处就在于它使现实世界虚拟化了，这种虚拟化在经营和消费行为上表现为时空坐落的场景性和确定性的消失，取而代之便是人们通过各种技术手段在虚拟的网络中创造人们对真实的想象。

在网络社会，通过打乱事件的序列并促使事件同时发生，流动空间消解了时间概念，这样社会建立在结构无常的事物上：存在取消了流变。[1]互联网创造了商品无空间限制的销售，人们可以通过电脑、手机等多种媒介随时随地浏览商品，其购买行为也取决于对平面化信息描述的认同与否。因此，擅长网络信息的获取和表达技术的年轻一代成为新的权威，挑战传统的社会结构秩序。他们作为乡村新鲜事物引入者，正在善用互联网创造自己的收入"神话"。财富和产品的生理功能和生理经济系统（这是需求和生存的生理层次）被符号社会学系统（消费的本来层次）取代。[2]网络和新媒体带来日常生活表达的平面化和即时性，并超越既有的社会阶层和地理空间，实现生产与消费的跨时空连接。

---

1 [美]卡斯特：《网络社会：跨文化的视角》，周凯译，社会科学文献出版社2009年版，第42页。
2 [法]鲍德里亚：《消费社会》，刘成富、全志钢译，南京大学出版社2008年版，第61页。

第五章 仪式象征：习俗与信仰的延续

江村的仪式生活一直以来都并非是江村研究者所关注的重点,然而,在笔者田野考察期间,体验到当地人丰富而多样的仪式生活,这些仪式的诸多细节都在表达和隐喻了当地传统社会的观念体系。

人是传统的存在,人的行为是受人们已经获得的文化支配的,人如何饮食和生育,如何穿衣和居住,如何说话和看待世界,人所利用的所有文化形式,都以历史地创造为其基础。[1] 人们正是通过对过去的模仿和更新来实现这种"历史地创造",这种记忆的再现过程一方面是历史的,同时也是当下的。所有的仪式都是重复性的,而重复性必然意味着延续过去。[2] 因此,对江村仪式生活的考察使我们能够对当地的传统文化观念的继承有更为清楚的认识。

从社会记忆的角度看,许多习惯技能的记忆形式说明,对于过去的记忆来说,虽然从不用追溯其历史来源,但却以我们现在的举止重演着过去,在习惯记忆里,过去似乎积淀在身体中。[3] 从这个意义上看,人们生活中的诸多文化习俗实际上是通过对以往记忆的重现和实践来使其得以传承和延续。相对于文本记载而言,集体记忆更多沉淀于"体化

---

1 [德]兰德曼:《哲学人类学》,上海译文出版社1988年版,第228—229页。
2 [美]康纳顿:《社会如何记忆》,纳日碧力戈译,上海人民出版社2000年版,第50页。
3 同上书,第90页。

（incorporating）实践"[1]中，在人们的行为举止、习俗规则以及仪式操演中得以表达和呈现。

一、人生仪礼

在村落中，人生仪礼主要有：担汤、满月、周岁、担年夜饭、望痘客、成人礼、婚礼、葬礼。

1. 担汤

在婴儿出生前后，孕妇的娘家人和亲戚带着一些特殊的食物和礼物来看望产妇或产妇的活动。婴儿出生前，称为"担生汤"，即娘家人带着红枣、蹄髈、鸡蛋、鸭蛋、面、红糖、衣服（孕妇和小孩穿的衣服）等食物和礼物；"担熟汤"就是比上述多了一份云片糕。

2. 满月礼（周岁礼相同）

在婴儿满月之时，家里的人要商量一个好日子[2]为小孩办"满月酒"。上午进行"拜阿太"仪式。堂屋中间八仙桌上的贡品摆放好以后，先由孩子的父母相继拜阿太神，然后小孩由大人抱着拜，拜好以后，家中会选择一位重要的女性亲属，一边抱着孩子，手里拿着铁钳，到自家人长辈（如孩子爷爷的哥哥家）家里走一圈，并有几项仪式：将小孩在家中的八仙桌上放一放（意为长大后"上得了台面"）；在孩子的嘴唇上抹一点白糖（意为日后生活"甜甜蜜蜜"）；抱着小孩拜灶神，然后回到自己家中再次在阿太神前拜一拜。之后，烧银元宝、放鞭炮。孩子的父母与小孩再次分别拜阿太神，共拜三次。最后，孩子的父亲拿着上贡的活鱼，母亲抱着孩子，一起到家门口的河边将鱼放生。

---

1 [美]康纳顿：《社会如何记忆》，纳日碧力戈译，上海人民出版社2000年版，第91页。
2 并不一定是孩子满月的准确日子，如果是男孩，可以提前于真正满月之期办仪式；如果是女儿，则可以拖后于真正满月之期两天办仪式。

当天上午，家里的亲戚朋友陆续携礼物和红包到访。礼物主要以成箱的饼干、奶制品为主，主人为客人准备好甜茶和熏豆茶。最后，贡品桌上的糕将作为回礼分给这些到访的亲戚朋友及邻里。

中午时间一到，满月酒席便开始了，有的家庭请厨师在自家的院子里搭灶台做宴席，有的家庭则会选择直接在饭店或酒楼里开席。这样的喜事，菜品一定是非常丰盛的，如：蹄髈、甲鱼、河虾、羊肉、鸭肉、鸡肉、鱼肉、银鱼蛋羹、点心、螃蟹，等等；饮品有葡萄酒、白酒和饮料；这个地区办喜事送的香烟基本上是中华牌的。

▲ 陈家儿子满月礼（2013年11月，王莎莎摄）

3. 担年夜饭

从小孩一岁开始，他/她的姑妈就要连续三年轮流"担年夜饭"，一般在每年的11月份左右进行，"年夜饭"是姑妈要带过来的几种特殊的、有象征意义的食物，包括：一碗豇豆糯米饭，两个的包着肉馅的蛋饺，两块带皮猪肉及两个肉丸子，还有一条鲤鱼。当然，也要准备一个红包。到第三年担年夜饭的时候，送的东西要再多一些，比如蹄髈、一身新衣服和新鞋。

"年夜饭"从姑姑家拿过来以后，可以给孩子喂一些，糯米饭和肉丸子，要让小孩吃一点，沾沾喜气。这一天，小孩的家庭要请自家人和亲戚过来吃饭，来的人要带礼物，比如牛奶、饼干等，也要给小孩红包。

4. 望痘客

这是在小孩一岁多的时候，种牛痘（防止天花）之后的一种礼。这一天要做糕饼送过来，再由家里人将糕饼分送给周围的邻居和自家的亲戚，一家一般送两三个。收到糕饼的人家因此就得知这家有小孩种过痘了。这一天小孩的家庭要请自家人和一些亲戚来吃饭，宴席会包括蹄髈、羊肉、鱼等菜品，有时，会在村庄的饭店中举办。

笔者参与观察了糕饼的制作过程：

> 在一个大的塑料盆里，先放入了10斤绵白糖，然后加入了一瓶半黄酒，用手搅拌，加入1碗（1斤）荤油（预先烧热），然后加入芝麻粉和米粉混合的粉（芝麻和大米在此之前一天已经炒熟，并磨成粉末），大约十二三斤，再加入了半瓶黄酒，另1碗（1斤）黄油，继续用手不断地搅拌，再加入2斤花生末，两个人不停地在揉搓，尽量将盆里的混合物揉成细末，而不结块。最后再放入2袋白砂糖（每袋400克）。

原材料准备好了，就可以开始做糕饼了。在准备原材料的过程中，周围的邻居们（都是中老年女性）也陆续到了，开始帮忙准备，在圆形菜板上包上塑料薄膜，各自拿来做糕的模具，一位妇女准备好盛糕的平底篮筐。参与做糕的一共六个人。五个人将刚才调制好的混合物放入糕模具内，用手指和手掌不断地往里塞住和压满三个圆形的凹槽里，然后再将露在外面的多余部分，用筷子刮掉。然后往包好塑料薄膜的菜板上使劲儿一磕，三个成型的糕饼就掉出来。然后负责摆放糕饼的人，将一个个的糕饼整齐地摆入平底篮筐中。一共要摆两层，在最上面还要放上一片方形的红纸，再用几个糕饼压住。这样的食礼就准备好啦！然后用塑料膜盖上，最后还要用红色的布将整个篮子扣住。这样的糕饼是可以直接吃的，阿姨们在做的过程中会捏一点尝尝味道是否合适,并且在不断揉搓的过程中用手的感觉把握黏度。

做好糕饼了,几个人围坐八仙桌,吃起了熏豆茶,边吃边聊,其乐融融。[1]

5. 成人礼(十六岁)

江村一带一直有为青少年举办成人礼的传统习俗,只有举办过当地的成人仪式,才算是真正长大进入人生的另一个阶段。父母一般会在孩子十六岁的那一年选定一个好日子办事摆席。通常情况下,需要提前一年定日子,因为一年之中的好日子并不多,人们都要抢着办喜事。在江村,十六岁成人礼是非常隆重的,家人不仅要请专门的厨师来置办宴席,还要邀请自家人、亲戚、朋友等过来相聚一堂,因此提前定好日子并确认邀约是十分必要的。

置办任何人生仪礼前期家人都要做充分的准备工作。例如,成人礼当天"拜阿太"时要用的贡品,接待来宾的甜茶、熏豆茶、水果、瓜子等饮食。

成人礼的仪式过程持续一整天。早上,厨师和"相帮"[2]在房屋外面的空地上搭起炉灶和简易厨房,开始为中午和晚上的宴席做准备。家人将八仙桌摆在堂屋的中央,上面摆放好神位,并摆放几样家里人提供的贡品,如蹄膀、整鸡、整鱼、三果(橘子、香蕉、香梨)、三素(木耳、粉丝、脱水黄花菜)、零食小盘、长寿面、甘蔗、芝麻树、银元宝、蜡烛、香,等等。主要的贡品要等娘舅家置办并带过来。同时,也要备足待客的茶、零食等待客,特别是要提前计算好来客的回礼,并予以准备。一般而言,给客人的回礼是将几种拜阿太时的贡品分发给大家,并添加几样具有喜庆意味的食物,给男性的回礼要有一包烟。

---

1 笔者2013年11月28日田野笔记。

2 家中办喜事需要人手,周围的邻居会过来相互帮忙,当地人称"相帮"。

家里人的各项准备就绪以后，就等着娘舅家带着"大礼"过来了。一般娘舅会在上午9—10点之间抵达，太晚会耽误拜阿太的时间。娘舅是孩子成人礼上地位最高的人，因此，远远地看到娘舅过来了，家里就要马上开始鸣炮迎接。娘舅会带来既定的几种大礼：用木盆装的糕（白、青相间）、一筐方糕、一盆粽子，一个大蛋糕、一对带脚的猪腿、一袋大米、一箱牛奶糖、鞭炮礼炮若干、一套蚕丝被，这些礼物都具有特殊的象征内涵。此外，娘舅也要给礼金最多的红包。

娘舅家的大礼一到，均摆放在放有神像和贡品的八仙桌周围，糕和粽子要摆在离神像最近的位置，一袋大米放在八仙桌的前面作为"跪垫"。贡品桌上的各种食物、酒杯、蜡烛、银元宝等物品都摆放好以后，家人就开始祭拜了。孩子的父亲先烧香、叩拜，把敬神的老酒（黄酒）倒上，因为要倒两次，所以第一次只倒半杯。然后是孩子跪拜。这时候外面鞭炮响起，孩子将系在八仙桌下的活鱼（一般用鲤鱼或鳜鱼，因为这两种鱼的名称意涵较好）拿起来，走到河边放生。妇女们同时在门外焚烧银元宝。

客人们带着礼物和红包陆续抵达，厨师和相帮们紧锣密鼓地准备着中午的宴席。主人为每一位来访的客人都准备了甜茶，先喝过之后，再奉上熏豆茶。男人们聚在一起闲谈、抽烟，女性则围坐在一起聊天、喝茶、吃零食。特别的是，由于今天是为小孩举办成人礼，因此孩子也会邀请自己"圈子"的好朋友来参加，他们也要以所谓"成人的"方式招待客人，同时，朋友们也会像"成年人"一样带来礼物和红包，宴席时孩子们单独一桌。一位给儿子办成人礼的父亲说：

> 今天都要听他儿子的，满足他的愿望，他收的红包由自己管理，也就说他以后可以有自己的私房钱，今天的花费我来买单。总之，今天是儿子的大日子。除了要给儿子红包，金项链，还要送他一身新衣服。[1]

---

[1] 2013年11月30日田野笔记。

表 5-1 江村周家成人礼宴席明细

宴席	菜品	酒水
午宴	热菜：蹄髈、酱鸭、鳝鱼、鳜鱼、鲍鱼、草虾（河）、大青蟹炒年糕、栗子烧鸡、松子肉圆、咸肉白菜、红烧羊肉、茶树菇肉丝、绿笋肚片、西芹百合、麻果肉丝、茼蒿、炸鸡柳、青菜小圆子 冷菜：牛肉干、开心果、黄瓜拌海蜇、哈密瓜配圣女果 主食：米饭	白酒、红酒、黄酒、饮料
晚宴（主宴）	热菜：澳洲龙虾、蹄髈、酱鸭、甲鱼、大虾（海）、鸭舌、炸鸡柳、松仁肉末、茭白雪菜炒肉丝、爆鱼、咸肉芋头 冷菜：金针菇拌菠菜、腰果、龙眼 主食：生日蛋糕、米饭	白酒、红酒、黄酒、饮料

听当地人讲，传统是十六岁的成人礼上，是将孩子在满月礼时佩戴上去的银饰（手镯、脚镯）取下来，但是现在大多数的小孩很早就取下来了。如今生活水平提高了，父母会为自己的孩子购买金饰作为礼物，如上述的金项链。

上午十一点左右，相帮们在屋内屋外架起了一个一个圆桌，铺好桌布，摆好凳子，就开始上菜了。自家人、亲戚、朋友也陆续入席，在这一天，最重要的一桌是孩子们的。

中午的宴席过后，大家就先各自活动。男人们可能去打麻将，或是回去忙自己的事情；妇女多数都先回家了；孩子们常常会一起去KTV唱歌（近几年流行）。等到晚饭的时间大家会再次过来，而中午因有事而没有参加宴席的人，晚上他们一定会赶过来，所以，重要的宴席一般会设在晚上，这样客人才能够基本到齐。现在孩子过生日比较流行吃奶油蛋糕，因此晚宴过后，"小寿星"的那一桌会切蛋糕分给大家吃。最后，会鸣炮、放烟火，代表十六岁礼成。

依照现在江村的经济水平，这样的喜事，一般的客人至少要准备200元以上的红包，礼物则以成箱的奶制品、饼干、点心等为主，而地位比较高的客人，如娘舅、姑姑，准备的礼金和礼物都要更为丰厚一些，根据不同家庭的具体经济状况有所差别，但据笔者了解，最低也要在

600元以上，多数情况在1000～5000元之间，经济条件好的礼金数额也会上万。成人礼被寿星邀请过来的小朋友（通常都是同学）也要给红包，但更多是象征性的，因为此时大家都还是学生，一般包100元的红包。

最后，客人们拿着回礼陆续回家了。就回礼而言，娘舅会拿最丰厚的回礼，他送过来的糕，要回过来一半，剩下的一半分送给每位来客。主人会将回礼放在红色的纸袋中，一般里面会包括上午拜阿太时贡神的各种糕、粽子，还会有巧克力、蛋糕等食物。如果是给男性的回礼，还会包括一盒烟。

6. 婚礼

婚礼可以说是乡村中最隆重的人生礼仪，很多时候，人们努力工作赚钱的成果都会在婚礼上展现出来。盖房子、装修、买车……许多物质生活的更新和展示都是为了将婚礼能够办得体面、光彩。随着时代的变迁和经济的发展，婚礼的仪式既沿袭着当地的传统风俗，同时也顺应新兴的潮流，呈现出许多"中西结合"的方面。

（1）敬神与祭祖

在举办正式婚礼的前两天，新娘的母亲会到庙里烧香，如果她曾经在庙里为自己的孩子算过姻缘，并且成了，她还会给庙里送丰厚的礼品，比如蹄髈、鸡、鱼等，以表谢意，并希望庙里的神能够继续保佑新婚夫妇。回到家里，也要请自家的祖先回来"喝喜酒"，也就是"请上祖"仪式。将八仙桌摆在堂屋的中央，正对着大门，把为祖先烧好的菜摆在桌子上，要有蹄髈、整鸡、整鱼、青菜等，还要放一份代表喜事的糕。然后在东、北、西三个方向上摆好酒杯和筷子，正对着大门的南面不摆，只摆三个面，然后倒上黄酒，点上一根蜡烛，就是请祖先回来喝酒、吃菜，过一段时间，再盛上一碗米饭放着，就是说祖先喝好酒了，要吃饭。最后，再烧些银纸。待祖先吃好了，再把桌子收起来。

（2）婚礼场景布置

由于多媒体的兴起和发展，现在当地人办婚礼一般都会请专门的人过来拍录像，以作永久的留念，还可以在婚礼结束后邀请亲朋好友过来观看，这是近年来"新兴的传统"。因为录像会记录婚礼仪式的核心过程，因此拍录像的师傅作为"导演"，前期要分别在新郎新娘两家中布置场景，中期在婚礼拍摄当天拍摄，而婚礼结束后再剪辑成一个多小时的录像。通常情况下，婚礼结束后，最快三天就可以看到精心制作的"婚礼录像"了。

在村落中，婚礼场景的布置以当地传统的习俗为主，但是也明显融入了许多西式的风格。比如，在堂屋中，要搭设一个背景墙以体现结婚的主题，并且起到一定的空间隔离的作用，背景墙的后面相当于"后场"，是准备区域，而前面则是"前台"，是举办仪式的场所。在背景墙的正面，通常会用较为温馨、喜庆的颜色布置，通常会用浅粉色、浅紫色等，中间会写上主题"Wedding"（婚礼）。在屋顶的布置上，以堂屋中间的灯为核心，要向四周拉出四条彩带，并且在中心的灯下悬挂一个花球，花球上坠两个桃心的挂饰，代表新人心心相印。此外，在房间四周的墙壁上，也会粘贴一些气球、花等装饰，增添房间里喜庆的气氛。最后，在房间外面的院子里，还会挂上一排排的彩旗。村室如果谁家院子里挂有这样的彩旗，就象征着这家有人结婚了。拍录像的人说，这些装饰的主要目的就是要突出结婚的喜庆气氛。

（3）"隔夜六桌"

在正式举办婚礼的前一天晚上，两位新人分别在自己家里请自家人、亲戚和近邻来吃饭，原来一般是摆六桌席，所以叫"隔夜六桌"。这一天，最重要的客人是娘舅，他会带着最丰厚的贺礼前来祝贺。即使是认的干亲，比如说干娘舅，与亲娘舅的地位也是一样的，都要请过来。例如：

> 周家的女儿明天举办婚礼，今天晚上要请周家祖上的这一支的自家人过来吃饭，他老婆的娘家人主要娘舅一家会过来，娘家的其他亲戚不会来参加婚礼，因为在她出嫁那时，就跟家里的其他亲戚吃过"锅肉饭"了，"嫁出去的女儿，泼出去的水"，这意味着她与这些亲戚就没有礼仪上的责任和义务往来的关系了。由于房东阿姨

小的时候认了干妈，因此她的女儿也就有了干娘舅，所以干娘舅一家人也会过来。[1]

娘舅的大礼是有讲究的，最重要的是糕，用篮筐盛放，一般会有上百个，并且要用红布包裹起来，上面还要放上一株万年青，需要两个人一起来抬，抬到堂屋里以后要放在堂屋正面专门放喜糕的台子上。此外，还要有牛奶、点心等营养品。新郎/新娘的姑姑也要专门送糕饼过来。娘舅开着车过来的时候，家里一定要鸣炮迎接，还要有几个人出来帮忙抬礼品。娘舅刚一进屋，茶旦[2]就要马上递上一杯甜茶，然后娘舅会坐在堂屋的特定位置上，即已经用红布铺好并且在上面摆放12种零食（糖果、花生、瓜子、红枣等）的长桌的主位上，坐北朝南。待娘舅坐好以后，家中的其他成年男子，这些人几乎都是与他同辈的，分别排坐在他的两边（即长桌的东西朝向的位置），娘舅对面朝着大门，一般不坐人。大家喝完甜茶以后，茶旦再为每个人沏一杯清茶，他们围坐着长桌喝茶、抽烟、聊天、吃桌上的零食，这样的仪式被称为"坐堂茶话会"。

表5–2　江村周家婚礼宴席明细

宴席	菜品	酒水
"隔夜六桌"	热菜：蹄髈、酱鸭、红烧羊肉、草虾（河）、红烧鳗鱼、多宝鱼、栗子烧鸡、松子肉圆、咸肉芋头、西兰花木耳炒肉丸、虾仁玉米、清炒韭黄、咸菜炒猪肚、炒年糕、炒杏鲍菇、油炸小馒头 冷菜：牛肉干、黄瓜拌海蜇、黄花青菜、金桔龙眼 主食：米饭	白酒、红酒、饮料
婚礼午宴	热菜：蹄髈、酱鸭、大青蟹炒年糕、爆鱼、河虾、红烧鳗鱼、鳕鱼、八宝糯米猪肚、河蚌鸡蛋羹、腊肉芋头、炸鸡柳、西芹百合、山药炒木耳、茭白雪菜炒肉丝、清炒茼蒿、清炒茶树菇、炒肚丝、排骨玉米汤 冷菜：金针菇拌黄瓜、开心果、时令水果 主食：米饭	白酒、红酒、饮料

1　笔者2014年3月8日田野记录。

2　茶旦：专门请的负责端茶倒水的人。

这时候，厨师加紧了烧菜的节奏，相帮们也开始上菜了。客人们陆续入席，娘舅一家一定要坐在堂屋最中间的主桌上，大家先开始吃一点菜，然后娘舅举杯起酒干杯，宴席进入高潮阶段。宴席上喝酒的人今天一定要过来敬娘舅，而新娘/新郎的父亲则是要到每桌上去敬一次酒，娘舅是等着别人来敬他，可见其尊贵地位。

宴席结束以后，男人们在堂屋里喝茶、抽烟、聊天，妇女人们有的先回家了，有在帮忙收拾屋子。由于宴席的菜肴丰富，因此都会剩下很多，村中人们的节俭意识很强，这些肉、菜绝不会像在饭店里一样就此倒掉，而是根据不同的菜品分开收集，比如每一桌剩下的蹄髈都集中到一个大盆里，鱼、虾等也分别集中归存。来的亲戚都会根据自己的需要拿走一些剩肉剩菜，因为都是比较好的食物，这家拿点虾，那家拿点鸭子，就分掉一大部分了，剩下的主人也储存起来，留着自家吃。在他们眼中，这些食物都是自己家里出钱买的，厨师在家里烧的，味道也很可口，来吃饭的也都是自家的人或者是周围的熟人，因而并不会认为这是不卫生的，反而觉得如果扔掉就太可惜了。

（4）新娘/新郎上头、拜利士

在婚礼当天，上午的仪式是在男方、女方家分别同时进行，即"上头"和"拜利士"。以新娘家为例，早上，新娘在房间里梳头、化妆，穿上中式的旗袍。堂屋里，在正中央摆放的八仙桌上摆放昨天娘舅拿过来的糕，以红布包裹，上面放置一株万年青。此外，还有龙凤喜烛，新娘上头时要用的胸花、金饰、糖果等。在八仙桌的南边，摆放着一个朝南的椅子，并将喜布铺在上面，在椅子面前的地上置一筐糕，以红布覆盖，上面放有折叠整齐的蚊帐，蚊帐两边各放置一块方糕，上头的时候新娘坐在椅子上，脚要踩着这两块方糕。蚊帐上面要有一株万年青。椅子的正后方摆放一个贴有喜字的暖脚炉。

上头仪式是新娘/新郎的娘舅夫妇来完成的，录像的人跟娘舅夫妇大体讲述了一下"上头仪式"的流程，其实他们也大概知道，因为在村里哪家结婚了，亲朋好友都会常常去人家看录像，过程差不多。娘舅夫妇相互给对方在胸前别上胸花，院子里的学生鼓号队开始奏乐，炮声鸣起。他们共同将八仙桌上的一对龙凤喜烛点上，放回原位，然后新娘穿着红色的旗袍端庄地坐在堂屋中间的椅子上，两脚踩在上述的两块方糕上，意为步步高升，日子越过越好。这时，舅妈将新娘的胸花用双手拿起来，在一边的喜烛的火苗上方转三圈，然后将胸花举在新娘的头顶上，娘舅这时候和舅妈共同举着胸花，在新娘的头顶上向上抬三下，之后，舅妈就把胸花戴在新娘的胸前了。还要在新郎/新娘的头顶抚摸三下。然后，舅妈给新娘/新郎的嘴里喂一块糖，然后

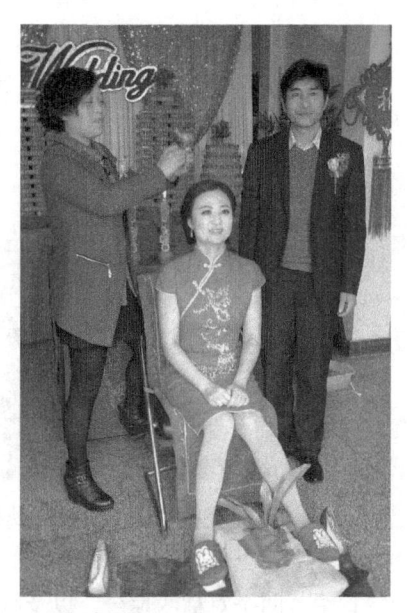

▲ 新娘"上头"（2013年，王莎莎摄）

与娘舅一起相互喂一块糖。接下来，娘舅和舅妈一起给新娘穿上新鞋子。舅妈再给新娘嘴里喂一块糕，并与娘舅一起相互喂一块糕。最后，娘舅给新娘送上红包。最后，新娘的父母为新娘带上金饰，一般是金项链、金手镯等。这样，"上头"仪式就结束了。

接下来是"拜利士仪式"。家里人重新布置堂屋，将上述上头仪式的物品撤掉，只留有八仙桌，在八仙桌上重新摆设仪式物品。神像坐北朝南，放置在八仙桌的最北面，然后摆上各式各样的贡品，所有的贡品上面都会盖一个小的、正方形的红纸，以区别于一般的食物。包括：香梨、香蕉、橘子；粉丝、干黄花菜、干木耳；一整只半熟的鸡，嘴上要叼着几根葱，尾巴上要留有几根羽毛；半熟的蹄髈，旁边要立着一把菜刀，据说是神仙可以用来切肉吃，因为祭祀的蹄髈是整个端上来的；一碗米，上面盖着上述的红纸，红纸上要立着一个红色的鸡蛋；神像前整齐得摆放着一排酒杯，旁边放着一瓶黄酒，仪式过程中人们要多次给酒杯里倒上黄酒；八仙桌的最东边和最西边用来各放四个零食小盘，分别盛有红枣、花生、开心果、糖果等八种零食。桌子的最南边对应神像放

▲ 婚礼"拜利士"（2013年，王莎莎摄）

置香炉、两个对称的烛台，以及纸折的银元宝，还有用红绳绑着的一条活鲤鱼挂在桌子下面，最后放生。在桌子的南边摆靠着几株芝麻树和甘蔗，俗语"芝麻开花节节高"，因此要在芝麻树上点缀几朵小花；从甘蔗的形态上看是一节一节往上长的；所以两者都意味着生活能够"节节高"，这是人们给食物赋予的文化意义。

"一家之主"新郎/新娘的父亲将蜡烛点上，上香，拜三拜，然后给神仙们倒酒，之后是新娘/新郎拜，要再次给神仙倒一次酒，再下来是新郎/新娘父母一起拜，最后是祖父、祖母拜。然后父母一起把银纸烧掉，新娘/新郎把鲤鱼拿下来，到河边将鱼放生。

午宴开始。以上的这些仪式活动都是新郎/新娘各自在自己家里办的，午宴结束后，两边的接亲活动才开始。

（5）讨来讨去（"两头婚"）

在第四章中，笔者已经论述的婚姻模式的变迁，随着"两头婚"的婚姻形式的出现，村落中的婚礼习俗也相应地发生改变。以前，人们是要"讨新娘"或是"讨新郎"到自己家里，而如今的"两头婚"，新郎既要去讨新娘，新娘也要来讨新郎，以体现双方地位的平等，所以当地人也称之为"讨来讨去"。

——讨新郎 新娘梳妆打扮好以后,穿着西式婚纱,踩着红毯,从自己家里出发了。她走在最前面,后面紧随的是伴娘和锣鼓队,还有陪伴的亲朋好友,他们带着两株花竹,在鞭炮声、锣鼓敲打声中,在亲朋好友们的祝福中,新娘走向迎亲的车队,坐上第一辆接亲的车,带领接亲车队,出发去"讨新郎"。到了新郎家以后,先要和自己的姐妹们在堂屋中间"坐堂",即喝甜茶、聊天、吃零食,新娘坐在靠北朝南的主位上,她的姐妹们分坐在桌子的东西两边。带过来的两株花竹,一株要留在新郎家里,一株等会儿再拿回去。这时候,新郎和他的好朋友们躲在二层的卧室里,等待新娘来"敲门"。与以往的习俗一样,门里面的人一定会想办法让不让门外的人轻易地进来,多要红包、把门顶住,或者给新娘提一些"要求"等都是惯用的方式。但由于是"新娘来讨新郎",所以一般不会过于为难女方,很容易就让她们进来了。新娘讨到新郎以后,在敲锣打鼓声和鞭炮声中,新郎和新娘一起坐上婚车,开往新娘家里。

新娘将新郎讨回家里,家门口放起了炮仗,院子里用三捆稻草架起了一个火堆,两位新人要围绕着火堆走三圈。家门口的地面上平放着一架梯子,梯子上有一块蚊帐,新郎要踩着梯子和蚊帐一步一步地走进家门。然后,两个成年未婚的男子会每人捧着一只点着的龙凤花烛,引着新郎和新娘一起上楼,走进新娘的卧室。这时,新娘的一位亲戚已经在卧室的洗手间里准备好了红色的毛巾,新郎进卧室以后的第一件事是要到洗手间里用亲戚递上来的红毛巾擦脸,然后还要给这位亲戚一个红包。之后,新娘和新郎一同在铺着红色喜被的床边小坐片刻。

接下来,新郎新娘一起下楼,同样要在堂屋里"坐堂",新郎新娘坐在靠北朝南的主位上,跟随新郎过来的新郎的好朋友们此时要坐在东西两面的位子上。茶旦向新郎新娘奉上甜茶,新郎要给茶旦红包。在朋友们的催促下,新郎和新娘这时要互喂糖果,以示甜蜜。然后新郎在新娘家参加午宴,新娘家的亲戚和朋友都会过来。新娘、新郎及新娘的父母一起向每一桌的来宾敬酒,并将新郎介绍给他们,这些来宾第一次见新郎一定要给他递上红包。红包的多少依亲属关系的远近和家庭经济状况的差异而有所不同。新郎就一边敬酒认识新娘家这边的人,一边收红包。同时,新娘家也有专门的人给每一桌的人发喜糖,新娘的母亲要给来宾中的每个小孩红包。

——讨新娘　新郎讨新娘与上述的新娘讨新郎的仪式过程基本一致,不同的是,新郎敲开新娘闺房的门要更难一些,进来以后还会跪下来向新娘求婚。

(6)西式仪式与晚宴

随着社会的开放与多元化发展,现在的年轻人更加偏爱"西式"的婚礼仪式,他们认为西式婚礼更加浪漫、唯美,因此,在当地传统的婚礼仪式之后,往往还会增添一段西式的婚礼仪式。这种仪式通常情况下是在举办婚宴的酒店中设计,因为那里有专门的舞台及相应设备,有的家庭也会在自家的厂房中搭建这样的舞台,但是花费会比较高。此外,还要请专门的婚庆团队来负责仪式过程的筹办。新娘在仪式中穿着婚纱,新郎则穿着西服,并手捧鲜花。从仪式过程上来看,基本都会有如下程序,只是在花费上和规格上有所区分。新郎从新娘的父母的手中牵起新娘的手,走到舞台中间,在司仪的主持下,相互交换戒指、双方父母上台发言、共同切婚礼蛋糕等。如前所述,婚礼体现了一个家庭经济水平,因此从规模、花费、精致程度上都可以看出家庭的地位和实力,这些方面往往是从西式婚礼的设计可以看出。例如,举办仪式的酒店的档次,场景的布置(用鲜花还是用假花),新郎新娘的服装、首饰,仪式后表演节目的水平和质量,晚宴菜品的丰富程度,等等。

(7)新人敬茶

晚宴之后,客人们都散去了,但是婚礼的仪式还在继续。不过接下来的就是自家门里的事情了。首先,在新娘家里,新郎要亲自为新娘的祖父母、父母敬茶,长辈优先,新郎从新娘的手中接过茶杯,双手递给长辈,然后接过长辈的红包。新郎敬茶之后,新娘再依次给每一位长辈喂一块糖,并接过长辈的红包。最后,新娘和新郎再相互喂糖。然后大家坐在一起拍全家福。

接下来,新娘和新郎再赶到新郎家里,举行同样的仪式。最后,新娘留在新郎家里洞房。

（8）祭灶神

婚礼最后的仪式是祭灶神，双方各家人在厨房中为灶神准备三种水果，摆好，点上蜡烛和香，并焚烧一些纸银元宝。

7. 葬礼

（1）超度亡灵

人过世以后，家中的小辈要为逝者擦身，并为其更换寿衣。将其安放在旧的门板上，以草席和稻草为垫，并在尸体上面覆盖几层红色的花被，摆放在堂屋的正中间，祭祀桌的后面。逝者头朝东，脚朝向西，脚边点燃一盏油灯。同时，自家人会带着白布，到各个亲戚家报丧。同时，超度亡灵的道士或和尚被也被邀请过来，他们将神坛摆置好，并与逝者的家属商讨丧事的各项事宜，包括需要购置的祭品和仪式过程。待太阳下山时，他们便要开始唱经超度了。超度的时候，唱经人会将逝者的神位写明。

通常情况下，家中的妇女们的悲伤更为外显，她们会对着逝者的遗体痛苦地哭泣，呼喊着对方的称谓，并诉说着。人们称之为哭丧。而男人们的情绪相对女性是更为内敛的，不会持续地哭丧，而是要忙碌操办

▲ 超度亡灵（2014年，王莎莎摄）

丧事的大小事宜。随着夜幕降临，亲属、邻居们都相继赶来吊唁。

神坛前的祭品一定会有：粽子、祭糕、馄饨以及猪头。这些祭品是要由逝者的女婿送过来的。此外，唱经的团队超度一夜算是一场，这每一场都是由不同的亲属出钱请的。唱得场次越多，说明逝者的后辈越孝顺。一般而言，多数家庭会停尸三天，也就是要连唱三个晚上。根据笔者的亲历观察，唱经是从日落开始，一直唱到第二天早上日出结束。每唱完一节，休息一段时间，再继续唱下一节。这段时间逝者的自家人、亲属以及邻居要轮流守夜。唱经人告诉笔者："这是拿人钱财，替人消灾。帮助亡灵消除生前的罪孽。"笔者曾在一场超度仪式中看到过一本经书，即《高上玉皇宥罪宝忏》。

在出殡的前一天晚上，唱经人会组织逝者的家人"绑尸入棺"，就是要将逝者的身体连同覆盖的被子，以红布包裹，并用白色的绸布绑扎起来，一定要很牢固。据唱经人说，人过世后到了阴间，阴间的管理者要用称将人称重，会用称勾勾起裹好的身体，如果在入殓前没有绑紧，在称重的时候就会散开，对尸体造成伤害，因此一定要系上死扣。之后，将绑好的尸体放入红色的尸棺当中。绑尸和入棺的过程中，通常是长子捧头，次子（女）捧足，要尽量保持平稳。

入殓后，自家人和亲属会围着棺材哭丧，焚烧黄纸和黄纸元宝。然后会在棺材之上以一块长度和大小合宜的白布覆盖。唱经人此时会穿着隆重而华丽的道服唱经。期间，他们还会引导与逝者关系最近的两位亲属围绕棺材与神坛走三圈，第一位亲属手捧一支点燃的蜡烛，后一位亲属手捧一炷香。唱经的领队人走在最前面，接下来是这两位亲属，然后是另几位唱经人。他们每一圈走到神坛前，道士和亲属都要向神坛和逝者鞠躬。接下来的几段唱经再换上普通的道服。直至第二天日出。

（2）出殡

清晨，出殡仪式开始了，自家人和近亲身穿白色孝衣，如果是家中的最老的一代过世，并且是四世同堂的家庭，曾孙辈要在左臂绑红色的孝布。首先，人们将用来垫放尸棺的门板、稻草和草席一同撤掉，扔到门外，意为逝者就此离开了这个家庭。同时，要将尸棺转向，头朝北，脚朝南摆放。这是由于出殡的时候是要头先出门，这与人出生来到世上的情形是一致的（头先出世）。此时，在尸棺上覆盖家中小辈所用的被子，妇女们再次围上来对着逝者痛哭不已。唱经人吹打起出殡的节奏和乐曲，与逝者关系最近的女性亲属（如女儿）要执行"叩门仪式"，将刚才扔出去的木门在房屋的门口立起来，然后叩门人拿着瓦片、糕等朝门上使劲砸过去，意味着敲开阴间的大门。此仪式类似于北方的"砸盆仪式"。叩门之后，逝者的亲属依照与其的关系远近依

▲ 出殡（2014年，王莎莎摄）

次在祭台前对其跪拜，跪在一束稻草之上，人们在这些亲属的头顶举起那块曾覆盖尸棺并后来挂在祭台前的白布，意为逝者要福泽后辈。

自家成员和亲属都跪拜完之后，一人点起一束稻草，在前面阴魂，另一人洒黄纸钱。接下来是曾孙辈的两个孩子手持挂在祭品台前的两盏红灯笼引路，随之尸棺被抬出，其他家人和亲属依照与逝者的关系远近在后面跟随。走到路口，有殡仪车在路口等候，尸棺被抬上车以后还要鸣炮。据唱经人说，去火葬场的人数是要专门算好的，单数去，双数回，并不是所有的亲属都会过去。

（3）下葬

笔者在村落中看到过两种下葬仪式，一种是传统的地上葬，费孝通在《江村经济》中对此也有相应的描述。地上葬一般是在自家的土地上，选一块地方，用水泥和瓦片砌起一座南北朝向的小房子。骨灰下葬前，还不能够修屋顶，在唱经人的吹打节奏中，逝者的家人手捧骨灰，将其安放进去，随之泥石匠立即将房屋封顶。然后，亲属们依照一定的顺序，对着房屋的南面进行叩拜。然后在上面摆放一些祭品，焚烧纸钱，并摆

▲ 地上葬（2014年，王莎莎摄）

放元宝等象征性的物品。

另一种就是现代的殡仪馆，即将逝者的骨灰存放在那里，江村附近的殡仪馆名为"安息堂"。人们将骨灰放入特定的"隔间"之前，要在安息堂的正中间举办如同地上葬时下葬前的仪式。将骨灰放在堂正中间的台子上，花圈摆在其后面，然后亲属依次跪拜，办好登记手续之后，就将骨灰移入某一"隔间"之中，再在里面放一些象征性的花、元宝等物品，锁好，仪式就完成了。

下葬之后，家人和亲属们再回到逝者家中，准备吃"豆腐宴"[1]。回来首先要在家门口将逝者的衣服烧掉，然后在房屋的东北角用专门的桌子安放逝者的牌位，并要将此前曾孙辈拿着的一对灯笼挂在桌子的两边，用白布包裹住桌子的四个角。牌位台上点着一根蜡烛，还有用来祭祀的香、银纸、酒杯（扣放）、筷子等物品。牌位桌的旁边是一个铁盆，要为逝者烧黄纸钱。之后，豆腐宴就开席了。

（4）做七

葬礼结束后，依照逝者去世的日期，之后每逢一个七天就要举

---

[1] 当地人称丧事的宴席为豆腐宴，因为在此宴席中一定要有以豆腐制成的菜品。

行"做七"仪式。第一个七天叫"头七",第二个叫"二七",然后是"三七"……直至七七四十九天之后称"断七"。这些日子在逝者的家中都要请道士或和尚来做法事,为亡灵超度。一般而言,主要做三次,即"头七"、"三七"和"五七"。"头七"是送死者加入早先过世的亲人队伍中,即安排死者成为祖先。"三三七"是为死者见天上神仙而举行的仪式。"五七"是让死者安顿在阴间。

二、周期性节日及习俗

一年之中,伴随着农历节气的变化,人们设定了一系列各具特点的仪式来纪念周期性的节日。这些特定的日子每年都会到来,因此,仪式每一年都是重复性的,而这种重复性恰恰意味着对过去的表达和延续。

表5-3 江村周期性节日及相应习俗一览表

节庆	日期（农历）	仪式	食物
祭灶	腊月二十三	送灶神、烧银元宝、拿下灶神像	黄南瓜糕、三种供果（一般是香蕉、橘子、梨）
除夕	腊月三十	请上祖、年夜饭、烧头香	蹄髈、酱肉、鸡、鸭、鱼、虾、素菜、酒等
大年初一	新年正月初一	请灶神	
路头节（财神诞辰）	正月初五	供财神、放爆竹（老板较为重视）	糕、三荤（整鸡、猪肉、整鱼）、三素（黄花菜、木耳、粉丝）、三果（香蕉、橘子、梨）
元宵节	正月十五	祭灶、吃圆子	圆子
二月二	二月初二		撑腰糕
清明节	公历四月五日	祭祖、上坟	粽子、水果
立夏	四月初一		麦芽塌饼、咸鸭蛋
端午节	五月初五	各家各户门上插艾叶、祭灶神	粽子、黄酒
夏至	公历六月二十二		
六月六	六月初六		馄饨

续表

节庆	日期（农历）	仪式	食物
七月半		祭祖先、烧银纸	馄饨、糕等
七月三十	七月三十	地藏王生日、傍晚插地焚烧	
中秋节	八月十五	祭灶神、聚餐	月饼、水菱、芋艿
重阳节	九月初九		重阳糕
十月朝	十月初一		用新糯米粉做的肉团子、菜团子
冬至	公历十二月二十一	祭上祖、吃年夜饭	萝卜糕、青糕、宴席

饮食是人生一宗大事，在江村的饮食文化中，很多食物被赋予了象征意义。以下是江村具有象征意义的食物：

（1）甜茶

除了葬礼以外，在以上介绍的人生仪礼中，客人到访，进门首先喝甜茶，甜茶用红色的杯子盛放，代表喜庆之意。甜茶是用糯米锅糍加白糖用开水冲泡而成。以前当地人用糯米在自家土灶的锅上制作糯米锅糍，现在人们自己已经不做了，在商店中就可以买到现成的。

（2）熏豆茶

在上述人生仪礼之时，人们待客所用的熏豆茶也同往常不太一样，他们会将更多种的食物放入茶水，通过增添茶饮中食物的丰富性来表达

▲ 熏豆茶

人生重要时刻的意义。除了日常的白茶、熏青豆、萝卜干、芝麻以外，还会加入笋干、豆腐干、桂花、花生等。

(3)糕("与"高"同音)

糕在当地村落的礼俗生活中有着非常重要的地位，无论是敬神、祝寿，还是人生阶段性的仪礼，糕都是最为隆重的食物。一方面，传统江南地区盛产稻米和糯米，这两种谷类作物一直以来都是该地区人们的主食，在此基础上，人们创造出形态各异、讲法不同的此类食物。例如，祝寿的寿糕、庆祝新生儿的团糕、新婚前到娘舅家讨帽子用的糕饼，等等。另一方面，在当地人看来，"糕"与"高"同音，以糕作为贡品或礼物，有"往高处走"、"升高"的意味。

▲ 喜事用的糕

(3)蹄髈("提一提")

蹄髈是当地人在礼俗活动中最为重要的一种食物。首先，在他们看来，这个部分的肉是猪身上最为宝贵且口感最好的部分。蹄髈是"活肉"，是猪身体上活动较多的部分的肉，肥瘦均匀，吃起来肉质滑嫩。其次，在传统的农业时期，猪是当地生长周期较长的家畜，人们只有在过年、婚礼等特殊时期才会舍得以猪肉为节日添彩，这是所谓的"大菜"、"硬菜"。此外，在他们看来，蹄髈的"蹄"与"提"字同音，有"提一提"、"往上提"的象征意味。因此，无论是在当地人的人生仪礼中，还是在各类的节庆活动中，蹄髈一定要有，而且是最为重要的一道菜

▲ 宴请用的蹄髈

品。即使现在宴席上有更为"高档"的海鲜加入，但蹄髈地位和重要性是无法被替代的。

蹄髈的烹饪需要很长的时间，为了讲求形、色、味俱全，且凸显它的象征意义，蹄髈是整只进行制作的，不能进行切割，做好以后要整只摆放在宴席的最中间。

（5）粽子（"高中状元"）

众所周知，端午节吃粽子是中国人的传统，这种饮食习俗来源于中国的江南地区。实际上，在江南地区的饮食习俗中，粽子在人们的礼俗生活中有着特殊的意涵，并不仅限于端午节的节庆食物。儿童初次上学、青少年成人礼上，娘舅要送粽子过来，意为在学习上能够"高中状元"。此外，粽子还是一种重要的祭祀食物。清明祭祀祖先、葬礼上也都要准备粽子。

（6）馄饨

每年的农历六月初六、七月半鬼节人们要吃馄饨。在葬礼上，馄饨也是具备象征意义的祭祀食物。

三、请上祖仪式

在村落中，人们对自家的祖先十分敬重，一年当中，总要在一些特定的日子记得请祖先回来，请他们吃一顿饭，告知家中的事宜，分享喜悦，祈求保佑，并最后再烧一些银纸，供奉祖先在阴间的生活。这样的仪式过程在当地称为"请上祖"。这些特定的时间是：冬至、除夕、清明、七月半，此外家中有人结婚或者盖新房，也要请祖先回来道贺。而其他的时间，人们是不欢迎他们回来的。

请上祖，首先要在堂屋中间的八仙桌上为祖先准备一桌丰盛的菜肴，并在桌子的北面、东面和西面各摆一条传统的长凳，供祖先们就座、喝酒、吃饭，南面则不坐人。在桌面的南端，点上一根蜡烛，这是指引祖先的灯火。祭祖的菜肴如同宴席，一定要有蹄髈、整鱼、鸡蛋、素菜，除夕的祭祖要有糕，清明祭祖要有粽子和豆腐。对应着凳子的方位，要整齐、紧凑地摆着数个酒杯，每个酒杯旁边都要摆放好一双筷子。菜上齐以后，要给每个酒杯中倒上黄酒，中间还要添一次酒。时间过半，要盛一碗米饭放在桌上，依习惯是先喝酒，再吃饭。这同人们现实生活中的饮食习惯是一致的。

"请上祖"的时间大概有一个多小时，在这个过程中，全家人要一个一个地跪拜，一般是两次，刚开始的时候跪拜一次，快结束的时候再跪拜一次，在跪拜的过程中，嘴里轻声地向祖先简要告知一年来家中的

▲ 清明"请上祖"（2014年，王莎莎摄）

大事，慰藉他们的在天之灵，保佑子孙后代的健康平安。在请上祖的几个小时里，人们不能太过靠近祖先的饭桌旁，他们不希望打扰祖先回来喝酒吃饭。当笔者第一次在村落中看到这样的仪式时，被允许可以拍照记录，但因离桌子太近不小心碰到了长凳，当地人就提醒我，"不能碰到祖先们吃饭时坐的凳子，这样会打扰到他们"。最后，人们估计时间差不多了，一顿饭吃好了，还要再给祖先们烧些银纸和黄铜纸，"让他们拿些钱回去花"。

在当地人看来，他们对祖先的记忆融在血脉、宗族、姓氏之中，每个家庭在经历重要活动之时都要通过"请上祖"的仪式活动告知祖先，现实生活中人们的荣辱也往往与记忆中的祖先共历。

四、民间信仰

所有宗教在根本上是实用主义的，在所有教义中都存在这样一条实用的真理：它不仅告诉我们图腾、灵魂、圣徒和神明的存在，同时也说明如何通过祈祷、献祭、圣礼和道德联系来沟通神明，宗教和巫术都是一套信仰体系、实践体系和行为规范体系，这成为所有文化价值的核心。[1] 作为一般宗教、甚至最先进宗教的基础的所有重要观念和主要礼仪姿态，包括：圣物与俗物的区别；灵魂、神灵、神话人物、民族神乃至族际神的观念；消极礼仪及其夸张形式——苦行方法，祭献礼仪和圣餐式，模仿礼仪，纪念礼仪和赎罪礼仪，所有最基本的东西都不缺少。[2]

江村宗教意义上的活动体现在当地人的民间信仰活动中，有家内祭祀活动和家外庙宇活动两方面。

---

[1] [英]马林诺夫斯基：《自由与文明》，张帆译，世界图书出版公司北京公司2009年版，第139页。

[2] [法]E.杜尔干：《宗教生活的初级形式》，林宗锦、彭守义译，中央民族大学出版社1999年版，第462页。

（一）家内的祭祀活动——祭灶神

在当地民间的传统中，饮食是人生的重要事宜之一，因此存在专门监督和管理人间饮食活动的神仙，即"灶神"。在传统的房屋中，灶房和灶台是极为重要的功能区域和神圣空间，人们在修建灶台的时候，一定会专门设有放置神像的神龛，灶神是家家户户都要供奉的神，并对此十分敬重。费孝通在《江村经济》中也专门有对灶神的来历及其功能的论述："灶神是上天在这户人家的监察者，是由玉皇大帝派来的。他的职责是视察这一家人的日常生活并在每年年底向上天作出报告。"[1]

在传统的老式灶台上，人们在神龛上放置灶神的神像，并且每天清晨起来的第一件事就是为他上香，当人们烹制一些节庆食物的时候，做好的第一份要先供奉给灶神来品尝，此外，人们每年也会专门为灶神举办仪式性的活动，例如送灶神、请灶神等。另一方面，祭灶仪式也必不可少地出现在重要的人生仪礼当中，例如婚礼。笔者在村落中经常会参与人们烹制礼俗性的食品，并从中体会到人们对灶神的敬意：

> 今天周叔叔的姐姐家要做用来"祝寿"的糕，一共108个。做这种大量的祝寿的糕需要几个妇女一起合作完成。其制作过程是：用糯米粉按一定的比例与水混合，做成米团，然后在里面包上白萝卜丝、肉丁等做成的馅料，并在一端捏出一个尖头（寿桃团子的标志），然后再用特定的树叶在米团的圆面上压出纹路，每个糕放在蒸屉里的时候要用粽叶垫底，然后用土灶上的大锅蒸15分钟左右，白萝卜糕就熟了，然后整齐地摆放在平底的匾上放凉，期间要不停地用扇子扇风，这样可以使糕看上去更为光亮美观，最后再在每个糕上点上红点，就完成了；青糕是要在制作米团的时候加入提前腌制好的南瓜叶泥，这样就可以将白色的米团染成青色，用赤豆沙作馅，就制成青糕了。我看到，蒸好的第一锅糕拿出三个来供给灶神

---

[1] 费孝通：《江村经济：中国农民的生活》，商务印书馆2001年版，第96页。

公公先品尝。[1]

当地人认为灶神作为玉皇大帝派来掌管人间饮食事务的神仙，并不是永远都在这里行使职责，每年在特定的时间里，他都要回到"天庭"，向玉帝汇报当年的情况。每年农历腊月二十三，是各家各户送灶神上天的日子，这一天妇女们要专门准备黄南瓜糕来供奉灶神。"这是灶神非常喜欢吃的点心。大家都相信，灶王爷吃了糯米团之后，他的嘴就粘在一起了。当玉皇大帝要他作年度报告时——这是口头的报告，他只能点头而说不出话来，因此，他要说坏话也不可能了。"[2] 这一天每家每户的老人和妇女们都在做这种糕，黄南瓜糕的制作并不复杂，主要是要用到米和南瓜，一个人就可以完成：

> 房东奶奶今天要准备祭灶的黄南瓜糕，她准备了两斤半干米、两斤糯米，到村里有磨粉机器的人家将米打成粉。回来以后，将混合的米粉放在塑料盆里，没有加水，而是直接将已经蒸熟的黄南瓜倒入米粉当中，用手将两者揉捏在一起。由于黄南瓜是刚刚蒸好的，所以非常烫，她一边吹着热气，手忍着烫还在不停地揉捏着。当南瓜与泥与米粉充分混合后，会形成颜色非常鲜艳的黄橙色的米团。这时，再加入一些绵白糖，使得吃起来会带有甜味的口感。之后，将这一个大块的米团揉捏成一个一个小圆团，其大小如同妇女的拳头一般，她整齐并有间距地将做好的糕摆放在蒸屉上，锅里的水烧开以后，再将蒸屉放在锅上，大概十五分钟左右就可以出锅了。最后，再用水和食用色素调出一点红色的水，用筷子头蘸一点，在每个糕的上面点上一个红点，就全部完成了。习惯性的，奶奶将做好的第一份南瓜糕先供奉给灶神公公，然后人们才可以享用。[3]

---

[1] 笔者 2013 年 12 月 7 日田野记录。

[2] 费孝通：《江村经济：中国农民的生活》，商务印书馆 2001 年版，第 98 页。

[3] 笔者 2014 年 1 月 23 日田野记录，这一天是农历的腊月二十三。

准备好祭灶用的糕，晚饭过后，正式的祭灶仪式就可以开始了，人们用香蕉、梨、小橘子（一般是每样三个），分别放在盘子里，然后再准备一盘当天做好的南瓜糕，点上蜡烛，上香，拜三拜，然后烧一些提前已经折好的银元宝。待香烧尽后，就可以把灶君的神像拿下来收起来，这就代表已经送灶神上天了。笔者在村落中看到，随着经济水平的提高和房屋空间设计的变化，现在很多家庭已经用新式的一体橱柜代替了传统的老灶，而

▲ 祭灶神（农历腊月二十三，王莎莎摄）

且也没有在新式的橱柜上设计专门立灶神的位置，但是笔者看到在有关灶神的特殊日期和重要仪式上，人们还是会遵循"老规矩"，依然通过保持祭灶仪式以示对灶神的敬意：

> 在上班的妇女有时会没有时间来专门准备祭灶的南瓜糕和银纸，家里的老年妇女就会为她们多做一点，拿过来给她们用。这一天晚饭过后，房东阿姨的母亲就送过来几个南瓜糕，还有银纸，说等一下祭灶可以用。晚一点，她就在橱柜的空处摆放起祭灶的物品，几种水果和南瓜糕，点上蜡烛和香，焚烧银纸。如今，年轻一点的妇女虽然记得要在这一天晚上送灶神上天，仪式不能少，但相比老一辈的人，其过程会更为随意一些，不那么庄重了，就是把贡品摆好，点蜡烛烧香、烧银元宝，完成之后就把贡品收起来了，并没有祭拜。而再年轻一代人，比如八零后，他们对此事已经完全没有概念和意识了。[1]

---

[1] 笔者2014年1月23日田野记录，这一天是农历的腊月二十三。

既然将灶神送走了，那么在特定的日子，还要再将他请回来。大年初一，是人们请灶神从天上回来的日子。晚上送灶神，迎请灶神下凡则要在早上进行，这是家中妇女起床后的第一件事，她们要准备几样贡品、点蜡烛、烧香，然后将灶君公公的神像重新摆在灶台的上方。如上所述，即使在新式的一体柜厨房中，虽然没有专门设立供奉灶神的位置，但人们也会遵循这样的传统仪式，依然要请回灶神。此外，每年的正月十五元宵节、端午粽子节、中秋月饼节，以及立冬等这些传统的重要节庆人们都要供奉灶神。而另一方面，在人的出生、满月、十六岁（成人礼）以及婚礼等人生仪礼中，也有专门祭灶过程。例如，笔者记录了村中一户人家为孩子办满月拜阿太的仪式，其中包含了对灶神的供奉：

> 早上八点半来到陈家，他的儿子满月，要举行拜阿太仪式……在堂屋中，孩子的姑妈抱着他拜完阿太神以后，还要一手抱着他，一手拿着火钳子到对面的人家（即小孩外婆的哥哥家）里走一圈，首先是将小孩平放在屋里的八仙桌上，意为他日后长大了可以"上得了台面"，然后用手沾一点白糖抹在孩子的嘴上，意为此生生活能够甜甜蜜蜜。最后，要在灶房的土灶上拜灶神公公，保佑一生的饮食丰盛、满足。然后，回到自家的堂屋中，再次拜阿太神……[1]

通过以上的田野描述可以看到，在人们的观念中，饮食活动不仅是满足人类基本生理需求的普遍方式，而且人们生活的水平的好坏高低也往往直接体现在家庭的餐桌之上。因此，人们对专门掌管食物之事的神仙灶神特别尊重，丝毫不会怠慢。

（二）村庙中的祭神仪式

1. 村庙的重建

在江村的空间范围内，在东南西北四个方位上一共建立了五个庙，

---

[1] 笔者2013年11月16日田野记录。

分别是东庙、两个南庙、西庙及北庙。其中，西庙和北庙是费孝通在《江村经济》中有所描述的两个庙宇，其他的几个庙是改革开放后兴建起来的。

北庙（东永宁庵）是江村中最大的庙。其中，供奉的神（从东向西）：施来菩萨、南堂观音、千手观音、送子观音、曹大人、曹夫人、刘皇、娘舅、关公、观音、三观菩萨，东西两边自北向南排列着十八罗汉。这个庙的主神是曹大人及其夫人，因此排在最中间的两个位置上。一进庙门，还有两尊菩萨，一个是朝南的笑弥勒佛，一个是朝北的韦驮菩萨，他们俩背对着背矗立着。"进门弥勒，出门韦驮"，也就是说，进庙门先拜弥勒菩萨，出门最后拜韦驮菩萨。在主庙外的北边，还有一个小庙，是供奉土地神的，凡是来北庙烧香的人也会绕到后面去给土地公烧香。从主庙出来，东南边有一间房屋，据当地人说，这是曹大人的住所。房间里有一张床（头朝北，脚朝南），床上整齐地铺盖着五层红色的被子，床的东边是洗漱台。房间的窗户用红色的纱帘遮盖。紧挨着曹大人的房间，还有一个专门用来供奉香烛的半开间。而西边的房屋则是用来做斋饭的厨房。再往南边的空地上，摆放着一个很大的铁质的香炉，用来焚香。

负责管理北庙的"佛姑娘"，向笔者讲述了主神曹大人的来历：

> 曹大人是这个庙里最重要的神，所以他和夫人在最中间的位置。曹大人是从山里来的，河南的大户人家，西庙里的神是他的弟弟。曹大人实际上姓徐（跟神婆奶奶是一个姓），有五个姐妹，他曾遭奸人陷害，被他关在山沟里，雨水特别多，所以他的眼睛不好。当时救他的人姓曹。

一般而言，每个村庙都会有长期且固定的管理者，主要是由女性来担任，当地人称之为"佛姑娘"。能够成为"佛姑娘"，一定要有一段与神仙相关的不寻常的经历，并通晓看香、算命之术。例如，北庙的"佛姑娘"说：

> 二十多年前，我的右胳膊突然开始疼痛不已，抬都抬不起来了，看也看不好，面孔也变红了，持续了三年的时间，她知道这是曹大人找上我了。曹大人的神像在破四旧的时期，右胳膊曾经被人砍掉了，所以我才会胳膊疼了那么久。

又如，南庙"佛姑娘"的来历：

> 我四十多岁的时候，头发一直掉，一根都没有了，自己会跟自己说话，听到刘皇菩萨对我说，你要是答应做佛姑娘了，你头发就根根出来，不答应，头发就都要脱光，连汗毛都要脱掉。

西庙（西永宁庵）与北庙一样，在新中国成立以前就有了，这两个庙在费孝通初访江村时就存在。西庙在江村的西边，靠近西庄荡，从庙门外看是一个不太起眼的小庙，但实际上里面供奉神仙非常多，在数量上仅次于北庙，包括：送子观音、白衣观音、关公、吕纯阳、韦驮、刘皇、总管、曹大人、曹夫人。

东庙（口子灵佛庙）是五个老年人一起凑钱，2008年在村东建起的观音庙。建庙之前，她们五个人在村里，特别是村东，挨家挨户讨钱凑资的，这家出10元，那家出20元，不足的部分她们五个人多出了一些。庙建成以后，人们来烧香，捐一些香钱，就这样运作起来了。庙名是村里的小学老师周荣根帮忙写上去的。这个庙主要供奉的是观音，其他还有关公、财神和金童玉女。据庙里的人说，这里的观音不是普通的观音，而是踩着莲花的南海观音。庙里没有可以给人看香的"佛姑娘"，是由策划建庙的五个老年人共同管理。由于这五个人的住所都离庙比较远，所以在庙的附近有一家人作为主要负责人帮忙管理。根据笔者的观察，东庙与南庙（刘皇庙）的关系比较近，东边的观音过生日，南庙的"佛姑娘"会携丰厚的礼品和礼金来烧香。

南庙位于村南西庄荡的河边，虽然不大，供奉的神仙也不多，只有三座，即刘皇、娘舅和观音，但却是村落中香火最旺的一座庙宇。这主要在于庙里的"佛姑娘"是远近闻名的神婆。笔者在村落中常常听说有关她给人看香如何灵验的故事。此外，南边还有另一个南庙（福善庵），规模较小。

2. 烧香活动

一般而言，村里的人到庙里以烧香敬神活动为主，参与的人主要是村里的中老年妇女，她们一方面受传统思想影响较深，比较信奉地方神，另一方面她们已经不工作了，闲暇的时间较多，庙里的烧香仪式作为一种公共活动也成为她们聚会的场所。男人们偶尔也会去烧香，一般是在重要日子的烧香活动，比如神仙生日、大年初一烧头香等。

村里的五个庙宇有着各自的掌管范围，主要依据地理方位而划定，例如居住在村北的人主要以北庙为"本庙"，优先参与北庙的活动，再考虑去其他的庙；居住在村东的人以东庙为本庙，以此类推。通常情况下，人们往往至少会去两个庙烧香，先去本庙烧香，然后再去其他的庙。例如，住在村西的人，习惯于先去西庙，然后再去一下北庙；住在村北的人，习惯于先去北庙，然后再去东庙；这是从地理位置上考虑的。还有一种情况，在本庙烧香后，再去自己觉得比较灵的庙，近年来很多人在拜完本庙后会选择去南庙烧香。

表5–4 村庙活动一览表

活动	时间（农历）	仪式
日常活动	初一、十五	烧香、拜佛
周期活动	腊月二十	送老爷们上天（封印）
	大年初一凌晨	烧头香
	正月二十	请老爷们下凡（开印）
	七月初九	南庙老爷生日
	八月初八	曹大人生日
	九月二十	观音生日
看香活动	避开上述日期	算命、看姻缘等

日常每月初一和十五的烧香活动比较简单，人们到庙里烧香要带香烛、银纸和香。首先，在庙门口的香烛间里，点上自己带来的一对蜡烛，并插在那里，然后用烛火把香点着，双手捧香到庙里，在每一座神像的面前叩拜，完成之后，把香插在庙门外的香炉或者专门焚香的区域中。然而，在重要的周期性庙宇活动中，烧香仪式过程庄重而复杂，主要包括：捐香款、烧香、拜佛、折银元宝、吃斋饭、转庙、烧香塔、回礼，等等。

在一年的周期中，人们最看重的一次烧香活动是除夕午夜去庙里"烧头香"，也就是大年初一的第一炷香。通常情况下，人们会先去自己家的本庙，然后再去其他的庙，有些人一晚上会去连着去好几个庙。笔者参与观察了村民大年初一烧头香的热闹场景：

> 临近午夜，村里的几个庙灯火通明，一些赶着来烧头香的人提前已经在庙里等着了。庙里有招待他们的茶水和零食。庙里的人越来越多，庙里的管理者一声"烧香了！"，人们冲过去簇拥点燃香烛，并手捧三炷高香虔诚地在神像面前叩拜。
>
> 在庙里的烧香活动中，参与的人多数都是中年和老年妇女，然而，烧头香这一天，很多人是全家一起来的，村里的一些老板、个体户等都来烧香了，他们会在庙里买很贵重的香，并捐赠一定数量的香火钱，以期自家生意兴隆。一些家长也带上了自己的小孩过来，并让孩子也在神像前跪拜，保佑他们平安成长或是升学顺利。
>
> 这一晚庙的管理者们要在庙里为神仙守夜，直至初一中午，因为这段时间持续会有香客来烧香，一般而言，烧香的高峰时间是在除夕午夜和大年初一上午。
>
> 在庙港，香火最旺的地方应该是这里历史悠久的大庙"老太庙"，虽然今年的老太庙正在扩建修缮，但令笔者感到震撼的是，这样并没有阻挡人们烧头香的习俗，午夜，在一片凌乱的建筑工地

上，人们依然点烛烧香，呈现出烛光火海的景象。[1]

除了上述的烧香活动外，这几个庙在每年的特定时期都要为供奉的神仙举办庆生仪式。在以上对村中几个庙的基本情况的介绍中可以看到，庙中所供奉的神仙是十分多元的，既有较为广知的如观音、关公等神仙，也有地方神如刘皇、曹大人等。这些神会在一年周期中的不同的时间"过生日"。例如北庙，每年要举办的神仙生日有：农历二月十九，娘娘生日；三月十七，总管、刘皇和关公一起生日；八月初八，曹大人生日（北庙主神，最隆重）；九月十八，观音生日。

▲ 东庙观音生日供奉（2013年，王莎莎摄）

神仙过生日这一天，贡品是非常丰盛的，有团糕（青、白、黄三种颜色的）、粽子；香蕉、苹果、梨；蹄髈、整鸡、活鱼；黄酒、烟；木耳、粉丝等，就是之前讨论过的贡品的固定结构（糕、三种水果、三种荤肉、三种素菜、黄酒），但这一天最重要贡品是"长寿面"。面条、糕、蹄髈、整鸡等此类"主角"贡品，多数都是来烧香的人拿来的，这些人往往是家中有一些事宜有求于神仙，或者是事成之后表达感谢之情。

这一天庙的管理者要请专门的唱经团队到庙里来唱经，从早上开始，唱到中午结束。一般是五个人，可以是男性，也可以是女性。二胡、笛子、唢呐、木鱼等是必需的几种乐器。这些唱经的人在当地被称为

---

[1] 笔者的田野记录。

"道士"，在比较重要的唱经仪式中，他们会穿戴道士的服装。唱经人是依照"经文"的内容和当地的语音来唱的，他们依照经书，一页一页地唱过，基本上，一次仪式活动能够唱完一本或多本经书，例如，观音生日他们会唱《慈悲观音莲花宝卷》。此外唱经团队的领头人还负责写"福帖"。

人们来烧香要带一炷香、一对蜡烛、两份面条[1]、银纸。此外，还要向庙里捐一点香钱，庙门口专门有相帮负责在一张大红纸上记录捐款人的姓名和捐款数额，写好以后会帖在庙里的墙面上。参与烧香活动的大多数都是中老年妇女，因此一般香钱的金额在十元、二十元的左右。当然，也有五十元、一百元，甚至更高的。这主要依据人们的身份背景和烧香目的而有所差异。

烧香人带着这些物品过来，先到庙里把带来两份面条放在神像前的贡品台上，然后点香烛、烧香、拜神，有需要的人还会在一沓银纸上写上保佑对象，如徐某某一家，或者某某公司、工厂，放在贡品台上。这些来参加烧香活动的人，在等待斋饭[2]的过程中，会一起将一沓一沓银纸打开，折成无数个银元宝，最后统一焚烧。烧香过后，庙里的人会将一份面条、几个供奉的糕等食物放在小塑料袋里，作为回礼，送给每一位香客，这些食物被人们认为是"有福气的"、"好的"。

因为这些庙都离家较近，所以家里有事的人就暂时先回去了，没事的人（多数是老太太）聚集在庙里折银纸、喝茶、聊天。中午到吃斋饭的时候，大家都会再过来。吃完斋饭后，再隔一段时间，就要进行几项隆重的仪式。

第一项仪式是烧香塔。香塔是用无数小柱的香捆扎在一起制作而成的，在香塔的顶端是用彩纸糊成的宝塔，最顶端有一面旗子，用来写明供奉宝塔的人名。一般而言，这些香塔都是烧香的人买过来的。在焚

---

[1] 其中，有一份面条会作为回礼再次还回来，但是这同一份面条的意义就不同了，还回来的被赋予了"福气"，对人有益。

[2] 当地庙里的斋饭一般是：米饭、白菜及油豆腐。

▲ 东庙烧香塔（2013年，王莎莎摄）

烧香塔之前，参与仪式的人每人双手捧一炷香，以香塔为中心围成一圈站着，唱经的人也在其中，人们跟随唱经人唱的节奏，不停地向香塔鞠躬。庙的负责人会在这时点燃香塔，直至香塔即将燃尽，相应的经文也唱完了，人们把手中的那炷香都扔入香火之中。

　　第二项仪式是绕庙、烧银纸。庙的负责人准备好绕庙时要端着的贡品，主要有：福帖、银元宝、花生、瓜子、糖果、一对红烛、香等。此时，烧香的人每人手中捧着一炷香，在庙门外排成一列整齐地站着，庙里的相帮一个一个地给他们发糖果。仪式开始，唱经人身着盛装，开始敲敲打打奏起经乐，庙的负责人端着盛满贡品的盘子，依照一定的顺序在每一尊神面前鞠躬叩拜，在她的带领下，唱经人紧随其后，也要向神弯腰鞠躬。庙里的每一尊神都叩拜过后，他们走出来，到队伍的最前面，领着已经排好队的烧香人围着庙，走三圈。最后在庙门口专门焚烧的铁桶中，将银纸、香焚烧，贡品盘中的福帖、银纸、香和蜡烛都要烧掉，人们随即哄抢盘中的食物，如前所述，这些食物被认为是有福的，要尽力沾到福气。即使在哄抢的过程中撒到递上，人们都会去捡得干干净净。然后再回到庙里，抢喝供奉的一杯杯黄酒。仪式结束。有的庙在仪式结束后还会有聚餐活动。

3. 开印与封印

神仙作为沟通人世与天上的媒介，并不总是在庙里倾听人们的诉说和愿望，也要在一定的时期"上天"（返回天上）。神仙们在"天上"的时间为期一个月。每年的腊月二十日，人们都回到庙里烧香，并邀请专门的场景团队来送"老爷"[1]上天，俗称"封印"。封印之后，庙会暂时关闭，同时，"佛姑娘"也会停止为人们看香、算命的活动，因为老爷们都上天了，就不可能上她的身推算香客的旦夕祸福。相反地，一个月之后，也就是正月二十日，庙里会相应举办隆重的仪式再将"老爷"们接下凡间，掌管人间事宜。此后，这一年的庙会活动开始正常进行，"佛姑娘"也可以开始为人们看香算命了。

相对于"封印"而言，神仙"开印"是一个非同寻常的日子，这是神仙下凡的第一天，因此，当人们有求于神的时候，往往尽量选在这一天到庙里烧香并举办相应的仪式。笔者在田野期间参与观察了南庙（刘皇庙）的"开印"活动：

> 早上五点钟，庙门就开了，因为村里多数人七点钟要去厂里上班，她们要赶在上班以前过来烧香。烧香的过程同日常无异，烧香过后，香客们要吃一碗庙里的相帮准备的汤圆子，因为今天正好也是正月十五元宵节，要吃圆子。今天的唱经人是从横扇那边请过来的。庙里的神像前已经摆满了贡品，成箱的小蛋糕、糖、青糕、白糕、方糕，还有整鸡、蹄髈等。此外，在最靠近神像的地方，中间摆放了三座香塔，每个香塔上面都有写着名字的小红旗，用来说明香塔的供奉者，这几个香塔都是人们提前与佛姑娘约定好今日来供奉的，人们认为，在开印这一天供奉香塔会更加灵验地保佑他们。
>
> 在这个日子来烧香的人多少要给一些香钱，很多人在这一天会多给一些，因为是"大日子"。相应地，今天的回礼也比较丰厚，一份回礼包括：方糕、青糕、白糕各一个，两块小蛋糕，一袋方便

---

[1] 当地人习惯将庙里的神仙称为"老爷"。

面，以及糖果若干。

特别的是，今天恰好有一家人要将自己的女儿（5岁左右的样子）过继给"刘皇老爷"。在这个地区，有将小孩过继给他人或神仙的习俗，特别是家中的小孩身体不好或者命途不济，以此来保佑自家的孩子。实际上，今天摆在贡品台上许多食物就是这家人提前送过来的。佛姑娘依照刘皇的指示，接受了这个过继而来的小孩，并为她取名"刘永红"，写在一个红包上，因为她从此要跟着刘皇的姓。

最后的开印仪式快到了，有一些男性也赶过来参加，据说，他们都是跟这个庙多少有些关系的，例如其中一个人告诉我"佛姑娘"是他的舅妈，后经了解，实际上他与"佛姑娘"并非是真正在血缘上的亲戚关系，而是认的干亲。也有的是曾经亲历过灵验事件的人。这些人对这个庙非常虔诚，庙里的重要活动都会过来参加，开印的大日子当然会过来烧香，为自己的事业和家人祈福。

佛姑娘准备好了供奉的托盘，其中包括大米、长生果、小蛋糕、糖、糕、水果，以及福帖、银纸等物品，端着托盘，跪在神像前，随着唱经的节奏开始叩拜。香客们各自手捧一炷香，整齐地排站在她的后面，跟随她的动作。然后，人们将供奉的那三炷香塔拿到庙门口的院子里，点起香塔，围着香塔随着唱经不断鞠躬。待香塔燃尽，焚烧银纸，佛姑娘将托盘中的福帖和银纸撒入一同烧尽，这时候人们哄抢托盘中的食物。之后，他们开席摆桌吃饭。[1]

开印之后，这一年的日常或庆典性的烧香活动就可以开始如期进行了，同时，佛姑娘也可以"开张"给他人看香算命了。根据当地人的讲述，村里只有北庙和南庙的"佛姑娘"通晓看香算命方法，近年来，南庙香火非常旺盛，主要原因就在于人们认为南庙的"佛姑娘"算得更准、更灵验，不仅村里很多人都过来找她算，邻村和其他地方的人也都闻名而来。

---

1 笔者2014年2月14日田野记录。

第六章 江村记忆的空间表达

费孝通是中国知识分子的典范，同时也是世界上知名的人类学家、社会学家，他不仅在国内外学术界取得了举世瞩目的成就，同时，他的人生经历和治学思想也倍受世人关注。

最早对费孝通进行专门研究的是美国历史学者大卫·阿古什（R.David Arkush），他曾对费孝通的人生历程、学术史以及社会政治活动等方面进行了历史学的研究。在阿古什看来，费孝通是一位很感人的知识分子，为了改善他所同情的中国农民的贫穷和苦难生活，他提出了令人信服的改革农村经济的建议；同时，阿古什也对费孝通等知识分子在新中国曾一度受到不公正的待遇而深表同情，他认为如果中国有更多的人能够像费孝通那样顺利地进行社会调查，发表批判性和独特见解的文章，将会是社会财富。[1] 阿古什的材料收集和调查研究工作是在美国图书馆、香港和台湾等地进行的，由于当时的政治环境所限，他并没能够进入中国内地进行调查研究。

阿古什所著的《费孝通传》的全名是《费孝通和在革命的中国的社会学》，他所考察的历史过程可以说正是费孝通的"第一次学术生命"历程。1980年费孝通访美，阿古什特意带着自己的书稿赶赴芝加哥与费孝通相见，希望他能够亲自解答研究中的一系列问题。然而，令阿古什

---

[1] [美]阿古什:《费孝通传》，董天民译，河南人民出版社2006年版，"致中国读者"部分。

感到失望的是，费孝通回应"我将以一个历史学者来对待你和尊重你，不把你看成一个新闻记者"[1]。虽然费孝通并未对阿古什的研究给予直接的帮助，但他通过多次阅读传记的稿本，对阿古什的历史学素养以及认真为学的态度给予了肯定。

费孝通晚年，陆续有一些对费孝通学术思想的著述性、叙述性的研究出现。如北京大学为纪念费孝通学术活动60周年编辑的《社区研究与社会发展》[2]与《田野工作与文化自觉》[3]文集，张冠生的《费孝通传》[4]等。然而，真正开启对费孝通的研究是在他逝世之后。费孝通的思想作为重要的学术遗产，正在成为学界同仁进一步吸收、讨论和研究的对象。杨清媚以费孝通为个案，进行了人类学史的研究。她认为，理解费孝通的"心史"，也是理解这一代知识人所奠定的中国社会科学的思考逻辑和特征。[5]这一时期的研究还有邱泽奇的《费孝通与江村》[6]、徐平等的《费孝通评传》[7]以及方李莉编著的《费孝通晚年思想录——文化的传统与创造》[8]等。

在费孝通百年诞辰之际，中国学界也从不同学科、不同领域、不同视角对他的学术思想以及他为中国社会科学做出的贡献展开了广泛而深入的探讨。如《费孝通与乡土社会研究》[9]、《文化主体性与历史的主人：

---

1 费孝通：《我看人看我》，《读书》1983年第3期。
2 邱泽奇、王铭铭编：《社区研究与社会发展》（上、中、下），天津人民出版社1996年版。
3 潘乃谷、王铭铭编：《田野工作与文化自觉》（上、下），群言出版社1998年版。
4 张冠生：《费孝通传》，群言出版社2000年版。
5 杨清媚：《最后的绅士：以费孝通为个案的人类学史研究》，世界图书出版公司北京公司2009年版，第1页。
6 邱泽奇：《费孝通与江村》，北京大学出版社2004年版。
7 徐平等：《费孝通评传》，民族出版社2009年版。
8 方李莉编著：《费孝通晚年思想录——文化的传统与创造》，岳麓书社2009年版。
9 赵旭东主编：《费孝通与乡土社会研究》，社会科学文献出版社2010年版。

费孝通学术思想研究》[1]、《费孝通与中国社会学》[2]、《从马林诺夫斯基到费孝通：另类的功能主义》等。

与西方社会科学家注重"整体的秩序"研究相异，古代中国向来有书写"人物志"的传统，通过对"人生史"的关注进而把握"生命的意义"，并揭示具有典范意义的"人物"意涵。[3] 在今天，对"人物"意义的彰显有了更多的方式，纪念馆的建立正是一种重要的方式。无论在中国现代学术界还是政界，费孝通无疑都是一位举足轻重的人物。而在费孝通的学术生命中有着特殊地位的"江村"，也在以自身独特的方式来纪念费孝通与这里的学缘与乡情，即当地人通过建立费孝通、费达生纪念馆来凸显两位人物给予的村落历史的特殊性，并以历史文化博物馆来呈现村落本身的历史样态。

当本土人意识到自己文化的存在的时候，对他者的文化建构就不再是单向度的，而是一个研究者与本土人相互建构的过程。[4] 费孝通的"文化自觉"概念在人类学的语境中意味着本土文化的觉醒，文化从研究者高高在上的单向度的审视，转变为本土人对自身文化的知觉和建构，在这个意义上，文化成为研究者与本土人之间双向交融与互构的结果。

西方人类学曾一度对田野工作中的"他者"进行反思，保罗·拉比诺（Paul Rabinow）是这一进程中的代表人物，他在《摩洛哥田野作业的反思》中认为，"田野工作，是一个交流的阈限模式的主体间建构的过程，互为主体"[5]，也就是说，世界上并没有实质的他者，他反对将研究者与研究对象看作是主体与客体的关系，实际上两者是平等的实践主体。约翰尼斯·费边（Johannes Fabian）也将批判的视角引入人类学者的

---

[1] 李友梅主编：《文化主体性与历史的主人：费孝通学术思想研究》，上海人民出版社2010年版。

[2] 李培林主编：《费孝通与中国社会学》，社会科学文献出版社2011年版。

[3] 王铭铭：《人生史与人类学》，生活·读书·新知三联书店2010年版，第5—16页。

[4] 赵旭东：《文化的表达——人类学的视野》，中国人民大学出版社2009年版，第56页。

[5] [美]拉比诺：《摩洛哥田野作业的反思》，高丙中、康敏译，商务印书馆2008年版，第147页。

文化书写，在他看来，书写介于获取知识以及表达知识之间，民族志的撰述起初就是一种实践，是"我们的实践"与"他们的实践"之间的相遇。[1] 在这个意义上，民族志工作者所面对的并非是没有感知、没有意识的客体对象，而是有着行动力的实践者。在这个意义上，以民族志的方式书写今天的江村使我们看到，江村人以他们的方式在实践着对费孝通以及诸多社会科学工作者的回应和纪念。

一、费孝通、费达生纪念馆的建造

2008至2009年，基于苏州市和吴江市人大代表和政协委员的提议，在开弦弓村建设"江村文化园"的提案通过了政府的审议。[2] "乡镇工业的发源地"、"国内外研究中国农村首选样本"、"费孝通"、"费达生"等都成为开弦弓村的重要标签。2009年10月，"费孝通纪念馆"在开弦弓村破土动工，2010年9月竣工。纪念馆占地面积11000平方米，建筑面积2200平方米，总投资2000万元。馆区由费孝通纪念馆、江村历史文化陈列馆、费达生江村陈列馆、费孝通广场、费孝通碑廊组成。主馆费孝通纪念馆建筑面积800平方米，分馆江村历史文化陈列馆建筑面积600平方米，费达生江村陈列馆建筑面积300平方米。2010年10月22日，中国江村文化园在开弦弓村正式开园。民盟中央、省、市有关部门领导、国内外知名专家学者，以及费孝通生前友好和亲属等近300人出席了开园仪式。

江村文化园内的三大展馆：费孝通江村纪念馆、费达生江村陈列室

---

[1] Fabian, Johannes, *Anthropology with an Attitude*, Stanford：Stanford University Press, 2001, p.3—4.

[2] 2009年1月12日，苏州市政协委员、苏州大学教授陈红霞《建议将吴江七都镇开弦弓村建设为"社会学圣地江村园"》的提案，被评为"苏州市政协十二届二次会议优秀提案"。江村文化园由苏州九城都市建筑设计有限公司总建筑师李立领衔设计。2011年9月，费孝通江村纪念馆在中国建筑学会、山东省住房和城乡建设厅、威海市人民政府联合主办的蓝星杯第六届中国威海国际建筑设计大奖赛中获得金奖。

以及江村历史文化博物馆也在这一天正式开馆，馆内通过实物展示、图文并茂、空间置景以及多媒体播放等方式，描述了费孝通、费达生的生平事迹、思想遗产以及江村的历史文化面貌。从外观上看，文化园中的主题展馆的设计十分别致，建筑化解为若干与村落住宅面宽近似的 11 米左右进深的形体组合，不同角度的扭转是对弓形的村落布局的回应与暗示……这里不仅有形体上外与内的流通，还组织了一条回形流线环绕中庭到达二层眺望平台，从那里的圆形窗口可以看到江村风貌。[1]

实际上，在"江村文化园"建设以前，村中就安排了专门的档案室用以保存和展览历年来费孝通及其他中外学者来江村访问时留下的珍贵影像资料。1996 年，为纪念费孝通访问江村六十周年，江村举办了"费孝通教授访问江村 60 周年图片展览 1936—1996"。正是基于江村保存着这些丰富的图文历史资料，江村原村主任王建明提议要在江村建造费孝通纪念馆，他讲述了这一想法推动的过程：

> 建"纪念馆"当时我是提案的，当时苏州大学的常老师，他是苏州政协委员，我把资料给他，叫他帮我提一下费孝通 100 周年纪念的事，他提案成功以后，吴江当时要造名人馆，把柳亚子、费老等人的纪念馆放在吴江，当时我跟于（孟达）主任说造在吴江他（费老）不去的，他来了都要到我们开弦弓村来的，后来市委讨论，于老帮着说一下，后来就决定将纪念馆建在村里。

从他的讲述我们可以感知，纪念馆的建设最终能够在江村实现，经历了江村人的一番争取和努力。费孝通作为吴江的名人，理应将纪念馆建在吴江市区，但原村主任王建明多年来几乎接待了费老的每一次来访，他深知费孝通与江村人之间的深厚感情，以及他对江村的发展和农民的生活的关怀。在费老离世之后，当地人一直希望能够通过"纪念馆"的形式，永远留存他们与费老之间的情感与记忆。另一方面，江村作为

---

[1] 李立：《根系乡土——费孝通江村纪念馆建筑创作》，《建筑学报》2011 年第 4 期。

社会学、人类学的学术圣地，每年都会迎来许多学者和官员的到访，纪念馆的设计和建设便可以使这些到访者能够更加清晰地了解费老对江村研究的历史脉络，并且也能直观地呈现多年来费老与村民亲切互动的生动场景。

相对于博物馆的"博"，纪念馆更加"专"，博物馆具有综合性和地志性，而纪念馆则是一人或一事，主题、主体单一纯粹，个性鲜明。相对于博物馆的"物"，纪念馆更有"情"，博物馆具有客观性，而纪念馆则维系情感、震动人心、凝聚精神、激发追求。[1] 费孝通纪念馆设立在江村文化园中，无疑体现了江村人对他的特殊情感。这种情感在当地人看来并非是所谓的他们使这个村落成为"中国名村"，而是他们作为一代知识分子，深入中国最基本的乡村社会，通过与村民的亲切交谈和相互理解，并以自己的专业所长，为农民的致富和社会的发展做出了积极的贡献。更重要的是，费孝通一生都在关心江村农民的生活，即使已至人生暮年，依旧多次与姐姐费达生结伴"回乡"，看望曾经的"故友"，心系家乡的建设和人民的生活。因此，在当地人的记忆中，有"费先生"当年培训农户中的妇女使用改良蚕种的场景，有"小先生"当年用毛笔帮一户村民在虾篓上写名标记的场景，有她与村中的"小姐妹"多年后再次相聚的场景，有他走家串户了解农民收入情况的场景……

费孝通纪念馆的场馆设计十分独特，从空中俯视，几个错落有致的房屋空间组合成布局既形如"弓"，也形如"弗"（费字的上半边），恰好隐喻了开弦弓村与费孝通、费达生之间的紧密关联。走进费孝通江村纪念馆，我们可以看到，设计者以"光辉一生""志在富民的学术泰斗""一生江村情""声名远播的社会活动家""毕生探索的知识分子楷模""著作年表""暮年思考""永远的费孝通""结束语""学术年表"十个部分综合介绍了费孝通学术生命的历程、思想轨迹的变动以及社会理论的创造。在表达方式上，则是以图文并茂和实物展示为主，并辅以人物

---

[1] 张秋兵：《中国纪念馆刍议》，载江苏省博物馆学会《区域特色与中小型博物馆：江苏省博物馆学会 2010 学术年会论文集》，文物出版社 2011 年版，第 92 页。

场景再现和多媒体播放。

二、村落记忆的影像留存

经典的记忆理论将记忆在人脑中的获取和保存作为其核心议题。在电子技术发明以前，我们若要了解一个村落的过去，只能通过口述历史、象征符号、仪式研究及文字记载等方式，去想象和推测以往的风土人情和社会过程。实际上，这种描述并非是对历史的真实而准确的重现，在一定程度上，它是一种不断被人们加工、重构的历史。然而，随着拍照技术的出现及相应设备的使用，我们便可以实现对眼前正在发生的事物进行瞬间捕捉，而且这样捕捉是如此真实，因此，在时过境迁之后，人们便能够借助于此，更加直观地去联想、回忆并感知其所呈现的过去。这些机器设备正在替代人脑对记忆的抽象储存，如今的照片、影像不仅能够极为精准地获取一定时空情景下事件的瞬间和过程，同时这些资料还能被永久地保存下来，这些被"留住"的记忆往往已成为人们用以重现过去，追忆往事的载体。江村档案馆中保存的这些跨越了近八十年社会历程的"非文本"的照片记录，成为当地人凸显自身村落历史的一种重要资源，他们通过对过去记忆的"永久存留"，使村落的历史在今天得以更加直观地呈现出来。

江村村委会的档案室中，存放着几本相册，这几个相册以时间先后的顺序分别诉说着费孝通、费达生多年来访问江村，外国学者以及国内其他学者和官员访问江村时的场景。这些照片是纪念馆得以建立的重要基础资料。翻开相册，人们通过照片的浏览，便可以直观地看到他们历次到访江村时的样貌、考察的内容，以及村落中人们的劳动场景和物质生活。有一次我将这几本相册从村档案室借出，打算带回到住所进行整理记录，在巷口遇到了几位老太太，她们上前询问我手中的相册，我便将相册打开给她们展示。她们一边看，一边仔细地指认相片中的人，并告诉我，"这是费老……这是他姐姐……这是南希·冈萨勒斯……这是在小芳家……这个日本学者我见过……"可见，这些照片瞬间激发了她们对过去在村落中发生的某些特定事件、特别时刻及特殊人物的记忆。

对人类学家而言，画图和拍照是文字之外描述异域社会与文化图景的两种"利器"，这两种表现手法相互依托，相互补充，既可从整体上把握一个社区的整体格局，也可从细微之处表现人与物的情感关联。最早，费孝通1936年在该村落进行人类学考察的时候，用当时的德式照相机拍下了几张展现村庄风土人情的照片，这些照片在国际上随书公开发表，使读者在翻开此书的时候首先就能够被它们对当地的直观呈现所吸引，为书中的文字描述提供了十分真切的感官描述，留下了最为珍贵的村落记忆图景。二十年后（1956年5月）葛迪斯访华来到这里，同样也通过相机的拍摄，记录了五十年代江村人的生活场景和劳动过程。1957年，费孝通和姐姐费达生重访江村，二十多年前他们在此生活的记忆瞬时涌现，通过与故友、村民的相聚交谈，他深入体会到当地人的生活在这些年发生的改变，凭借社会科学工作者敏锐的直觉和细致的研究，他将当时村落的经济结构和人们的生产收入与自己在1936年的调查进行了对比，并客观地分析了经济变迁发生的原因，以及如何进一步提高农民的收入。与此同时，同行者摄影师王淮冰也为此留下了丰富的照片记录。然而之后，整个中国社会进入了长达二十多年的国家对外封闭和经济发展停滞的时期，费孝通的江村调查却成为他被打为"右派"的"有力证据"，他的社会身份被否定，学术工作也近乎停止，对江村的文字书写和与此相关的影像留存也随之被封存起来。因此，这一时期的江村记忆便只是停留在当地人的头脑之中了。

费孝通恢复社会身份和学术地位后，随着国家改革开放，国外的人类学者再次获得来华访问江村的机会，1981年9月20—24日，美国人类学家南希·冈萨勒斯在江村进行了为期四天的社会调查。这位外国"客人"的到访，对当地的各级政府以及村民来说都是一件记忆深刻的"大事"。当地政府人员不仅协调安排了她在村落中的生活和工作，而且还通过详细的文字记录和精彩的照片拍摄，为这一时期村庄的集体记忆留下了珍贵的文字、图片等档案资料。那些曾经接触过南希·冈萨勒斯的人，只要向他们提及此事，或者拿出当时的一些照片，他们的记忆一下子就被激活了，对当时的情景娓娓道来。

南希·冈萨勒斯教授离开江村的一个月以后，费孝通也偕同姐姐"三访江村"。从这一年开始，"江村社会调查基地"开始建立，此后，江村每年都会迎接来自国内各个高校以及世界各地的学者的到访，费孝通自己也几乎以每年至少两次的频率回到这里了解农民生活的变化。这些访问学者与当地人互动的瞬间，现已凝聚成一张张由黑白渐进为彩色并且越来越清晰的照片，这些照片描绘了国内外社会科学工作者与村民之间亲切的互动场景，并直观地反映了江村在不同时期所展现的社会面貌的变化，其中，费老与当地人"在一起"的照片最多，足见他对江村的怀念和对家乡人的关心。从这一张张照片我们可以看到，即便已过古稀之年，即便身居高位，他仍然每年要"抽空"回到家乡，亲自看看村民生活的变化。每一次费老的来访，当地的政府、村民都在有意识地通过一定的影像技术来存留这些非常珍贵的历史瞬间，完整地保存下来。对于一个新到参观者而言，浏览这些照片，仿佛将我们带回了那些特定的时空场景之中：费老在农户的家里与老乡们一起围坐在堂屋的八仙桌旁，一边喝茶、吃熏豆，一边聊家常；他在村委会的办公室中认真地听当地的干部汇报村落的发展情况；他在村巷弄堂里走着，视察村庄面貌发生的改变……而对于那些有此经历的村民而言，这些画面构成了他们集体记忆的见证。

基于多年以来描述江村变迁的文字和图片的积累，以及以学者、官员群体为主的人群的持续到访，当地人开始筹划在村落中建立专门的纪念空间，他们希望能够直观地将最为特殊的村落记忆呈现在参观者的眼前。1996年是费孝通访问江村六十周年，为了纪念费孝通的江村研究，在江村举办了"费孝通教授访问江村60周年图片展览1936—1996"，现保存于村档案馆中的这些照片都是曾在那时展出过的，这些老照片已经通过电子技术的处理，重新制作并再次呈现在费孝通、费达生江村纪念馆和江村历史文化博物馆当中了。人们不断到访江村，通过观看这一张张历史瞬间的照片，去了解和感知村落的变迁和社会的历程，去见证费孝通、费达生及国内外到访者与村民亲切互动的场景。并且，随着到访者的持续前来，江村记忆仍然在不断地被更新、被书写着。

三、物的记忆：江村历史文化博物馆

除语言文字之外，物质文化也是社会记忆的一个重要机制。[1]在江村建立的历史文化博物馆中，通过传统物品的独立展示和特定生活场景的复原来表达和呈现村落过去的文化图景，这些原本曾是村民的日常生活用品的物在博物馆中成为了再现村落历史记忆的象征意符号。通过对村落生活的一定观察可以发现，这些物质文化中的一些部分已经无法在今天的生活场景中找到了，它们的陈列已经成为当地人对生活过往记忆的载体和凭证；另一方面，也有一些物品仍然在存在于现今江村人的生活当中，并依旧有着一定的实际功能或发挥着象征符号的作用，只不过其外在形式随着物质生活的变化发生了一些变形和转化。

据江村人姚富坤的介绍，在博物馆展出的那些村民传统的生活用品，是他花费了将近六年的时间才从村民的家中收集过来的，主要以传统的农业用具、养蚕缫丝工具，以及生活和仪式物品为主。另一方面，设计者将颇具特色的一些空间场景的复原在博物馆中，以便更为生动地呈现当地人传统生活的样态，如：传统农户的灶房、航船上的交易、村落男女的传统日常着装，等等。此外，还特别设计了村庄1936年的整体格局，并通过沙盘模型的还原，来展现费孝通当年在这里考察时村落的整体面貌。在最后一个展览部分，用一面照片墙呈现了国内外学者历年来在江村访问考察的照片，在透明的玻璃柜中以时间顺序放置着国内外学者在考察江村的出版物。在这部分展厅的中部空间，则再次以沙盘模型的方式展示了今天江村的整体布局，这一部分恰好可以与前面展厅的1936年村落整体模型进行对照，使参观者能够直观地感受到村庄近八十年以来整体的变化。

---

[1] 黄应贵主编：《时间、历史与记忆》，"中央研究院"民族学研究所1999年版，第20页。

如前所述，这里所展示的并非是那些价值不菲的精致器物，或是年代久远的古董字画，而是传统而朴实的江村农民生产生活的生动场面，以及丰富而多彩的地方物质文化。在博物馆中，第一个被复原的场景便是传统民居中的灶房，这是农民生活中最为重要的生活空间。参观者从打开着的木窗向里望去，在这个空间中，灶台、橱柜、烧水的壁炉、餐桌、餐桌上几样新鲜的食物、房梁下挂着的菜篮、酱肉……布局完整而生动，仿佛将人们带入了当地人真实的生活当中，参观者在此不仅可以近距离的观察传统农民饮食活动的空间状态，而且更重要的是，可以直观的了解灶房中的各个部分如何综合在一起发挥作用，以及感受到人是如何生活在其中的，而并非只是看到孤立的物品呈现。

而另一种展览的方式是，设计者将一些农耕时期人们生产活动所使用的耕作用具、养蚕用具及捕鱼捞虾的工具等，按类别进行单独或组合式的摆置和介绍，以便参观者能够更加细致的观察和了解这些物品的样貌和功能。这些设计灵巧的生产工具在现今当地人的生活中几乎已经看不到了，然而它们却是农耕时代农民勤劳与智慧的见证。虽然这些物品随着工业时代的到来已成为人们摒弃、遗忘的对象，然而，它们的生命在博物馆中被再次唤醒。

此外，在展现农民的日常生活和礼俗活动部分，如人们的饮食文化、茶文化、祭祀文化、庙会文化、人生仪礼、岁时习俗、节气习俗、蚕事步骤以及水乡文化等，设计者将人们保存的丰富的照片资料和文字说明相结合，并辅以礼仪性的服饰实物、食品模型以及特殊器物的展示，令参观者能够更加直观、深入地了解当地的民俗风情。

地方博物馆的表现，重点在于以在地者的观点、协助参观者获得有关过去、现在和未来如何勾连在一起的地方知识（local knowledge），强调与物有关的关系和过程的诠释，而非仅将注意力放置在器物的收藏和展示上。[1] 对江村博物馆而言，以文字、图片、物品及场景相辅相成的表现方式，可将当地人传统生活的文化特质鲜明地展示在参观者的眼

---

1 王嵩山：《博物馆、族群与文化资产的人类学书写》，稻香2005年版，第23页。

前,并且,这种多层次、多维度的叙述方式能够更好地诠释村落场景中人、物与时空的紧密关联。博物馆的意义不仅体现在这一机构的当代作用及其现实性方面,它更是一种将人类的合作、记忆与思维等延续到一个漫长而遥远的过去时空之中,是人类收藏过去的记忆的凭证和熔铸新文化的殿堂。[1] 通过传统实物的展出和生活场景的复原,江村的历史文化博物馆成为收藏和展示村落传统社会形态和文化习俗的殿堂,它将过往的历史瞬间和人们生活的场景凝聚在这一特定的时空当中,人们便可以借此来回忆、想象或者感知江村的过去,观察、体验或者比照江村的现在,并思考、推测江村的未来图景。

四、江村记忆的空间书写

自20世纪80年代开始,随着费孝通及国内外学者不断到访江村,当地政府开始有意识地对村落的基础设施和生活环境进行规划和建设。1983年,吴江县城建规划科以费孝通的小城镇建设理论为指导,制定了《开弦弓村建设规划》,据了解,这是吴江县的第一份村级建设规划。

江村历来是一个通过水路来与周边村镇相连接的村落,人们出行依靠航船,其原本的村落空间布局也是依托于自然河流的走向,从对江村的既有文字的描述及相对应的老照片中,我们可以感知那种江南水乡生活的文化特质。直至80年代初,一条"从震泽—开弦弓—庙港"的公路(即现在的"庙镇公路")的修建,开始改变了人们传统的交通方式,同时也打破了传统村落空间的样态。从经济发展的角度而言,这条公路的修建为促进当地乡村工业的发展以及便捷人们的出行生活发挥了重要的作用。实际上,这条庙镇公路的最初的路线规划并不经过开弦弓村,之所以会有所修改,与费孝通三访江村有着直接的关系,从原村主任王主任的回忆我们便可知道其中的缘由:

> 我第一次接待费老是在1981年他三访江村的时候,当时我也

---

[1] 曹兵武:《记忆现场与文化殿堂:我们时代的博物馆》,学苑出版社2005年版,第2页。

不是接待，就算是服务人员，当时我在村里的丝织厂当会计，那次来的人很多。在费老来之前，有一个美国的学者，叫南希·冈萨勒斯一批人，之后是社会学的一批人，宋林飞、沈关宝等，他们来这里也调查了好长的时间。当时费老来的时候，这里公路还没有通，是用船的，我们到震泽那边去接的，用的轮船也不是这里的，是从梅堰那边接过来的，因为当时的党委书记是徐盛祥，他是梅堰人，还有吴江市里陪着过来的一些干部。

　　费老是很平易近人的，没有什么架子，有什么讲什么。他一般来，要看几个老朋友，他来了老同志几个人一起开个座谈会，拉拉家常，看看村落里的情况，问问，一般就是关心村里农民的收入怎么样，还是蛮关心老百姓的，总归要为老百姓做点实事。

　　费老三访来的时候主要说了说路，从1957年之后到那时也有好长时间了，来看看江村的变化，当时全国在搞"承包到户"，我们这里那时还没有承包到户，只是承包到组，这个路（修路）是他提出来的，到省交通厅去，他帮着说话了，说这里路还没有通，后来省交通厅在1982年就开始搞这个路了。当时是1983年修到我们开弦弓的，1984年通到庙港，当时这个路是我抓基建的，从震泽到我们开弦弓。

　　当时如果费老没有提出修路，这条路就不会从我们这里过了，肯定从其他方向走了。当时吴江交通局的局长，还有两个工程师，我们一路从震泽那边一路走过来决定修建方向的。这个路修得很快，人工翻好地以后，土路弄好就用小石头、煤渣铺上，然后用压路机一压就好了。现在这个样子是已经做了好几次的，翻修了几遍了，以前没有现在那么宽，当时有六米多，现在要十几米了。当时的土路都是我们当地人来做，那时没有机械设备的，都是工人用担子挑的。19个村民小组分工来做，交通局有两个工程师过来，资金是上面（吴县）的，当时村里没有资金，集体资金很少的。一年不到，就通车了，费老四访江村的时候就是坐汽车过来的。

这条经过江村的庙镇公路，自修建以来一直都是村民日常出行的必经之路。笔者在江村生活的时候，经常听到村民很自豪地提及这条路最早是费老帮他们修的，如果没有费老，这里的经济肯定不会发展得那么快，言语之间显示出他们对费老的感恩之情。在他们看来，修路这件事对村落的发展有着长远的意义。从经济上看，以前用船速度慢，也不方便，那时村里已经有丝织厂了，用船运输原料、成品等，不仅数量有限，而且时间也很长。村里通公路了之后，也是在费老的帮助下，还去南京买了一辆汽车，专门为丝织厂运送货物。从人的观念上看，道路不仅运输着物品，同时也流通着先进的思想和理念，提高了当地人的观念和意识。

庙镇公路修建以后，村庄的道路建设持续进行：

> 这条路一修，我们厂里的路我也叫他们一起做了，当时的丝织厂，就是现在的"江村丝绸"那边，当时我是跟交通厅那边的两个工程师说的，帮我一起做，当时我们（关系）也蛮好的，就答应一起做了。费用都是他们出的。后来到1986年，修村里的环村公路，是我们自己设计的，就是现在北面的那一条路。当时还没有想这样搞环村公路，当时还是想搞机耕，1986年在吴江搞一个叫五个试点村，我们是其中之一，搞农机化试点，收割机、插秧机等，吴江县派工作组到我们这里来，我们搞规划，就把这个路搞出来了，包括田边。当时修路很多人家都要拆迁，当时拆迁很便宜的，就叫搬一下就好了，现在不行了，呵呵。以前过桥都是要从东边的那一座，后来修了江村桥，就方便一些。这里已经改造了几次了，最早江村桥只是过人的，然后是农机桥，现在是可以过车的公路桥。[1]

可见费孝通的持续到访，间接地影响着村庄建设的过程，虽然他每一次过来主要是"回乡叙旧"，但基于他的政治身份和学术地位，当地

---

[1] 原村主任王主任的讲述。

的各级政府都对江村的建设和发展给予了特殊的关怀，促进了村庄面貌的建设。原村会计徐会计总结了江村的几次重要的建设：

> 开弦弓社会名气是有的，现在大家都知道。费老三几年来的时候，开弦弓本身就是手工业比较发达的地方，或者说家庭经济搞得比较活，到后来集体以后，我们这里本身就有缫丝厂，因为这里历来养蚕，缫丝厂好了以后，工人多了，有些地方就发展起来了。比如，开弦弓的这一段公路，据说是因为费老三访江村的时候，是从震泽乘船过来的，后来过了年又要过来，当时庙港是不通公路的，所以当地政府就把这条路规划到这里，原来的规划从震泽到庙港的这一段路是不经过开弦弓的，所以通路是先修到开弦弓的，再到庙港。从老百姓的出行方面，确实带来了方便。江村这个名字以前也是不用的，也是到三访江村以后，就把江村这个名字推出来了。

> 1996年费老还在的时候，是访江村六十周年，这个时期开弦弓搞的建设蛮多的，比如现在的环村公路，就是那个时候规划出来的，还有江村桥等，这些基础设施，如果没有当时六十周年的活动，估计是没有这样的现状。第二个大建设就是2010年，就是费老诞辰100周年，就是现在的江村纪念馆，包括文化园，这个投资大概也要几千万的，全部是市里投资的。

现任村书记周书记谈到了纪念馆的建设在这些年来给村民带来的实际好处：

> 纪念馆在这里建设，村庄的知名度高了，对我们是有很多好处，这几年"三星级"、"美丽乡村"的建设都投入到了我们这里，不然的话，我们自己也争取不到的，这几年投入真的不少，这两年加起来要投入1000多万了，包括纪念馆本身的建设也要1800万，都投到我们这里来了。有的村庄，你要想建设也争取不到，自己也

没有这个实力去搞。

"美丽乡村"的建设在去年吴江一共就有10个村庄，苏州市按照国家的"中国梦"、"美丽村庄建设"的想法，村上被列入了。因为我们村上有费老纪念馆，知名度很高，所以被列入，去年整个苏州有71个美丽村庄，同步建设的。今年苏州还要搞几十个，还有三星级村庄。镇上开发的时候，现在环境建设是放在首要的。现在镇上的几块事务：社会稳定、拆围、环境建设，光经济搞上去了，但是村庄搞得一塌糊涂也不行的，都要让人家看得舒畅一些。经过这些年的建设，有了现在这个样子。

如今到访江村，在村庄的几个重要的入口处，已专门修建了标识鲜明的村落标签。在东边，从南北向的苏震桃公路下来转入村道，便可以看到在矗立着写有"中国江村"字样的牌坊，人们穿过牌坊便进入了村落；而在村落西边靠北的入口处，可以看到在路旁的一个曲面的墙壁上是费孝通以毛笔题写的"开弦弓"字样。

从村落的空间布局上看，村落中现今建有展示其历史文化的"江村文化园"。在园中，"费孝通江村纪念馆"、"费达生江村陈列室"，以及"江村历史文化博物馆"分别从不同的角度诠释着江村社会变迁的历程和传统文化的风貌。费孝通和费达生纪念馆的建立是为了着重呈两位人物与江村之间的关联，而历史文化博物馆则主要侧重展示地方的传统器物和仪式习俗的特点。另一方面，即便是行走在村巷民居之中，"费老足迹"、"费老思想"、"费老题字"，"江村文化弄堂"等文化标识也能够让我们感受到这个村庄在用多种方式去记忆费孝通，记忆他早年曾用文字细致地刻画当地农民的生活，记忆他中年重回这里为提高人们的经济收入而做出的努力，记忆他晚年常常回乡关心家乡的建设发展的辛劳。

2013年开始，在村落中实施的"美丽乡村"建设无疑是进一步凸显和强化费孝通与江村之间的学缘。在苏州政府提供的"美丽乡村建设规划"书中，将江村的建设主题设定为"传江村文脉，扬盛世新风，携全村之力，建美丽乡村"。从该主题中我们可以领悟到，"江村"作为开弦弓村的学名，已经代替了原本的村名成为最特别的村落标签，而在社会发展的不同时期人们借由江村所产生的文字论述和学术成果也使江村研究的"文脉"得以不断延续。可以说，这一点已经成为江村所不可替代的文化特色。

对江村而言，"美丽乡村"的建设无疑是进一步突出和强化费孝通与村落之间的情感与记忆。在苏州政府提供的"美丽乡村建设规划"书中，将江村的建设主题设定为"传江村文脉，扬盛世新风，携全村之力，建美丽乡村"。从该主题中我们可以领悟到，"江村"作为开弦弓村的学名，已经代替了原本的村名成为最特别的村落标签，而在社会发展的不同时期人们借由江村所产生的文字论述和学术成果也使江村研究的"文脉"得以不断延续。可以说，这一点已经成为开弦弓村最为凸显的村落特色。接下来，在如下引用的规划书中的村落"地块优势"的分析中，可以更加明显地看到这一点：

表6-1 苏州市吴江区美丽乡村规划——七都镇开弦弓村地块优势分析[1]

政策优势	苏州市政府，吴江区政府对于建立美丽乡村规划给予大力的支持，各级基层领导也给予了相当的帮助，这对于规划的实施有很大的帮助
区域交通优势	七都镇境内拥有沪苏浙高速公路、苏杭旅游高速、苏震桃一级公路、230省道和环湖公路等交通干道，对外交通方便
地理位置优势	七都镇是苏南经济发达地区的代表性城镇。紧依上海、苏州、杭州三大著名城市，地处江苏、浙江、上海两省一市交汇的金三角地区，是中国沿海和长江三角洲对外开放的中心区域。
自然条件优势	七都镇位于吴江区西南隅，比邻吴江太湖新城、浙江省湖州市（南浔镇）。镇内河网星罗棋布，有利于农田排灌和水面养殖，镇南的金鱼漾，水面连绵成片，水质清澈，生态环境良好。
历史文化优势	因费孝通1939年的著作《江村经济》而闻名于世。数十年来，造访过江村学者、专家不计其数，留下了丰富的研究成果和鲜明的文化印记。全国上下各级政府、社会各个方面都对开弦弓村的发展给予了相当程度的关注。

---

[1] 2013年苏州市吴江区七都镇开弦弓村"美丽乡村"规划书。

从上述的"历史文化优势"中可以看到，费孝通及其对江村的影响力已经成为开弦弓村建设"美丽乡村"所主要凸显的村落特质。

在江村的作为"美丽乡村"的建设规划中，为了纪念费老二十八次访问江村的事迹，也为了宣传费老的思想，特别选取了10个点作为费老的"足迹点"进行重点打造。这几个"足迹点"基本遵循了费老每次到访江村时经常会走过的几条弄堂，这几条弄堂的地面经过了水泥的重新铺整，以鹅卵石在两边进行装点，在地面上每隔几米就刻写了"费老足迹"的字样，以突显这条小路的特殊之处。此外，在这几条弄堂两边的墙面上，也重新进行了粉刷，并挂有写着费老名言的匾额，传扬费老的思想精髓。十二块匾额的内容如下：

各美其美，美人之美，美美与共，天下大同。
——《开创学术新风气》

脚踏实地，胸怀全局，志在富民，皓首不移。
——《费孝通诗词》

全局着眼，富民着手，增强实力，加快发展。
——《全局着眼，富民着手，增强实力，加快发展》

完成"文化自觉"使命，创造现代中华文化。
——《完成"文化自觉"使命，创造现代中华文化》

小城镇，大问题。
——《小城镇 大问题》

在农工相辅、共同繁荣的基础上实现农村工业化、城乡一体化。
——《行行重行行》

社会关系是行为的模式，是一种轨道，贵在持久。

——《生育制度》

力量在老百姓中间。

——《费孝通全集》

我中有你，你中有我。

——《美美与共和人类文明》

草根工业的根深深扎在泥土之中。

——《说草根工业》

离土不离乡。

——《费孝通全集》

乡村企业是中国农民创造的。

——《费孝通全集》

此外，在弄堂小路的两旁，为了进一步宣传费老思想，还设计了八个文化牌用以展示费老的一些理论关怀，选取的语句有：

"人"和"自然"、"人"和"人"、"我"和"我"、"心"和"心"等等，蕴含着建立一个美好的、优质的现代社会的人文价值。

——《试谈扩展社会学的传统界限》

生命和乡土结合在一起，就不会怕时间的冲洗了。

——《吴江的昨天、今天、明天》

从哪里得到的营养,应当让营养再回去发挥作用。

——《中国文化与新世纪的社会学人类学》

获得知识必须和知识所由来的事物相接触,直接的知识是一切理论的基础。

——《费孝通全集》

出主意,想办法,做好事,做实事。

——《志在富民》

水是"天堂"的本钱。

——《浦东呼唤社会学》

社会有结构,因为个人的生活是依赖,所有的行为是须和别人的行为相结合的。

——《生育制度》

利益关系所结合出来的是"社区",道义关系所结合出来的是"社会"。

——《漫谈桑梓情谊》[1]

这些语句是江村人姚富坤协助政府的规划人员挑选出来的,从以上的文字可以看到,这些话语主要集中在费孝通的乡村工业、城乡关系、社会结构以及文化自觉等议题上,这些理论思考大部分基于费孝通长期在江村的考察,并且论述精练、深入浅出。

此外,除了在村落的特定空间介绍费孝通、费达生,以及海内外学者与村落之间的历史"学缘"之外,还在一些明显位置设立了专门展示

---

[1] 以上内容选自《2013年苏州市吴江区七都镇开弦弓村"美丽乡村"规划书》。

村落传统风俗特色的文化墙，这些展示图文并茂，且详细地介绍了村民特有的饮食活动、人生仪礼以及节日庆典。由于这些照片的拍摄源于村落中人们的日常生活，因此，有的当地人会很惊喜地看到自己在照片中的身影。在他们看来，当自身驻足于此观看这些生活场景的生动描述，以及附其旁边的文字解释时，他们便从一种文化的身在其中的"实践者"转变为驻足欣赏的"观看者"。

第七章 结 语

真实的社会存在于时间和空间之中。[1]江村研究八十年使我们"看到了"一个村落的社会变迁在时空维度下的真实发生，这样的历史书写既包含了对地方性的日常生活的细致描绘，也蕴含着中国社会转型中所共同面临的议题。费孝通及其他江村研究者的行动，表明了社会学、人类学在乡村研究上的坚持与积累，也使得江村成为中国乡村研究历时最长、影响最广的"追踪研究范式"。

一般而言，社会研究有两条道路可循：一是所谓聚焦法，即坐标式的定点研究，其关注某个场所或地点里的人群生活，它所成的民族志是场所民族志；二是线索追溯法，它不是点上的静态观察，而是循着人或物移动的轨迹生发出来的各种现象，去实现一种在点之上的线和面上的整体宏观理解，由此而形成的民族志便是线索民族志。[2]通过江村八十年的研究可以看到，研究者聚焦于一个村落空间，并依照其中的一个或多个社会文化要素为线索来追溯它的变化轨迹，进而去观察和分析社会体系的动态运行机制。例如本书第三章所论述的家庭结构和婚姻模式的变迁，作为一种追溯的线索，其所体现的正是在经济和社会制度的变动下，人们对传统的颠覆和创造性转化。

---

1 ［英］利奇（Leach, E.R.）：《缅甸高地诸政治体系：对克钦社会结构的一项研究》，杨春宇，周歆红译，商务印书馆2010年版，第19页。

2 赵旭东：《线索民族志：民族志叙事的新范式》，《民族研究》2015年第1期。

费孝通认为自己一生有两篇文章，都是从30年代写起的，第一篇是《少数民族的社会调查》，从广西大瑶山写起；第二篇是《中国农村经济的发展》，从江村写起。[1]

追踪考察是费孝通身体力行的一种重要的研究方法，江村的二十八访是他历时最长、内容最丰富的追踪研究，此外还有三访温州、六上瑶山、八访甘肃等。他的追踪研究并不是涵盖社会生活的所有面向，而是将考察的重点集中在社会结构、乡镇工业、家庭结构、小城镇等方面，这些议题不仅是他所提出的中国社会学、人类学的本土理论的核心，也是指引中国社会发展道路上的关键。在此意义上，费孝通对中国社会的认识是建立在不断更新的实地调查的基础之上。世界性的社会和文化转型不断加快，在中国社会也在随之发生着广泛而深刻的变化，因此中国乡村研究也需要持续的、具体的经验研究来推进理论认识和研究方法的反思和更新。可见，费孝通和诸多学人对江村的追踪考察不仅为世人留下了中国乡村社会近一个世纪的变化轨迹，也为未来中国乡村研究的重新思考提供了方法论的启示。

20世纪我国社会发生了深刻的变化，先后出现了三种社会形态，即农业社会、工业社会及信息社会，包含了两个大的跳跃，从农业社会跳跃到工业社会，再从工业社会跳跃到信息社会，费孝通将这三个阶段和两大变化比作"三级两跳"[2]。席卷全球的工业化和信息化给人类社会和自然环境带来了巨大的变迁，人们的生产和生活方式的各个领域也随之发生变革，包括生产的机械化、流动的全球化、交换的商品化、沟通的网络化、饮食的方便化[3]，等等，这些变革力量正在广泛而快速地重塑人们的社会生活和价值观念。

世界性的社会和文化转型使得中国乡村在近三四十年发生了根本性

---

1 费孝通：《我的"两篇文章"》，《群言》1985年第2期。
2 费孝通：《"三级两跳"中的文化思考》，《读书》2001年第4期。
3 赵旭东、王莎莎：《食品在方便——中国西北部关中地区一个村落的面食文化变迁》，《民俗研究》2014年第5期。

的变革,其中最重要的一个特征就是,从原来相对封闭的体系逐渐转变为一个开放的体系。道路系统的建设、多媒体设备的普及和当下互联网的连通,实现了生活在村落中的人们能快速地与世界相连,可以说中国乡村社会已经越来越深刻地被带入到全球化的进程当中。全球化并不是现代世界的产物,几千年前,人类就实现了横跨大陆、海洋的贸易。全球化涉及一整个过程,包含全球范围内事物、人和信息的不断增长的多方面的流动。[1] 这种流动曾经是极为缓慢的,但在今天科技发展的基础上,其速度和强度都在日益加剧。

乡村的开放性是由人的行动能力所造就的,无论多么封闭的乡村社会,都有使其成为开放性社会的潜在契机,其基础就在于人是有着自我意识并由这种意识来支配其行为的主体。[2] 就江村而言,在传统农业社会时代,人们依靠航船的流动,有限地沟通了乡村与城镇之间的物品的交换与人员的往来;20世纪80年代以来,随着乡村工厂的建立和道路设施的发展,工业化在一定程度上加快了村落中人的流动速度,并进一步加深了村落的开放性,新的生产技术可以快速引进乡村,乡村工厂的产品也更加快速地运往各地;而在以互联网和新媒体为标志的信息时代的到来,使得乡村与世界之间的时空距离被压缩,彻底打破了乡村的既有边界。道路和网络将人的行动力延展开来,进一步扩大了乡村的开放性,也在逐渐改变人们的乡村生活。

一方面,道路是人类与其所处环境互动最为直接的产物,是人类生活景观的组成部分,它影响了社会文化和生态的多方面。[3] 道路的修建是社会现代化的一种标志,它正在重新塑造乡村社会的自然样貌和人们的生活方式。如前所述,从费孝通1936年绘制的江村空间布局示意图可以看到江村形成于三条河流的汇集,村民沿河而居,一方面便于家庭

---

1 吉登斯、萨顿:《社会学(第7版)》,赵旭东等译,北京大学出版社2015年版。
2 赵旭东:《闭合性与开放性的循环发展》,《开放时代》2011年第12期。
3 周恩宇:《道路研究的人类学框架》,《北方民族大学学报(哲学社会科学版)》2016年第3期。

用水，另一方面便于通过航船交通出行。1982年江村开通了第一条公路，经过之后几十年的建设，至今村庄西有"庙镇公路"，东有"苏震桃高速公路"经过，村内也形成了四通八达的"环村公路"，私家小汽车可以直接开到自家的院子里停放。道路设施的完善使得汽车逐渐替代航船成为人们主要的交通工具。因此，村民新建房屋的选址也开始向道路两边扩展，由"沿河而居"变为"沿路而居"，车库随之成为人们修建住房所必须考虑的生活空间。

另一方面，以信息技术发展为核心的新技术革引发了社会各个领域的变革。作为一种历史趋势，信息时代的支配性功能与过程日益以网络组织起来。[1] 信息化社会的其经济形态与工业社会相比发生转变，出现了一种以信息化、网络化、全球化为特征的新经济，其核心是以知识为基础的生产力及对获利能力的强调，脱离了工业经济单一的生产力增长方式。[2] 随着网络和新媒体的日益普及，江村的年轻人正在积极主动地通过对信息技术的掌控来改变自身的生产生活方式。新一代江村人不再愿意接续自己的父母进入工厂，他们更希望也更善于通过互联网的使用来谋求自身的生计和发展道路。江村所在的苏南地区历来是以丝织、针织为主的轻工业生产区和销售区，随着长江三角洲地区电子商务的快速发展，可以看到当地人也在利用互联网来实现区域特有产品的生产和销售。

此外，在人们的日常生活中也变得越来越依赖网络，人与人之间的互动交流、人对信息获取、商品交换等行为已经频繁地通过多种数字媒体和网络来实现，并日益成为一种新的文化表达的方式，例如人们在社交媒体中以更为直观地图片、视频和文字结合的方式来进行自我建构与互动，其中的语言、情感等方面的表达方式与人们面对面的交谈已有很大的不同，参与和影响范围也更大。可见，那些曾经在社会生活中具有

---

1 [美]卡斯特:《网络社会的崛起》，夏铸九等译，社会科学文献出版社2003年版。
2 谢俊贵:《当代社会变迁之技术逻辑——卡斯特尔网络社会理论述评》，《学术界》2002年第4期。

支配地位的观念，随着一些新物质性以及生活方式的变革而发生重大的转变。[1]在一定程度上，信息社会的到来正在重新塑造新的权威与神话，而这一塑造过程正在借助网络的力量，脱离时空的限制，影响和改变人们的思维与生活。

信息技术的快速发展和全球化时代带来人文社会的重建。费孝通在1997年初旁听北大校长对重点学科的汇报会后讲道，"我们的社会生活还处于'由之'的状态而还没有达到'知之'的境界，而同时我们的生活本身却已进入一个世界性的文化转型期"[2]。因此，中国社会的文化转型，一方面要从社会事实出发，调查和反思文化变迁的过程与结果；另一方面也要重新认识中国传统文化在新的历史时期下对世界文明发展的贡献。在这个意义上，费孝通以"文化自觉"的概念来解释在面对世界文化转型时中国社会人文重建的主张：

> 文化自觉是指生活在一定文化中的人对其文化有"自知之明"，明白它的来历，形成过程，所具的特色和它发展的趋向，不带任何"文化回归"的意思。不是要"复旧"，同时也不主张"全盘西化"或"全盘他化"。自知之明是为了加强对文化转型的自主能力，取得决定适应新环境、新时代时文化选择的自主地位。[3]

结合费孝通文化自觉的概念反观今天的中国乡村社会，人们正是在日常生活的行动中、文化的变动中去不断尝试、选择并转化新的生活方式，他们在迎面世界多元文化的同时也成为文化转型的实践者。只有研究者以参与观察的方式、以开放理解的态度，才能真正把握基层社会变革的内在动力。因此，考察和研究一定时空坐落下的乡村社会生活，仍

---

1 赵旭东：《从社会转型到文化转型——当代中国社会的特征及其转化》，《中山大学学报（社会科学版）》2013年第3期。
2 费孝通：《中国文化的重建》，华东师范大学出版社2014年版，第131—132页。
3 同上书，第160—161页。

然是认识中国社会文化变迁、探索文化转型自主道路的基本方法。与此同时，我们也要在新时期重新认识和思考中国乡村研究已有范式的适用性和局限性。

虽然超越村落的研究范式在不断尝试，并取得了一定的研究成果，但考察拥有较为完整人文环境的乡村社区，能够给予研究者一个从整体上把握个人、群体与社会之间关系的场域。通常而言，经验研究往往是村落的、地方性的、个案的、局限的，而在此基础上提升的概念却是普遍的、概括的、具有超越意义的。费孝通的研究路径证实了这一过程的应然性。对人类知识以及与此相关的诸多概念的哲学阐释，要求把这些概念置于社会关系的背景中。[1]这也正是中国村落研究的意义所在。

在全球化和信息化的时代大背景下，村落的边界已经逐渐被打破，人们的行动轨迹、思维方式、价值观念等都已经不再受到地域的限制，因此以社区为基础的中国乡村研究的局限性也日益凸显，未来中国乡村研究的理论和方法也需要予以重新思考。因此，我们应当看到中国乡村研究的局限性。首先，以村落为中心的研究固然有许多优点，但是不能充分体现中国文明的宏大体系和历史的流变。[2]1992年费孝通在山东曲阜参观孔庙、孔府和孔林时，想到在全球的大社会中要使人人能安其所、遂其生，这就不仅是个生态秩序，而且是个心态秩序。[3]因此，他指出社区研究不仅应研究社会结构，还要研究活生生的人，应从生态（人与自然的关系）的研究进一步发展到关于人们的心态研究，并应致力发掘中国几千年以来的关于人、关于中和位育的经验。[4]因此，他晚

---

1 （英）温奇：《社会科学的观念及其与哲学的关系》，张庆熊等译，上海人民出版社2004年版。

2 费孝通：《百年中国社会变迁与全球化过程中的"文化自觉"》，《厦门大学学报（哲学社会科学版）》2000年第4期。

3 费孝通：《中国城乡发展的道路——我一生的研究课题》，《中国社会科学》1993年第1期。

4 费孝通：《个人·群体·社会——一生学术历程的自我思考》，《北京大学学报（哲学社会科学版）》1994年第1期。

年提出要扩展社会学研究的传统界限,中国社会学有着"科学"与"人文"双重性格,"人文思想"是指导社会成员更好地认识、理解自我与社会之间关系的知识和精神财富,决定了其应研究一些关于"人"、"群体"、"社会"、"文化"和"历史"等基本问题,特别是挖掘中国丰厚的自身历史文化传统。[1]今天作为单独而孤立地看待中国问题在一个点上的投影的人类学的时代已经结束,我们需要有一种从结构关系论角度的对于中国人、社会及其文化这三者联系的整体理解,而这种理解一定又是建立在对于中国意识生长空间的伸缩变化与演变的不断把握之上。[2]

其次,全球范围内的世界文化转型在给人类社会生活带来了深刻变革的同时,也为社会学、人类学及其他人文科学研究提出新的挑战。多元文化在全球化力量的影响下日益趋同,地域和历史造就的社会文化差异逐渐成为遗产而走进博物馆,但同时全球化也在被不断地方化,这两种力量如何作用于最基层的乡村生活,需要对社会生活予以客观真实的"深描"。此外,中国乡村社会在不断现代化的过程中,社会生活的公共空间也在不断缩小,现代性所带来的个体主义、商品化也使得可供研究者直接观察的文化现象变得越来越隐秘,而互联网时代的到来,则意味着虚拟空间的文化表达成为需要我们予以关注的新领域。

---

[1] 费孝通:《试谈扩展社会学的传统界限》,《北京大学学报(哲学社会科学版)》2003年第3期。

[2] 赵旭东:《中国意识与人类学研究的三个世界》,《开放时代》2012年第11期。

参考文献

[美]阿古什:《费孝通传》,董天民译,河南人民出版社2006年版。

[德]埃利亚斯:《文明的进程:文明的社会起源和心理起源的研究·第一卷:西方国家世俗上层行为的变化》,王佩莉译,生活·读书·新知三联书店1998年版。

[法]爱弥儿·涂尔干:《宗教生活的基本形式》,渠东、汲喆译,商务印书馆2011年版。

安言:《派往开开弦弓指导生丝合作社情况》,《女蚕》1935年第68期。

[法]鲍德里亚:《消费社会》,刘成富、全志钢译,南京大学出版社2008年版。

北京大学、清华大学、南开大学、云南师范大学编:《国立西南联合大学史料(三)教学、科研卷》,云南教育出版社1998年版。

北京大学、清华大学、南开大学、云南师范大学编:《国立西南联合大学史料(四)教职员卷》,云南教育出版社1998年版。

曹兵武:《记忆现场与文化殿堂:我们时代的博物馆》,学苑出版社2005年版。

蔡文川:《地方感:环境空间的经验、记忆与想象》,丽文文化2009年版。

[英]常向群:《关系抑或礼尚往来?:江村互惠、社会支持网和社会创造的研究》,毛明华译,辽宁人民出版社2009年版。

陈杏荪:《开弦弓生丝精制运销合作社经过概况》,《合作月刊》1930年第2卷第9—10期。

丁华东:《社会失忆、档案与历史再现》,《档案与建设》2010年第4期。

杜晓新:《记忆研究的新领域——元记忆研究》,《心理科学》1991年第8期。

费达生:《吴江开弦弓村生丝制造之今夕观》,《苏农》1930年第1卷第5期。

费达生:《我们在农村建设事业中的经验》,《独立评论》1933年第73期。

费达生:《养蚕合作》,《江苏建设月刊》1936年第3卷第3期。

费达生:《复兴丝业的先生》,《农村经济》1934年第1卷第9期。

费达生、曹鄂:《对我国蚕丝事业的革新和发展作出重要贡献的郑辟疆》,中国科学技术出版社1993年版。

方李莉编著:《费孝通晚年思想录——文化的传统与创造》,岳麓书社2009年版。

[英]弗思:《中国农村社会团结性的研究》,《社会学界》1938年第10卷。

费孝通:《江村经济:中国农民的生活》,商务印书馆2001年版。

费孝通:《江村经济》,戴可景译,江苏人民出版社1986年版。

费孝通:《芳草天涯》,苏州大学出版社1994年版。

费孝通:《费孝通诗存》,群言出版社1999年版。

费孝通:《费孝通全集·第1卷,1924—1936》,内蒙古人民出版社2009年版。

费孝通:《费孝通全集·第8卷,1957—1980》,内蒙古人民出版社2009年版。

费孝通:《费孝通全集·第9卷,1981—1982》,内蒙古人民出版社2009年版。

费孝通:《费孝通全集·第10卷,1983—1984》,内蒙古人民出版社2009年版。

费孝通：《费孝通全集·第11卷，1985》，内蒙古人民出版社2009年版。

费孝通：《费孝通全集·第13卷，1988—1991》，内蒙古人民出版社2009年版。

费孝通：《费孝通全集·第14卷，1992—1994》，内蒙古人民出版社2009年版。

费孝通：《费孝通全集·第17卷，2000—2004》，内蒙古人民出版社2009年版。

费孝通：《费孝通全集·第20卷，书信、诗作》，内蒙古人民出版社2009年版。

费孝通：《生育制度》，天津人民出版社1981年版。

费孝通、张之易：《云南三村》，社会科学文献出版社2006年版。

费孝通：《三访江村——英国皇家人类学会1981年赫胥黎纪念演讲》，《江苏社会科学》1981年第17期。

费孝通：《论中国家庭结构的变动》，《天津社会科学》1982年第3期。

费孝通：《家庭结构变动中的老年赡养问题——再论中国家庭结构的变动》，《北京大学学报（哲学社会科学版）》1983年第3期。

费孝通：《我看人看我》，《读书》1983年第3期。

费孝通：《三论中国家庭结构的变动》，《北京大学学报（哲学社会科学版）》1986年第3期。

费孝通：《江村五十年》，《社会》1986年第6期。

费孝通：《人的研究在中国——个人的经历》，《读书》1990年第8期。

费孝通：《孔林片思》，《读书》1992年第9期。

费孝通：《中国城乡发展道路——我一生的研究课题》，《中国社会科学》1993年第1期。

费孝通：《个人·群体·社会——一生学术历程的自我思考》，《北京大学学报(哲学社会科学版)》1994年第1期。

费孝通:《农村、小城镇、区域发展——我的社区研究历程的再回顾》,《北京大学学报(哲学社会科学版)》1995年第2期。

费孝通:《重读〈江村经济·序言〉》,《北京大学学报(哲学社会科学版)》1996年第4期。

费孝通:《反思·对话·文化自觉》,《北京大学学报(哲学社会科学版)》1997年第3期。

费孝通:《开创学术新风气——在北京大学重点学科汇报会上的讲话》,《高校社会科学研究和理论教学》1997年第3期。

费孝通:《试谈扩展社会学的传统界限》,《北京大学学报(哲学社会科学版)》2003年第3期。

国立北平图书馆图书季刊编辑部:《Fei, Hsuaio-tung: *Peasant life in China*(费孝通:江村经济)》,《图书季刊》1939年第1卷第4期。

甘阳:《〈江村经济〉再认识》,《读书》1994年第10期。

[英]霍布斯邦:《资本的年代》,张晓华译,国际文化出版公司2006年版。

[法]哈布瓦赫:《论集体记忆》,毕然、郭金华译,上海人民出版社2002年版。

鹤见和子:《"内发型发展"的理论与实践》,胡天民译,《江苏社联通讯》1989年第3期。

鹤见和子:《小城镇工业化中家庭结构的变化》,徐大光译,《江苏社会科学》1990年第5期。

黄万纶:《费孝通"农村调查"的反动本质》,上海人民出版社1958年版。

黄应贵主编:《时间、历史与记忆》,中研院民族所1999年版。

侯哲荪:《开弦弓生丝精制运销合作社之调查》,《国际贸易导报》1932年第4卷第1期。

冀朝鼎:《中国历史上的基本经济区与水利事业的发展》,中国社会科学出版社1981年版。

江苏省农矿厅刊行:《吴江县开弦弓村生丝精制运销合作社之概况》,《农矿通讯》1929年第21期。

江苏省小城镇研究会:《日本学者谈小城镇研究中值得注意的几个问题》,《江苏社联通讯》1986年第11期。

[美]克利福德·格尔兹:《文化的解释》,纳日碧力戈等译,王铭铭校,上海人民出版社1999年版。

[美]克利福德·格尔茨:《尼加拉:十九世纪巴厘剧场国家》,赵丙祥译,王铭铭校,上海人民出版社1999年版。

[美]康纳顿:《社会如何记忆》,纳日碧力戈译,上海人民出版社2000年版。

[美]卡斯特:《网络社会的崛起》,夏铸九等译,社会科学文献出版社2003年版。

[美]卡斯特主编:《网络社会:跨文化的视角》,周凯译,社会科学文献出版社2009年版。

《开弦弓村志》编纂小组编:《开弦弓村志》,江苏人民出版社2015年版。

[美]拉比诺:《摩洛哥田野作业的反思》,高丙中、康敏译,商务印书馆2008年版。

[美]路威:《文明与野蛮》,吕叔湘译,生活·读书·新知三联书店2013年版。

[德]兰德曼:《哲学人类学》,上海译文出版社1988年版,第228—229页。

兰林友:《人类学再研究及其方法论意义》,《民族研究》2005年版第1期。

李立:《根系乡土——费孝通江村纪念馆建筑创作》,《建筑学报》2011年第4期。

李培林主编:《费孝通与中国社会学》,社会科学文献出版社2011年版。

[英]利奇:《缅甸高地诸政治体系:对克钦社会结构的一项研究》,

杨春宇，周歆红译，商务印书馆2010年版。

梁漱溟主编：《开弦弓村合作社办理之成绩》，《村治》1930年第1卷第7期。

李银河：《生育与村落文化》，中国社会科学出版社1994年版。

李友梅主编：《文化主体性与历史的主人：费孝通学术思想研究》，上海人民出版社2010年版。

李怡婷、赵旭东：《一个时代的中国乡村社会研究——1922—1955年燕京大学社会学系毕业论文的再分析》，载吴毅主编《乡村中国评论》（第3辑），山东人民出版社2008年版。

刘玉照：《村落共同体、基层市场共同体与基层生产共同体》，《社会科学战线》2002年第5期。

[法] 列维-施特劳斯：《结构人类学（1）》，张祖建译，中国人民大学出版社2006年版。

[法] 列维-施特劳斯：《结构人类学（2）》，张祖建译，中国人民大学出版社2006年版。

[美] 罗维：《初民社会》，吕叔湘译，商务印书馆1987年版。

[美] 摩尔根：《古代社会》，杨东莼、张栗原、冯汉骥译，商务印书馆1971年版。

麻国庆：《分家：分中有继也有合——中国分家制度研究》，《中国社会科学》1999年第1期。

《庙港镇志》编纂委员会：《庙港镇志》，浙江大学出版社2002年版。

[英] 马林诺夫斯基：《自由与文明》，张帆译，世界图书出版公司北京公司2009年版。

[英] 马凌诺斯基：《文化论》，费孝通译，华夏出版社2001年版。

南京图书馆特藏部、江苏省社会科学经济史课题组：《江苏省工业调查统计资料》，南京工学院出版社1987年版。

[英] 普里查德：《努尔人：对尼罗河畔一个人群的生活方式和政治制度的描述》，褚建芳、阎书昌、赵旭东译，华夏出版社2001年版。

潘乃谷、马戎主编：《社区研究与社会发展》，天津人民出版社1996

年版。

潘乃谷、王铭铭编:《田野工作与文化自觉》(上、下),群言出版社1998年版。

潘守永:《"一个中国的村庄"的跨时空对话——"台头"重访》,《广西民族学院学报(哲学社会科学版)》2004年第1期。

彭兆荣:《转换"舅""权"互为关系的一个原则》,《云南社会科学》1994年第2期。

彭兆荣:《论"舅权"在西南少数民族婚姻中的制约作用》,《贵州民族研究》1989年第2期。

彭兆荣、金露:《物、物质、遗产与博物馆》,《贵州民族研究》2009年第4期。

邝东:《舅权的产生、发展和消亡初探》,《民族研究》1985年第2期。

邱泽奇:《费孝通与江村》,北京大学出版社2004年版。

邱泽奇、王铭铭编:《社区研究与社会发展》(上、中、下),天津人民出版社1996年版。

[美]萨林斯:《石器时代的经济学》,张经纬、郑少雄、张帆译,生活·读书·新知三联书店2009年版。

[美]萨林斯:《文化与实践理性》,赵丙祥译,上海人民出版社2002年版。

沈关宝:《一场静悄悄的革命》,上海大学出版社2007年版。

沈关宝、杨丽:《社会记忆及其建构——关于黄道婆的集体记忆研究》,《社会学研究》2012年第12期。

沈汉:《蚕丝人生:费达生女士口述》,载李小江主编《让女人自己说话——独立的历程》,三联书店2003年版。

孙德忠、王峰:《论社会记忆的历史类型》,《湖北社会科学》2006年第12期。

孙庆忠:《人类学追踪调查的虚与实——重访南景村的思考》,《思想战线》2007年第1期。

［英］特纳：《象征之林：恩登希人仪式散论》，赵玉燕、欧阳敏、徐洪峰译，商务印书馆2012年版。

［英］特纳，《仪式过程：结构与反结构》，黄剑波、柳博赟译，中国人民大学出版社2006年版。

王淮冰：《江村报告——一个了解中国农村的窗口》，人民出版社2004年版。

王淮冰：《日本学者对苏南小城镇问题的研究》，《世界经济与政治论坛》1991年第6期。

吴江区统计局编：《吴江区统计年鉴》2012年版。

吴江市档案馆，全宗号7001，目录号1，年份85，案卷号6。

吴江市地方志编纂委员会：《吴江县志》，江苏科技出版社1994年版。

王明珂：《历史事实、历史记忆与历史心性》，《历史研究》2001年第5期。

王铭铭：《人生史与人类学》，生活·读书·新知三联书店2010年版。

王铭铭：《人与社会再生产——从〈生育制度〉到实践理论》，《社会科学战线》1997年第5期。

王嵩山：《博物馆、族群与文化资产的人类学书写》，稻香2005年版。

王跃生：《家庭结构转化和变动的理论分析——以中国农村的历史和现实经验为基础》，《社会科学》2008年第7期。

［芬兰］E.A.韦斯特马克：《人类婚姻史（第一卷）》，李彬、李毅夫、欧阳觉亚译，刘宇、李坚尚、李毅夫校，商务印书馆2002年版。

徐平等：《费孝通评传》，民族出版社2009年版。

谢舜民：《江村经济调查研究》，江苏人民出版社2012年版。

［德］扬·阿斯曼：《关于文化记忆理论》，载陈新、彭刚主编《文化记忆与历史主义，第1辑》，浙江大学出版社2014年版。

余广彤：《费孝通和姐姐费达生》，中央文献出版社2007年版。

叶南客：《江苏省小城镇研究会在宁成立》，《江苏社会科学》1983

年第14期。

杨清媚:《最后的绅士:以费孝通为个案的人类学史研究》,世界图书出版公司北京公司2009年版。

杨善华:《"江村"婚俗趣谈》,《社会》,1982年第3期。

宇野重昭:《中国:本土发展论的证明》,王延中译,《国外社会科学》1992年第10期。

阎云翔:《家庭政治中的金钱与道义——北方农村分家模式的人类学分析》,《社会学研究》1998年第6期。

中国民主同盟云南省委员会编:《费孝通与云南》,群言出版社2013年版。

张冠生:《费孝通》,群言出版社2011年版。

中国社会科学院社会学研究所、江苏省社会科学院社会学研究所、江苏省社会学会编印:《江村信息:江村社会调查文集》1982年,内部资料。

庄孔韶:《回访的非人类学视角和人类学传统——回访和人类学再研究的意义之一》,《西南民族大学学报·人文社科版》2004年第1期。

庄孔韶:《回访和人类学再研究的专题述评——回访和人类学再研究的意义之二》,《西南民族大学学报·人文社科版》2004年第2期。

庄孔韶:《南部中国乡村都市过程及动力——回访和人类学再研究的意义之三》,《西南民族大学学报·人文社科版》2004年第3期。

庄孔韶:《金翼家族沉浮的解说——回访和人类学再研究的意义之四》,《西南民族大学学报·人文社科版》2004年第4期。

庄孔韶等:《时空穿行:中国乡村人类学世纪回访》,中国人民大学出版社2004年版。

郑辟疆:《省女蚕所负时代之任务及今后之改进》,《江苏教育》1933年第2卷第5期。

张秋兵:《中国纪念馆刍议》,载江苏省博物馆学会《区域特色与中小型博物馆:江苏省博物馆学会2010学术年会论文集》,文物出版社2011年版。

赵旭东:《文化的表达:人类学的视野》,中国人民大学出版社2009年版。

赵旭东主编:《费孝通与乡土社会研究》,社会科学文献出版社2010年版。

赵旭东:《人类学与文化转型——对分离技术的逃避与"在一起"的哲学回归》,《广西民族大学学报(哲学社会科学版)》2014年第2期。

赵旭东、罗劲:《图式冲突中的英雄观念重构与真实性告诫——以华北一村落有关抗日英雄的集体记忆为例》,载杨念群、黄兴涛、毛丹主编《新史学:多学科对话的图景》,中国人民大学出版社2003年版。

赵旭东:《文化实践、图式与"关系"建构》,《开放时代》2009年第3期。

赵旭东:《超越社会学既有传统——对费孝通晚年社会学方法论思考的再思考》,《中国社会科学》2010年第6期。

赵旭东:《人类学为什么会远离江河文明》,《思想战线》2014年第1期。

赵旭东:《线索民族志:民族志叙事的新范式》,《民族研究》2015年第1期。

赵旭东、王莎莎:《食在方便——中国西北部关中地区一个村落的面食文化变迁》,《民俗研究》2014年第5期。

周拥平:《江村经济七十年》,上海大学出版社2006年版。

朱通华:《论"离土不离乡"》,载江苏省小城镇研究课题组编《小城镇,新开拓:江苏省小城镇研究论文选》(第2集),江苏人民出版社1986年版。

朱云云、姚富坤:《江村变迁:江苏开弦弓村调查》,上海人民出版社2010年版。

Fabian, Johannes, *Anthropology with an Attitude*, Stanford: Stanford University Press, 2001.

Max Cluckman, "The Utility of Equilibrium Model in the Study of Social Change", *American Anthropology*, 1968.

Meyer Fortes, *Time and Social Structure and Other Essays*, The Athlone Press, UK, 1970.

W. R. Geddes, 1963, *Peasant Life in Communist China*, *The society for applied anthropology*, Rand Hall, Cornell University, Ithaca, Neo.

附录 1

《吴江报》(后《吴江日报》)
对费孝通来访的报道

1957年6月1日 星期六 第49号
《大力发展副业生产 教育农民注意积累
——费孝通重访本县开弦弓村提出的意见》

全国人民代表大会代表费孝通,最近在他二十年前调查过的本县开弦弓乡开弦弓村(即联合三社)作了二十天的调查。

费孝通指出这个村的粮食总产量,1956年比1936年增加了60%,特别在农村合作化以后,增产非常显著;但是副业生产目前还没有恢复,比1936年水平还低40%。因此,尽管农业上升较快,农民的纯收入,1956年只比1936年增加5%左右。他认为如果解决缺肥问题,水稻现在每亩五百多斤,有可能提高七百斤左右。目前这个村人多地少,要增加农业收入,光靠农业增产是不够的。

费孝通谈到这个村的副业生产存在几个突出问题。第一是蚕茧产量只及二十年前的60%,原因是桑田面积缩小,桑叶产量下降。他说,"如果进行补种、垦种,在三五年内把面积扩大一倍是可能的,但是今年没有动手"。第二是他建议有关部门排排队,将许多农产品加工企业放到农村里去。第三,这个村是一个水乡,现有一百六十多条船。从前每条船在积肥以外,农闲时从事运输副业,每年赚回相当于七百五十斤大米的收入,现在只有十条船在做,船力浪费很大。他说,是否可以研究一下这些船力怎样在运输方面发挥作用。第四，家畜副业的饲料还没有彻底解决，阻碍着羊、兔、猪等副业的发展。因而不能充分积肥，影响农业产量的提高。他建议领导上能够注意研究利用水面来种植饲料。

费孝通进一步提出了当前农村中的一个社会问题：农民不注意积累。他说："这里农民的收入在全国来说是高的，去年集体收入的分配按人口每人平均分到八十二元，加上家庭副业收入，每人在一百元以上。可是这里农民生活费用之高也是全国突出的。合作化以后，农民第一年造房子，第二年是做衣服，现在是讲究吃了。一句话，不注意积累，用钱没计划。"他认为政府应该重视这个问题，要加强教育，否则增产再多些，农民也不会殷实起来。

费孝通二十年前在这个村里调查以后，曾在国外将调查材料用外国文写成一本书，在新西兰出版，以后被翻译成十一国文字，成为外国人了解旧中国农村的重要参考资料。目前随同费孝通工作的还有中国经济研究所的三位同志，还在继续进行调查。费孝通表示：等调查结束，他将再写一本书，向外国人介绍新中国农村的新面貌。

1995年5月18日　星期四　第41期
《全国人大常委会副委员长费孝通视察吴江》

本报讯（记者王炜）5月15日下午，全国人大常委会副委员长费孝通来吴江视察工作。市委书记沈荣法、市长张钰良代表吴江人民看望了费老，对费老来家乡视察表示欢迎。沈荣法说，费老多次回家乡，每次对我们帮助指导很多，希望这次来同样为吴江的发展多出点子。沈荣法向费老汇报了繁荣吴江经济的"五大战略"，特别是费老提出的小城镇建设、水上做文章、丝上做文章和正在制订的实现基本现代化发展规划的情况。

费老说：我对家乡非常熟悉，每年来都感到有新的气象，有的地方不认识了，进入了一个新的世界，我感到高兴。祝愿家乡进一步发展，取得更大的成绩。

市委副书记陆正方、市委常委、市委办公室主任沈恩得、市人大副主任李文彧、原市人大主任于孟达等也随同看望了费孝通副委员长。

1995年5月23日　星期二　总第43期
《吴江，永远的故乡——费孝通副委员长与本报记者谈回乡感想》

本报讯（记者晓容　梦杰）全国人大常委会副委员长费孝通最近又重返故乡吴江视察，5月20日下午，86岁高龄的费老接受了记者专访。

费老精神矍铄，思维敏捷，言谈之间透出对吴江的眷恋和深切关注，他说：这十几年来，我每年都要回家乡来，家乡年年都有变化，特别近两年变化最大，比如我出生的地方松陵镇富家弄，和我曾经住过的水东门，现在老房子都没有了，只剩一座富家桥（今市人民医院门口的桥）。我还在磨坊弄住过十年，但我住屋的原址上已成了市老干部活动中心了。可以说，松陵镇的城市环境几乎完全变了，看不出原来的样子了，九十年代是吴江小城镇建设发展时期，家乡人民通过七十、八十年代的积累财富，到九十年代迅速建设小城镇，才有今天吴江的高楼大厦、四通八达的宽阔马路，人民的物质生活水平有了很大提高，从八十年代初农民年收入人均300元到今天人均年收入超过2000元，有近10倍的增长。九十年代小城镇发展是历史上发展最快、变化最大的时期，是一个飞跃。这是我们吴江人干出来的，这不是假的。但我们现在的富是相比较而言的，离开世界中等发达城市的标准还很远，所以我们要找出一条新的发展路子，要找出薄弱环节。现在我们的改革开放不是说已经完成了，而是刚刚开始。这点意识大家要具有。江苏的发达地区不能掉以轻心，道路还远着呢，另外，历史发展总会有曲折，一定要有心理准备，要经受得起考验。

当费老听了《吴江报》的有关情况汇报后，说，报纸是精神文明建设中的一种重要舆论传媒。一张报纸办得好不好，是一件十分重要的事情。你们要把报纸办得大家要看，要帮助大家提高精神文明素质。费老还询问记者有关《吴江报》的发行量、印刷、电脑设备等问题，记者

——作了详细汇报，原定半小时的采访，不知不觉已超过了一个小时，为了不影响费老休息，记者起身告辞，握手道别之际，记者在心底涌起了一个深深的祝福——祝费老身体安康、万事如意！

1996年4月15日　星期一　总第201期　今日四版
《鲈乡荡春风 殷殷乡情浓——记费孝通副委员长视察家乡》

本报讯（记者王炜）日前，86岁高龄的全国人大常委会副委员长费孝通又一次回到家乡视察工作。

4月4日至4月9日，费老在市委书记沈荣法和市长张钰良等陪同下，先后视察庙港、八都、七都、青云等地，参观了有关乡镇企业、小城镇新区、学校等，同市有关领导和企业界人士就如何进一步围绕太湖开发，吴江经济上新台阶等进行了座谈。

视察过程中，费老在分别听取市委书记沈荣法和市长张钰良的汇报后，对吴江今后的发展提出了重要意见。他首先肯定我市近年来所取得的令人瞩目的成绩，对干部群众的精神面貌给予了高度评价，同时他也坦言，吴江的丝绸在全国领先的地位也正面临着严峻的挑战，他说，吴江要在"九五"新一轮竞争中继续保持领先的势头，必须要有更为开阔的视野和思路，要善于开拓新的领域，不断挖掘新的潜力。

对我市的水资源的保护与太湖整治问题，费老尤为关心，他动情地说，上有天堂、下有苏杭，苏杭中间是吴江，天堂美靠的是什么？靠的是水，因此，可以说水资源是吴江的优势之源，他希望吴江能下大决心，花大力气，在水上做文章，治标治本。当听到市领导介绍目前家乡对开发太湖倾注极大的心血，利用东太湖围养各种鱼类和蟹，不仅为当地村民开辟了一条致富途径，而且还解决了太湖水质的污染时，费老频频点头称好。

在庙港开弦弓村，费老听取镇村两级领导关于太湖开发情况，对开弦弓村出现的喜人景象表示出极大兴趣，提出到农户家去看看。在农户徐村宝家，费老详细地询问了主人家中收入，房屋是何年盖起来的，勉励他们继续努力，在致富路上为家乡作贡献。

当费老来到八都中国华鑫集团华洲养殖场时，市领导向费老介绍了华鑫集团从一家濒临倒闭的小厂发展到国家级集团，从工业转向农业的创业过程，费老十分满意地说，你们的水上文章做得很好，很及时，发展了经济。

费老还视察了七都江苏双塔集团、中国亨通集团、苏州金装集团、每到一地，费老看得都十分认真，听得非常仔细，并不断提出一些问题，对这几年七都乡镇工业高起点的意识大跨步的发展表示赞赏。

小城镇建设和发展是费老提出的当今农村改革的一个重要内容，费老来到小城镇试点镇青云，听取镇领导汇报小城镇建设有关情况，察看了青云镇新区，兴致勃勃地说，发展现代化农业，提高农民收入，实现农村工业化需要加强小城镇建设，在这个过程中，有大量的问题需要研究，有许多矛盾需要解决，你们已有一定的经验，要鼓励农民带资进镇兴办各种企业，参与小城镇建设，要群策群力，青云一定会有一个崭新的局面。费老对青云中学学生会考合格率达100%、优秀率达87.3%，学校的校舍、设备设施在全市保持领先地位很满意，他说，这里的条件不差，成绩也很了不起，要继续努力，争取创出更好的成绩。

在吴江期间，费老还分别会见了省委常委、副省长、苏州市委书记杨晓堂，河北省委书记程维高，分别向他们了解发展情况及苏州工业园区的进展，共商发展大计。

陪同费老视察的还有省人大副秘书长吴金盛、苏州市人大副主任杨炳双及我市四套班子有关领导等。

1997年4月10日　星期四　总第424期　今日四版
《家乡的变化使我欣慰——记费孝通副委员长视察吴江》

本报讯（记者王炜）4月6日到9日，春暖花开的日子，全国人大常委会副委员长费孝通再次来我市视察工作。6日下午，市领导沈荣法、张钰良、汝留根、徐静柏和老同志于孟达等在吴江宾馆迎接费老，对他

第22次回家乡表示热烈欢迎。

4月7日上午,市领导沈荣法、张钰良、徐静柏、戚冠华等在吴江宾馆看望了费孝通副委员长,市委书记沈荣法向费老汇报了今年以来吴江的主要工作。一是加大精神文明建设力度,抓教育、抓育人、抓落实,开展"塑造跨世纪吴江人形象"活动;二是加大经济发展的力度,进一步巩固农业基础地位,优化工业经济的结构。创名牌、增规模、强管理、抓改革,大力发展开放型经济和第三产业;三是加大改善投资环境的力度。创建国家级卫生城市。沈荣法说,近几年来,我们按照费老提出的要做好水上这篇文章的要求,大力发展水产养殖,甲鱼、欧洲鳗鱼、罗氏沼虾、淡水龙虾、河豚等特种水产养殖又有新的发展。

在汇报到我市推进农业机械化和土地保护时,费老听得很认真,他一边听、一边记、一边询问,当听到吴江用地与造地基本平衡,费老高兴地笑了。他说,吴江在这方面的工作,中央表扬了,一年复耕4500亩,了不起的成绩,土地很重要,不能流失,复垦土地一举多得。

费老还把他所著的《江村经济》等35册学术随笔、图书送给吴江图书馆。

市委副书记、市人大常委会主任张钰良、副主任戚冠华就我市太湖沿线水利建设向费老作了汇报。

4月7日下午,省委常委、苏州市委书记杨晓堂来吴江看望了费孝通副委员长,并就太湖流域发展等情况向费老作了汇报。杨晓堂说,最近几年,苏州和吴江都发生了巨大的变化,这与费老的关心和帮助分不开的,以后我们要更加努力,争取早日实现基本现代化。

费老对家乡的巨大变化表示满意,他对吴江领导不断更新观念、开拓思路、务实求实给予了充分肯定。

4月8日上午,费老在市人大常委会副主任李文彧、老同志于孟达等陪同下,风尘仆仆来到庙港太湖边,他沿着大坝边走边详细询问了太湖水的情况。庙港镇领导告诉费老,近年来减少了蒿草面积,进行合理养殖,发展围网养鱼等,既增加了经济收入,又改善了水质。费老满面笑容眺望了那清澈见底的太湖水,高兴地说,我最担心的就是太湖水质的情况，今天看了很高兴。

费老还向镇领导关切地询问蚕桑生产、丝绸工业、治太湖工程等情况，特别询问了缫丝行业的近况，镇领导一一作了汇报，并介绍说，金蜂的缫丝业走在全国同行业前列，取得了很大成绩。费老听了十分高兴。费老还在开弦弓村看望了88岁的于长宝老人，询问了老人的身体状况和家庭情况，关怀之情溢于言表。

当天下午，费老又视察了桃源镇东方国际集团的华源竹制品有限公司和服装研究中心，听取了镇领导的汇报。费老高兴地说，故乡的变化使我欣慰。吴江的明天一定会更美好。

1997年10月16日　星期四　总第560期　今日四版
《全国人大常委会副委员长费孝通来我市考察》

本报讯（记者王炜）本月12日至15日，全国人大常委会副委员长费孝通来我市考察。12日晚上，苏州市人大常委会副主任府培生，我市领导沈荣法、张钰良、汝留根、徐静柏、陈士良等在吴江宾馆欢迎回家乡考察的全国人大常委会副委员长费孝通一行。

费孝通说，金秋时节，在吴江境内，一路上到处可见丰收在望的景象，运河两岸整洁美观，家乡人民安居乐业，吴江变得更加美丽了。

市委书记沈荣法说，费老是吴江人民的骄傲，我们按照费老的要求做好水上这篇文章，进一步加强农业基础地位。我们要把吴江建设得更加美好。

费老与我市领导就吴江的发展进行了热烈的交谈，对我市经济建设和社会事业取得的长足发展给予充分肯定，希望吴江在十五大精神指引下，再接再厉，再上新台阶。

15日上午，费老在府培生、李文彧陪同下，考察了古镇同里。去年9月费老考察过同里，一年后旧地重访，看到古镇加快发展以旅游业为龙头的第三产业，把古镇同里这颗水乡明珠建设得更加绚丽夺目，非常高兴。他要求同里乘十五大的东风，坚持以市场为导向，扬长避短，发挥古镇的优势，使其真正成为吴江旅游经济新的增长点，使吴江旅游业有一个更大的发展。

费老于昨天晚上离开吴江返京。

1998年4月14日　星期二　总第703期　今日四版
《"草根工业"长成"满帆工业" 费孝通回家乡 鼓励农村经济》

本报讯 （记者王炜）昨天，原全国人大常委会副委员长费孝通结束在我市的考察离开吴江。费孝通在考察我市农村经济发展和乡镇企业机制时指出：一方面要精心爱护、培植"草根工业"，另一方面要努力创造良好的环境，促进"满帆工业"更快地发展壮大起来。

费孝通是上月底回家乡考察的。3月31日上午，费老在听取我市汝留根、毕阿四等领导有关吴江当前经济、乡镇企业改制情况的汇报后说，苏南最早出现乡镇企业，我把它叫做"草根工业"，因为它的根深深地扎在千千万万的农民中间，有着强大的生命力。"野火烧不尽，春风吹又生"，乡镇企业走过20多年的历程，证明了这一点。乡镇企业能够把多余的劳动力转变成生产力，创造出财富，使农民富裕起来，解决了中国的基本问题。至于这个生产力能有多大，就要看怎样处理好各种生产关系，发挥多大的科技作用等等因素，但是牢牢抓住这一条是不会错的。

费孝通说，目前乡镇企业又碰到了不少困难，有点风浪，这个情况引起了人们的关注，我也很关心。因此，这次回家乡，想看看乡亲们有什么办法。

考察期间，费孝通去庙港看了两家农户，一家办起了家庭电子器材厂，另一家编织羊毛衫。他对农户发展家庭工业很感兴趣。他说，开弦弓的羊毛衫使我想起吴江的兔毛生产，80年代初这里的农村曾经出现过饲养毛兔的热潮，被誉为"兔毛之乡"，后来因兔毛价格降低，养兔的农户减少了。近几年，随着国外兔毛价格的上扬，吴江农民养兔的积极性又被调动起来，春风吹又生了。

费孝通说，开弦弓这两户家庭工业和吴江市涨涨落落的兔毛生产，不正表现出"草根工业"和传统副业生产的基本特点吗？而且表明开弦弓的农民经过这些年市场经济的锻炼，学会了经营，主动出来找市场，并且在家庭工业里应用了一些新的技术，因此，可以说开弦弓的家庭工业已经提高到一个新的层次。

在七都，费孝通了解到，该镇经过十几年的努力，到1997年电缆生产量已经占全国产量的1/6，工业产值30亿元。他说，七都电缆业的崛起，是与上海电缆研究所的沈康先生的帮助和关心是分不开的，是他把生产电缆的信息和技术送到他的家乡七都，我们应该感谢他。他动情地说，这事也使我想起了我的姐姐费达生，她在70年前把当时先进的蚕丝业技术带到了广大农村，为家乡蚕丝业的发展立了功。现在"蚕丝"和"铜丝"这两丝竟成了吴江的支柱产业，我想他们这种热爱家乡的精神和把科技与乡土结合的做法，是值得我们学习的。这件事也启发我们要做好人才的使用和引进工作。一个人发挥出他的才干，就可能带动或促进一方事业的发展。

费孝通指出，当前我国的国民经济增长速度要确保8%的比率，通讯事业的发展也是一个关键，今后若干年电缆需求量很大，七都人选准这样一个行业作为突破口，千方百计开拓市场，使电缆生产成为全镇的支柱产业。现在他们又瞄准了科技含量更高的光缆这样一个"朝阳工业"作为下一步发展的目标，这是极不简单的。相信他们的努力一定会成功。

离开七都，汽车沿太湖行驶，湖面上一艘艘渔船，费孝通笑着说，七都镇迅猛发展的电缆业，正像这些渔船一样，鼓满风帆向前疾驰；这些乘风破浪前进的"满帆工业"正式乡镇企业跃上新台阶、继续向前发展的排头兵。

在金家坝杨文头村和姑苏净化设备公司，费孝通认真听取了镇、企业负责人的汇报，他说，企业最关键的是要有人才和先进的科技，乡镇企业发展中面临的最大困难是缺乏人才，要鼓励人才流动。

在与市领导沈荣法、汝留根、张钰良、徐静柏等座谈乡镇企业的改革时，费孝通指出，从长远观点看，国内外形势风云莫测，当前东南亚金融危机只是一个开头,今后大风大浪还会不断出现。他说,在风浪面前我们要想立于不败之地就得抓住两头:一头要精心爱护、培植"草根工业",稳住阵脚;另一头要努力创造良好的环境,促进"满帆工业"更快地发展壮大起来。当然,"满帆工业"的发展不会一路顺风,在竞争激烈的市场经济里,能不能选准有发展前途的工业门类;能不能掌握这一行业的关键技术,并善于把科技和自己的传统优势结合起来;能不能开拓国内国外两个市场,这是对企业领导人的严峻考验。一个好的领导要善于捕捉机遇,不能等风来了再扬帆。

沈荣法表示,费老提出的吴江的"草根工业"和"满帆工业"都是费老对家乡的一片深情,我们要把这片情化作我们的行动,把乡镇工业搞得更好。我们既要抓好"草根工业",更要抓好"满帆工业",确保吴江经济健康有序地发展。

在结束考察前夕,费孝通高兴地对我市市领导说,在短短的十多天时间里,看到吴江的发展,以及庙港、七都、金家坝的进步,令人振奋。他希望家乡的父老乡亲能够尽快战胜目前的困难,充分利用科技的"顺风",发展本乡的传统优势,使乡镇企业异军再起。多培养几个像盛泽和七都这样的工贸农结合的小城镇。

在费孝通3月30日至4月13日的考察期间,省委常委、苏州市委书记杨晓堂,省人大常委会副主任曹鸿鸣,苏州市委副书记、市人大常委会副主任谢慧新、陈浩,我市汝留根、毕阿四、程惠明、吴菊忠、张钰良、徐静柏、翁祥林、秦星坡、张莹等领导分别进行了陪同,并介绍、汇报有关工作。

1998年10月9日　星期五　总第856期　今日四版
《'98中国吴江金秋经贸洽谈会隆重举行 费孝通到会祝贺
项怀诚发来贺电 中国行政管理学会专致贺辞》

本报讯(记者万家峰　王炜)昨天,金风送爽,丹桂飘香,吴江宾馆更是鲜花簇拥、喷泉欢跳,一派喜气洋洋的节日气氛,9点45

分,'98中国吴江金秋经贸洽谈会在这里隆重举行。

主席台上就座的领导和贵宾有:原全国人大常委会副委员长费孝通,中国行政管理学会副会长武树帜,省外经委副主任徐燕,省对外开放办公室副主任黄耀中,苏州市委副书记、苏州市人大常委会主任黄俊度,苏州市人大常委会副主任王振明,苏州市政协副主席江惠英,苏州市委常委、吴江市委书记沈荣法,市委副书记、市长汝留根,人大常委会主任张钰良,政协主席徐静柏,台湾美齐股份有限公司董事长温多如,法国兰妮比加利吴江纺织有限公司总经理纪也美,华渊电机(江苏)有限公司董事长孙睿哲,德国LMC集团总裁威特,台湾吴江同乡会会长龚积榴,台湾冠雄电脑有限公司董事长林文正,法国布尔昆·雅里昂市市长爱德蒙·鲁瓦,日本石川县内滩町町长岩本秀雄等。

参加开幕式的有来自美国、法国、韩国、日本、新加坡、德国、加拿大、瑞士、芬兰、荷兰、意大利、比利时、瑞典、泰国、菲律宾、英国等16个国家和港澳台地区的200多名来宾。我市友好城市法国布尔昆·雅里昂市的政府代表团、经贸考察团成员和日本石川县内滩町的政府、议会代表团成员。

市长汝留根主持开幕式,市委书记沈荣法致欢迎辞。他代表市四套班子对各级领导、海内外嘉宾和各位新老朋友的光临,表示热烈的欢迎和衷心的感谢。沈荣法在致辞中简要介绍了我市的地理环境、历史文化和优良的投资环境后说:"今天,我们与各位朋友相聚在一起,目的就是希望各位客商提出自己的合作意向和项目,和我们洽谈合作。我们相信,有我们多年来共同努力形成的良好合作基础,我们双方的合作一定会取得成功!"

在开幕式上,台湾美齐股份有限公司董事长温多如先生、法国兰妮比加利吴江纺织有限公司总经理纪也美先生和布尔昆·雅里昂市市长爱德蒙·鲁瓦先生,内滩町町长岩本秀雄先生分别发表了热情洋溢的讲话。他们在讲话中盛赞了我市天时、地利、人和的优良投资环境,温多如先生说,此次来中国内地投资,公司经过了大量的调研后选择吴江,是看中了吴江人的工作热情和高效的办事效率,公司在吴江仅花100天时间就办完了有关手续并落成了工厂啊,这是一个奇迹。纪也美先生说,公司在吴江投资,一切十分顺利,吴江的领导时时处处在真诚地关心着我们。他相信,吴江必定能吸引越来越多的客商前来投资。

黄俊度、徐燕也分别在开幕式上发表了讲话。

费孝通在开幕式上讲话中说:"今天我十分高兴地参加这次经贸洽谈会,我是吴江人,是家乡人,今天专程赶来,向各位客商、来宾表示感谢。你们来吴江投资,支持吴江建设,吴江人们感谢你们,我也感谢你们!"费孝通还衷心祝愿'98中国吴江金秋经贸洽谈会圆满成功。

开幕式上,华美电子股份有限公司、华登塑胶股份有限公司、鲲鲟工业有限公司、吴江利华塑钢型材有限公司、九龙电缆有限公司等五家台港资企业与我市国土局进行了土地批租签约。

我市领导毕阿四、程惠明、吴菊忠、沈恩得、鲍玉荣、徐惠民、金久益、周留生、王永健、沈建微、张锦宏、吴根荣、郭连生等也参加了开幕式。

1998年10月12日　星期一　总第858期　今日4版
《费孝通在我市考察 他指出要用科技来提高现代化水平》

本报讯 (记者王炜)10月9日,来我市参加金秋经贸洽谈会的原全国人大常委会副委员长、著名社会学家费孝通前往横扇镇叶家港村和南麻镇的吴江化纤织造厂考察个体私营经济。

在叶家港村民王明泉家里的羊毛衫生产车间,费老驻足良久,仔细观看羊毛衫的织造过程。在造型别致的农家小别墅里,费老与主人王明泉聊起今年的收成。王明泉怀着喜悦的心情向费老递上一件羊毛衫说,今年又比去年好。一旁的村支部书记朱建新向费老汇报说,全村300多户,有1000多台横机,日产羊毛衫最多达3万件,去年人均收入超过1.5万元,村里富了,村里又把为民办实事、提高村里生活水平、改善全村居住环境当作工作重点,并提出了建设现代化新农村的目标。当听到村民生活一年比一年好,费老很欣喜,他由衷地祝福村民的日子越过越好,并高兴地与镇村领导合影留念。

随后,费老兴致勃勃地来到南麻镇吴江化纤织造厂,他详细询问了企业的发展过程,对公司一流的喷水织机设备表示赞赏。这家1994年5月在全市率先转制的私营企业,目前总资产达6500万元,今年企业凭着规模优势,较好地化解了东南亚金融危机的负面影响,目前又投入3000万元再增喷水织机300台,设备全部投产后,年销售额将超过2亿元。费老勉励厂长陈建华再接再厉,提高水平,把企业发展得更好,争取更大的成绩。

在考察过程中,费老先后听取了横扇镇、南麻镇领导关于发展个体私营经济的汇报。他指出,80年代提出小城镇大问题,还是纸上谈兵,而现在就是一个实在问题,横扇叶家港村、吴江化纤制造厂的发展,处处显示了传统经济向现代化转变,因此,搞现代化,就要在传统经济上用科技来提高现代化水平,来发展传统产业,提高经济效益。

10月10日下午,省人大常委会副主任曹鸿鸣、王霞林在苏州市人大常委会副主任王振明等陪同下,专程前往吴江宾馆看望了费孝通教授,对他回家乡考察表示欢迎。

费孝通教授于昨天下午离开吴江赴常熟市考察。

1999年3月3日　星期三　总第978期　今日4版
《费孝通昨抵家乡调研——汝留根程惠明等于费老亲切会谈》

本报讯（记者王炜）原全国人大副委员长费孝通,在苏州市人大常委会副主任王振明等陪同下,于昨天上午来我市开展调研活动。

昨天上午,市委书记汝留根,市委副书记、市长程惠明,市人大常委会主任张钰良,市政协主席徐静柏等在吴江宾馆贵宾楼亲切会见费孝通一行。

汝留根对费老在新春兔年元宵佳节之际来家乡调研表示热烈欢迎。他介绍说,去年,吴江在东南亚金融危机的影响下,首当其冲,但还是挺过来了,完成了财政收入任务,今年,我们在去年取得成绩的基础上，经济工作在吸引外资上下功夫，充分挖掘民资潜力，大力发展个体私营经济。同时，对现有的企业，特别是大中型企业进行产权制度改革，把机制进一步搞活，产生新的活力和动力。他希望费老在吴江调研期间多了解吴江对三资（制）方面的动作及社会反响。

费孝通感谢家乡的热情接待，对我市经济工作以外资、民资和改制为重点表示赞赏，并祝愿家乡把今年的各项工作做得更好。

老领导于孟达等参加了会见。

1999年4月12日　星期一　总第1012期　今日4版
《费孝通来我市考察 汝留根、程惠明等会见费老一行》

本报讯（记者王炜）原全国人大常委会副委员长费孝通，在苏州市人大常委会副主任王振明等陪同下，昨天上午抵达我市，将进行为期5天的调研。

市委书记汝留根，市委副书记、市长程惠明，市人大常委会主任张钰良，市政协主席徐静柏等在吴江宾馆贵宾楼迎接费老的到来。

汝留根向费老汇报了当前全市的发展情况。他说，目前全市企业改制很顺利，有实质性进展且运作良好，激发出很强的活力。民营企业的发展呈现出蓬勃的生机。一批台商企业看好吴江，形成一个台商投资的小热潮。为吸引更多的外资，与大运河东2平方公里新区配套的吴江第一桥的江陵大桥已动工，预计年底完工，到时，一个初具规模的高科技电子工业区将崛起，形成又一个产业优势。市四套班子领导都希望费老在吴江多看看，多听听，为吴江的发展多出主意、多指点。

费孝通高兴地说，吴江开发区的台商投资企业已经形成规模了，吸纳民资和改制工作都进展良好，这很好。家乡土地整治、管理工作在全省乃至全国有一定的影响，此行的目的想调研吴江节约和复垦土地的做法及小城镇建设发展情况。

1999年11月1日　星期一　总第1185期　今日4版

《梁保华看望费孝通 他代表苏州市四套班子恭贺费老九十华诞》

本报讯 （记者王炜）10月29日晚上，吴江宾馆贵宾楼洋溢着欢乐喜庆气氛，省常委、苏州市委书记梁保华，苏州市人大常委会副主任王振明，苏州市政协副主席盛家振在我市委书记汝留根、市长程惠明等陪同下，专程看望来家乡考察的费孝通教授。

梁保华代表苏州市四套班子向费老喜度九十华诞表示祝贺，赠送老寿星和花篮，并祝费老生日快乐，健康长寿。梁保华说，费老德高望重，以国家富强和人民富裕为己任，行行重行行，为社会进步和经济建设做出了杰出贡献，并大力宣传苏州，介绍吴江，推动了家乡发展，家乡人民引以为豪，他衷心祝福费老健康长寿。

费老说，人生九十，回家乡和亲朋好友欢聚一堂，亲切交谈，我很高兴，我要感谢江苏省、苏州市特别是吴江市的各级领导，因为没有你们的一贯关怀、支持和帮助，我的社会调查工作是不可能实施的。他说，今天上午看到开发区繁荣的景象感到非常高兴。现在吴江发展电子咨询产业，这种道路很好。费孝通感谢梁保华等领导的热情看望和盛情祝贺，宾主还就苏州、吴江的发展等问题进行了亲切交谈。

《费孝通回家乡考察 汝留根陪同费老考察开发区》

本报讯 （记者杨林华　王炜）原全国人大常委会副委员长费孝通于10月28日回家乡考察。市领导汝留根、程惠明、毕阿四、范建坤、孙幼帆、屠金林和老同志于孟达等专程前往吴江宾馆看望费老，并进行了亲切的交谈。

市委书记汝留根对费老在九十华诞之际回家乡，举行"中国农村现代化道路探索国际研讨会"表示欢迎，对费老长期以来关心、支持家乡建设和发展表示诚挚的感谢，并介绍了今年以来我市以"三资（制）"工作为重点的经济发展情况。汝留根希望费老在家乡多走走看看，多给家乡发展出谋划策。

费老对家乡经济建设的发展和日新月异的城镇面貌感到高兴，表示一定要多看看，亲身感受家乡的新变化，希望看到家乡越变越好。

10月29日上午，费老在市委书记汝留根陪同下，考察了市经济开发区。

在车上，费老一边看着开发区景象，一边高兴地听取汝留根的汇报，时而关切地询问正在建设中的企业规模、生产的产品等情况，时而点头露出满意的笑容。费老对生产电脑部件等高科技产品很感兴趣，兴致勃勃地先后参观了高创电子有限公司、广瀚科技电子有限公司和全友电脑有限公司，仔细地查看了具有世界一流水平的生产线，并观看了扫描仪产品的操作展示。费老对3家企业着力提高创新能力和强劲的发展势头表示由衷的高兴。

考察结束前，费老高兴地说，科技进步对人们生活的作用越来越大，家乡发展民族电子工业，吸引软件生产企业，利用外资到了上水平、上档次的阶段。开发区起步虽晚，但起点高、发展快、效益好，已打下了一定的基础，积累了很多经验，要珍惜这么好的投资环境。运东区要引进更多的高新技术项目，电子资讯产业是朝阳产业，方兴未艾，大有文章可做，他坚信吴江电子资讯产业园羽翼渐丰，将成为对外资特别是台资具有较强吸引力的地区之一。

1999年11月4日　星期四　总第1188期　今日4版
《费孝通学术研讨会在我市举行 丁石孙、钱伟长及中外知名大学学者出席活动》

本报讯 （记者王炜）11月2日，一批来自中外知名大学的著名学者、专家、教授以及中共中央统战部、民盟中央的代表在吴江宾馆欢聚一堂，参加费孝通学术研讨活动。

学术研讨活动中，著名政治活动家社会学家、中国民主同盟中央名誉主席费孝通用朴实的语言讲述了他作为一名以研究中国社会和文化为一生兴趣的学者，志在富民的追求和抱负以及他大半辈子勤奋、坎坷而又硕果累累的学术生涯。费孝通说：我的一生从20世纪的初期开始，经过了90个年头。这段历史留下了文字上的痕迹，反映了我在这段时间里社会对我所起的作用，同时也多少透露了这段历史时期里中国知识分子通过写作对社会所起的作用。

作为20世纪中国最著名学者之一的费孝通教授，在60多年的学术生涯中，以行行重行行的坚韧，奔波于祖国的东西南北，始终坚持不懈地思考探索、调查研究着富民之路，把毕生的精力全部贡献给了学术，又把一生的学术融汇到了中华民族的伟大复兴之中，给后人留下了不可磨灭的贡献。

全国人大常委会副委员长丁石孙、全国政协副主席钱伟长、香港中文大学副校长金耀基、北京大学副校长何芳川先后致辞，对费老的学术成就给予了高度评价。

中共江苏省委副书记顾浩向学术研讨活动的举办表示祝贺，并祝费老健康长寿，学术青春永驻。

顾浩说，费老是我国著名的政治活动家和社会学家，在我国学术界名闻遐迩。认真学习和研究费老的文集，对于我们了解社会历史的变迁和人类文明的进程，更好地推进江苏的现代化建设和改革开放都有深远的历史意义和现实指导意义。江苏人民有费老这样的学术泰斗而感到自豪。

学术研讨活动前夕，中共江苏省常委、苏州市委书记梁保华，苏州市委副书记、市长陈德铭分别专程看望了费孝通教授，并向他学术上的成就和90华诞表示祝贺。

中共苏州市委副书记、人大常委会主任黄俊度和我市市委书记汝留根也分别代表苏州和吴江向学术研讨活动的举办表示祝贺，并祝费孝通教授喜度90华诞。

参加前天学术研讨活动的领导还有，省人大常委会副主任俞敬忠，副省长金忠青，民盟中央副主席冯之浚、吴修平、厉以宁、俞泽猷、张宝文、江静波，原省人大常委会副主任高德正，原中央统战部副秘书长刘小萍，省人大常委会办公厅副主任腾勇，苏州市人大常委会副主任王振明，苏州市政协副主席林兴成，民盟深圳市委主委胡政光，原苏州市人大常委会副主任秦振华。

我市领导程惠明、范建坤、吴菊忠、张钰良、徐静柏、翁祥林、秦星坡、屠金林和老同志于孟达、朱士声也参加了这次活动。

《陈德铭看望费孝通》

本报讯（记者王炜）11月1日晚上，苏州市委副书记、市长陈德铭在吴江宾馆亲切看望原全国人大常委会副委员长费孝通，并同时看望了全国人大常委会副委员长、民盟中央主席丁石孙，全国政协副主席、民盟中央名誉主席钱伟长。

陈德铭对费老学术上的成就和喜逢九十华诞表示祝贺，并对三位老前辈长期来一贯关心支持苏州、吴江的经济和社会发展表示感谢。陈德铭简要介绍了苏州市经济和社会发展的最新情况和苏州工业园区、新区的开发建设情况。

三位老人对陈德铭市长的热情看望深表感谢，他们在讲话中充分肯定了苏州、吴江在经济和社会发展各方面取得的巨大成就，高度赞扬苏州、吴江"两手抓、两手硬"的成功经验。

苏州市人大常委会副主任王根明，我市市委书记汝留根、市长程惠明等看望时在座。

1999年11月5日　星期五　总第1189期　今日4版
《费达生立像仪式在苏大举行》

本报讯（记者王炜）费达生先生立像仪式前天下午在苏州大学隆重举行，费达生和费孝通出席立像仪式。

费达生先生1903年10月出生于我市，1920年8月毕业于浒墅关江苏省立女子蚕业学校，1923年从日本高等蚕丝专科学校留学归来就开始从事蚕丝教育，并致力于祖国蚕业事业的发展。

2000年4月3日　星期一　总第1315期　今日4版
《费孝通回家乡考察 他认为家乡日新月异，工作做得很好》

本报讯 （记者王炜）全国人大常委会原副委员长费孝通一行，于3月31日来我市考察。苏州市人大常委会副主任周彩宝和我市领导汝留根、程惠明、张钰良、徐静柏在吴江宾馆热烈欢迎费老回家乡考察。

市委书记汝留根代表市四套班子领导和全市人民对对费老再次回家乡考察表示诚挚的欢迎。他说，在春暖花开的季节，大家看到费老身体这么好，心里非常高兴。这几天，吴江的"三讲"正在展开，费老的到来对我们"三讲"有很大的推进，能更好地激励我们把"三讲"讲得更好，把吴江领导得更好，进一步推动全市的"三资(制)"工作。汝留根介绍说，吴江自开展以"三资(制)"为重点的经济工作以来，极大地拉动了经济快速发展，去年，全市吸引外资近3亿美元，民资投入10亿元，今年全市经济更是出现了前所未有的好势头，一季度已引进外资2亿美元，民资投入额已超过3亿元。汝留根希望费老在吴江对开发区的经济和民资发展多走走看看，对家乡的发展多提建议和意见。

费老说，每次回家乡都真切感受到家乡日新月异的变化，近来吴江的工作做得很好，发展思路很清晰，感到很高兴。他鼓励大家要进一步抓住当前的大好机遇，加快发展。费老说，他现在研究新的学术课题，研究社区建设和社区服务，并在上海、北京搞了两个点，这次同时也要研究小城镇的社区建设，他表示，要活到老，学到老，干到老。

老同志于孟达、市接待办主任沈志刚等也参加了欢迎仪式。

2000年4月4日　星期二　总第1316期　今日4版
《费孝通考察市经济开发区后认为吴江电子资讯产业园优势明显》

本报讯（记者王炜）原全国人大常委会副委员长费孝通一行，昨天上午在市委常委、市经济开发区党工委书记金久益等陪同下，考察了市经济开发区，对我市开发区以电子资讯产业为主，形成市场优势、配套优势、规模优势和高新技术优势的这一做法给了高度评价，对我市优越的投资环境和高效服务及采取"低门槛引入、低成本扩张"等表示肯定。

费老在听取了金久益关于开发区目前的状况、特点和下一步打算的介绍后，来到苏州科德软体电路板有限公司，饶有兴趣地察看了软体电路板生产车间，当他看到高科技的生产流水线时连声夸奖。他颇有感触地说，作为高新技术要把技术引进、消化、吸收和自主创新这两方面职能同时发挥好。

随后，费老来到中达电子（江苏）有限公司，在听取了公司负责人的情况介绍后说，台达集团是很有竞争力的世界知名企业，你们选择在我家乡投资，可以看出你们的高明，而吴江人对你们的支持，可以看出他们的开明，他希望双方密切合作，共同发展。

在大同电子科技（江苏）有限公司，费老兴致勃勃地观看了公司发展规划图，与公司负责人进行交谈，当他得知该公司随着业务的发展，生产规模将一步一步扩大时十分高兴，他对陪同的开发区领导说，我们要为外商投资企业提供更好的环境。费老在交谈中认为，建立电子资讯产业园的意义已不只限于引进技术的本身，它既是高新技术研发、积聚、辐射基地，也是人才培训、提升、扩散的基地。

2000年9月5日　星期二　总第1448期　今日4版
《费孝通第二十六次回家乡考察 充分肯定 吴江"三资（制）"工作
汝留根、程惠明及省、苏州市人大领导等陪同》

本报讯 （记者王炜）原全国人大常委会副委员长、著名社会学家费孝通于9月2日回家乡考察。省人大常委会副主任黄孟复、苏州市人大常委会副主任陈炳斯和我市领导汝留根、程惠明、张钰良、徐静柏和老同志于孟达等专程前往吴江宾馆迎接费老，对费老第26次访问江村表示欢迎，并进行了亲切的交谈。

市委书记汝留根代表市四套班子和78万吴江人民对费老再次回家乡考察表示欢迎，他说，在费老的亲切关怀和指导下，今年家乡得到快速发展，这充分说明"三资（制）"工作的成功，下半年对"三资（制）"工作要深入进行。民资上要搞顶天立地的大企业，一个地区没有几个顶天立地的大企业支撑是不行的，同时，也要通过"顶天立地"带动"铺天盖地"的村级小企业。外资上开发区要进一步围绕资讯行业，争取有更多的龙头企业和缺门企业进入。各镇要抢抓机遇，狠抓外资的进入，努力扩大外资规模，提升外资水平。汝留根希望费老在吴江期间，多听听，适当地看看，对吴江进一步发展作指导，使家乡发展得更快、更好。

9月3日，费老在苏州市人大常委会副主任陈炳斯、我市人大常委会副主任翁祥林和老同志于孟达等陪同下，来到庙港缫丝有限公司，听取了庙港镇、开弦弓村和缫丝有限公司的汇报，询问了镇、村、企业的生产经营和当地农民的收入情况，当了解到当地农民调整农业结构发展家庭工业和种养业，农民年年增收时，费老连连点头赞许，他感叹道，真没料到，由胞姐费达生始创的中国第一农村实验丝厂，已向现代化企业机制提升，组建有限公司，进入了快速发展时期，这都是因为有党的富民好政策。

9月4日上午，费老在陈炳斯、汝留根、于孟达等陪同下，参观了市经济开发区。在车内，费老听取了汝留根书记关于开发区总体建设规划情况介绍，并对眼前的建设产生了浓厚的兴趣，还不时对建设中的厂房、道路等一一询问，在大同、台达、峻凌公司，费老仔细了解电脑的生产过程，并不时询问产品的性能、特点及市场前景。他充分肯定开发区面貌的巨大变化，鼓励开发区在招商引资中再创新业，作出新的贡献。

下午3时，费老健步来到市博物馆，周围立即响起了一片热烈的掌声，在陈炳斯和我市市委常委、宣传部部长徐惠民，副市长秦星坡等陪同下，费老饶有兴趣地一一观看了博物馆各展厅。在近代杰出人物厅，费老坐在轮椅上俯身仔细观看了陈列的珍贵照片，在著名蚕丝专家、我国蚕丝教育奠基人郑辟疆、费达生夫妇前看得特别专注，笑容满面。参观结束时，费老兴味盎然地为博物馆题上了"乡情脉脉，琳琅满目"。

在考察期间，费老高兴地说，此次回家乡，了解到吴江经济和社会事业发展得很好，展现出各自的优势，吴江经济的增长，很重要的是靠个私经济和开发区的快速崛起。目前吴江有很好的发展基础，有明显的后劲优势，他希望吴江继续保持快速稳定发展的良好势头。

2000年10月20日　星期五　总第1487期　今日8版
《费孝通回家乡参加经洽会 汝留根、程惠明、张钰良、徐静柏等看望费老》

本报讯 （记者王炜）原全国人大常委会副委员长费孝通一行，在苏州市人大常委会副主任陈炳斯的陪同下，于昨天下午抵达我市，将于10月21日参加2000年吴江金秋经贸洽谈会。

市委书记汝留根、市长程惠明、市人大常委会主任张钰良、市政协主席徐静柏等在吴江宾馆迎候费老，对他专程回家乡表示欢迎和感谢。

汝留根说，2000年金秋经贸洽谈会与会代表将达500人左右，对于吴江来讲，这是一次国际性的盛会和大事。目前，经贸会的准备工作已经就绪。本次经贸会的优势更加明显，必将产生更大的影响，取得丰硕的成果。他说，费老这次来家乡参加经贸洽谈会，是对家乡的关心与支持，这将大大扩大经贸洽谈会的影响，提高吴江的知名度，使这次经贸洽谈会举办得更加圆满和成功。

费老对家乡举办这次大规模的盛会表示肯定和赞许，他表示，要在会议上发言，讲一讲吴江近年来的发展变化。

老同志于孟达、市接待办主任沈志刚等也参加了迎候并看望费老。

2000 年 10 月 21 日
（图片新闻）

原全国人大常委会副委员长费孝通在峻凌电子（苏州）有限公司喜看 PC 板。

2001 年 10 月 24 日　星期三　总第 1797 期　今日 8 版
《费孝通回家乡考察》

本报讯 （记者杨丽娟）从昨天开始，全国人大常委会原副委员长费孝通回家乡考察。苏州市人大常委会副主任王振明，我市领导马明龙、汝留根、徐静柏、翁祥林以及老同志于孟达等于昨天上午在吴江宾馆热烈欢迎费老一行。

市委副书记、市长马明龙代表市四套班子和全市 78 万人民欢迎费老再次回到家乡。他说，上次费老在家乡考察了一段时间，时隔半年，家乡按照费老"保一方平安、促一方繁荣、富一方百姓"的嘱托做好各项工作。今年以来，整个吴江经济继续呈现良好的发展态势，丝绸纺织、电缆光缆、电子资讯三大支柱产业进一步形成优势。1 至 9 月份，全市财政收入增长 51%，GDP 增长 12.5%，工业用电量增长 34.5%，合同外资达到 5 亿元，吴江经济和社会事业的发展可谓欣欣向荣。今年召开的市第十次党代会还确定了四大发展战略。现在全市上下正在按照党代会提出的目标扎实开展工作。就费老关心的"富民"问题，市委将以"心系事业、志在富民"的主题教育为载体加以贯彻。随后马明龙还介绍了我市即将召开的经贸洽谈会的准备情况。

听完情况汇报后，费老欣慰地说，每次回家考察，家乡都有新的变化、新的进步，希望家乡人民按照党代会提出的四大战略要求扎扎实实工作，通过招商引资等形式，一步一步地、持之以恒地发展。

2001 年 10 月 25 日　　星期四　　总第 1798 期　　今日 8 版
《费孝通观看历代名人咏吴江碑廊》

本报讯　（记者王炜）昨天下午，原全国人大常委会副委员长费孝通在苏州市人大常委会副主任王振明和我市市长马明龙、老同志于孟达等陪同下，兴致勃勃地来到吴江中学，观看了历代名人咏吴江碑廊。他赞誉我市为弘扬传统文化做了一件大好事，希望碑廊能成为爱国主义教育基地，陶冶学生的情操。

2001 年 10 月 27 日　　星期六　　总第 1800 期　　今日 4 版
《2001 年中国吴江金秋经贸洽谈会隆重举行　费孝通致辞，项怀诚致贺信，省和苏州市领导及海内外千余名客商共赴盛会》

本报讯　（记者杨晓容　见习记者方华东）十月江城，喜事连连。正是鲈乡秋风佳景时，我市人民迎来了 2001 年中国吴江金秋经贸洽谈会。昨天上午，开幕仪式在江宾礼堂隆重举行。

出席开幕式并在主席台前排就座的有，原全国人大常委会副委员长费孝通教授，江苏省人民政府副省长王荣炳，中国农科院院长翟虎渠，苏州市委副书记、市长杨卫泽，江苏省发展计划委员会副主任林一峰，江苏省信息产业厅副厅长谢正义，苏州市市委副书记、纪委书记沈荣法，苏州市人大常委会主任黄俊度，苏州市政协主席范育民和我市市委书记朱建胜，市委副书记、市长马明龙等。在主席台上就座的还有：省、苏州市有关部门的领导，我市友好城市代表、在我市投资兴业的客商代表，有关科研院所、大学的领导和我市领导范建坤、徐惠民、汝留根、徐静柏等。参加开幕式的还有在我市投资的美国、日本、韩国、法国、德国、意大利和台湾、香港等10多个国家和地区的客商和来宾,以及全国各地新闻界的朋友共1000余人。

市委副书记、市长马明龙主持仪式。他首先宣读了国家财政部部长项怀诚为本次大会发来的贺信。

全国人大常委会副委员长费孝通教授发表了热情的讲话,他对家乡召开此次盛会表示热烈祝贺,对海内外宾客表示热烈欢迎。他说,按照吴江目前的发展态势进行下去,吴江的经济实力会越来越强,吴江人民的生活会越来越幸福,吴江在全国的名气也会越来越大。他祝本次大会圆满成功,祝各位客商生意兴隆、事业有成,祝家乡经济繁荣,人民生活富裕。

江苏省人民政府副省长王荣炳在会上讲话。他代表江苏省人民政府对洽谈会的胜利召开表示热烈的祝贺。他说,吴江发展很快,经济持续、快速、健康增长,能够有182亿的GDP产出,这在全国县级市中是为数不多的。财政收入在去年增长31%的基础上,今年前三个季度增长了50%以上,说明这里是一个非常有潜力和发展迅猛的地方。吴江市的领导者具有精明、能干、勤奋的好作风,吴江的人民具有勤劳、聪慧、友善的品格。吴江处于上海周边一个制造业高度发达的产业地区,区位优势十分明显。吴江已开通了直通上海大口岸的海关直通点。这是一个非常重要的举措。吴江市的农业和服务业领域的对外合作也具有非常广阔的合作前景。他相信,吴江未来的发展充满着光明的前途。

在开幕式上,苏州市委副书记、市长杨卫泽代表苏州市委、市人大、市政府、市政协表示祝贺,对来参加盛会的海内外嘉宾表示欢迎。他说,吴江经济的快速发展,吴江的城乡面貌日新月异,已经成为一块充满生机和活力的投资宝地。他相信通过此次金秋经贸洽谈会的成功举办,一定能使海内外的宾客进一步了解吴江、熟悉吴江,吸引更多有识之士前来吴江投资和创业。苏州市委、市政府以及吴江市委、市政府也将一如既往地为所有海内外的投资者、创业者创造良好的工作和生活环境。

在开幕式上，我市市委书记朱建胜致词。他代表市委、市人大、市政府、市政协和吴江78万人民，向前来参加此次经贸洽谈会的1000多名海内外嘉宾和各位新老朋友表示诚挚的欢迎和衷心的感谢。

2002年9月14日　星期六　总第2071期　今日4版
（图片新闻）

原全国人大常委会副委员长费孝通，昨天回家乡调研城镇化发展情况。图为朱建胜（左）和费孝通（右）在一起。（王炜摄）

2002年9月30日　星期一　总第2085期　今日8版
《送上巨幅寿字 祝愿健康长寿 朱建盛等看望费孝通费达生》

本报讯（记者王炜）前天晚上，市领导朱建盛、徐静柏、沈恩得、张莹等前往吴江宾馆看望了全国人大常委会原副委员长费孝通和我国著名蚕丝业专家、教育家费达生先生一行。

今年10月3日是费达生先生的百岁华诞，市委书记、市人大常委会主任朱建盛、市政协主席徐静柏代表市四套班子和78万吴江人民送上了一幅巨大的"寿"字书法作品和一幅百鹤图，衷心祝愿费达生老人健康长寿。

费达生精神矍铄，开朗善谈，如果不是亲眼所见，让人很难想象她已是百岁老人了。在漫长的人生中，这位老人一直坚持着她的蚕桑事业，直到今天，她还在研究蓖麻蚕的喂养方式和丝织品的改进。她和他的弟弟费孝通一前一后相随并进的脚印，已深深嵌进了中国工业化、现代化的路途上。

全国人大常委会原副委员长费孝通对姐姐的评价是："忠诚待人，勤俭自持，无私忘我，乐在其中。"他说："做人就要做这样的人！"他把这16个字写成书法装裱后送给姐姐，作为对姐姐百年寿辰的祝贺。这也是对费达生老人一生最真实、最确切的写照。

2002年10月1日
《费老来到孩子中间》

9月29日,著名社会学家、原全国人大常委会副委员长费孝通回到家乡庙港,与开弦弓小学的孩子一起喜迎国庆。

2002年10月15日　星期二　总第2094期　今日12版
《家乡如此年轻靓丽》
费孝通

编者按:吴江,不仅物华天宝,也是人才辈出之地。在全市上下迎接党的十六大召开,迎来撤县设市10周年纪念活动的喜庆日子里,本报开设《谈故土巨变,抒思乡情怀》栏目,约请当今在国内外的知名吴江籍人士,谈家乡多年来发生的变化,进一步激发吴江人民热爱家乡、建设家乡,热爱祖国、建设祖国的热情。今首推由著名社会学家、原全国人大常委会副委员长费孝通撰写的《家乡如此年轻靓丽》一文,敬请读者留意。

国庆前夕,我和弟妹们齐聚家乡,庆祝了姐姐费达生的百岁大庆之后,又迎来了家乡撤县设市的纪念活动,心里感到十分高兴。

我姐姐从年轻时候起,就在家乡的农村里推广科学养蚕、缫丝的新技术,为老百姓增加收入和我国的丝绸事业付出了一生的心血。姐姐的一行一动为我树立了榜样,我就跟在她后面学。上个世纪30年代,就是在姐姐的影响下,我在吴江的开弦弓村做了社会调查,从这个村的调查中我看出一个道理,就是在人多地少状况下的中国农民,要想摆脱贫困必须走发展副业,工业下乡,发展"乡土工业"的路子。并且也像姐姐一样,希望通过自己的工作,帮助中国的农民摆脱贫困,尽快富裕起来。

一转眼姐姐已年满百岁,我也九十有二,我们都衰老了,然而放眼看看我们的家乡，却处处迸发出青春活力，变得如此年轻靓丽。

记得1983年，我曾经和一些同志到松陵、盛泽、震泽、铜罗、莘塔、庙港、平望等镇搞调查，看到乡亲们创办的乡镇企业如雨后春笋般冒了出来，真的实现了我半个世纪以来"工业下乡"的梦想，而且随着乡镇企业的不断发展壮大，农民的生活也节节提高，这些小城镇也从过去的衰落中逐渐复苏。于是我写了《小城镇 大问题》这篇文章，讲了小城镇在今后经济建设中将会发挥的作用，希望能够引起人们重视对小城镇的建设。这篇文章发表到今天已经快20年了。

20年来，我年年都回家乡看看，同乡亲们聊聊，为家乡的社会经济发展出些主意、想些办法，同时也亲眼目睹了家乡日新月异的变化。

如今吴江市的农民已经斩断了缠绕在身上的穷根，走上了小康生活的道路；全市的农业经济也出现了新的趋势，初步形成了区域化布局、产业化生产、规模化经营的格局；由于政策开放力度加强，农民办小工厂的积极性更加高涨，这些家庭办的小工厂不仅吸纳了农村富余劳动力，还增加了农民的收入。农民办企业，使他们挣脱了千百年来被土地束缚住的手脚，涌进了市场经济的大潮中，促使千千万万的农民改变了某些根深蒂固的传统观念，这种变化的影响是十分巨大的。

这几年，吴江进行了大幅度的产业结构调整，往日"小打小闹"的乡镇企业已被规模化集团化生产、高精尖技术、出口外销所替代。全市小城镇的面貌已经发生了巨大的变化，道路、通讯、供水、供电等基础设施不断完善；卫生、绿化、美化、环保越搞越好，1997年获得了国家卫生城市的称号。为了适应加入WTO后的新挑战，吴江市将按照规划进一步把江南这个水乡建设得更美好。此外，政府还努力改善投资环境，大力开展招商引资。如今全市形成了丝绸纺织、通信电缆、电子资讯三大支柱；一、二、三次产业结构比例得到调整；2001年全市国内生产总值达203亿元。

我虽然年纪大了，眼力、听力、腿力已大不如前，但是对生我养我的家乡的热爱却一点也没有减退，我依然要为家乡的繁荣昌盛出力，为家乡的父老乡亲服务，并衷心祝愿大家生活得更加美好。

附录2

吴江县老县长于孟达谈费孝通

我们从费老身上,感觉到社会学是好东西。我们的对话还是从费老说社会学的目的开始。费老说社会学的目的是为民造福。他开始是做医生的,医生是为个人治病,费老感觉到为民造福比为个人治病更有意义,所以他决定学社会学。费老从社会学中学会了怎么认识中国社会,就是要通过调查研究。通过调查来认识社会,提出一些好的观点、方法,去推动社会进步,他的一生就是在做这个事。费老认识中国社会是通过微型调查,他是通过一个社区的微型调查,比如江村,通过这样的方法写出《江村经济》。当时我看到有很多人反对的,认为这个方法不行,一个点怎么能够研究中国社会?费老怎么回答的,他说我接受一半,这个观点不是完全不正确的。假使我们把一个点,以点来概全,认为江村就是整个中国农村的情况,这个当然是错误的。费老说,假使一个社区,一个小地方,来说中国都是这样,是不正确的。但是费老是从开弦弓村开始,从这里起步,选择多个点,各种不同的点来研究,因为中国农村是复杂的,中国社会很广大。他选择多个点来认识,就是这样研究,能够去接近对中国社会的认识。所以费老从英国回来,1938年回来,他接着调查,说明他的精神就在这里,要认识中国,改造中国。回来只休息了半天的时间,就进入农村调查。他的经费还是从学习中带回来的,他没有用完,还买了一些资料带回来了。他在云南寻找到了三种不同类型的村子,禄村农业、易村手工业和玉村商业,选择了不同类型的村落来调查的。我认为费老这种从不同微型社区的分析，来认识中国社会，这是一种比较正确的方法。

一访江村开药方：发展工业

1936年，你晓得费老来到开弦弓村做调查，但实际上他原来并没有这个计划，这段历史大家都是了解的，就不多说了。所谓要认识中国社会，改造中国，他要为中国"治病"。在《江村经济》当中，认为已经为当时的中国农村，或者说"三农（农业、农村、农民）"，找到了病根，也开出了药方。费老当时二十多岁，能够写出这样的文章，真不容易。他的观点在现在来看，是非常正确的。在《江村经济》中，他提出了中国农民的问题是饥饿、贫困。而他开出的"方子"，这本书里都讲了，就是要发展工业，农工相辅。当然农业要搞好，也要发展副业，但最大的出路是发展工业，与我们现在提出来的工业下乡、发展科学教育、科技下乡等观点都是一致的。

为什么费老会有这样的观点？这与他姐姐的这个工厂有关系，我从《江村经济》中看到，他对这个工厂的调查很细，第一，农民从工厂第一有工资收入；第二，假使工厂运营的好还有分红收入，茧子卖得好还有加价。他姐姐办的这个缫丝厂是第一家股份制企业，这个是不容易的。同时，他从姐姐的丝织厂里看到了农民的出路，农业的出路，就是一定要通过办厂，不办厂解决不了中国农民的问题，费老的观点很鲜明。费老为什么能够发现这个问题，能够提出这样的观点，就是他有睿智的头脑。费老认为，无论把田种种好、搞土改，还是搞合作化，改东改西，都不能从根本上解决农民的问题。开弦弓的土地所有制，全县农民地主的所有地达到80%～90%左右，开弦弓农民的土地所有占得还算是比较多的。我们真正有了社队工业已经到八十年代了，因而费老已经提早了五十年谈到这个问题了。所以我认为到开弦弓村访问的学者和学生，不能只是拍照记录，要像费老一样，要有观点，这个是不容易的，要发现抓住新的东西。所以从费老一访江村中，已经为解决中国社会的农民问题开出了药方。

二访江村显品德：实事求是

二访江村，我认为费老师是失望的。我跟费老在一起说过，他写《重访江村》是很期待的。一方面要讲土改合作化，要说共产党对农民所做的好事情，土改合作化的成果要肯定，但是问题也要讲，粮食增产了，农民吃不饱。费老要说出问题，所以这篇文章他写得很吃力。费老还是讲了实话，他用了20天左右的时间，住在村子里调查。那时没有电灯，烧火油的，每天一斤，点着煤油灯算账，找粮食增产但农民吃不饱的原因。第二个问题，农民没钱花，小孩子不读书，读不起书，要割羊草，文章里都有。为什么没有钱，问题出在副业上。当时的副业情况还不如1936年他一访时的好。养猪养羊下降了，缫丝厂没有了，工业也没有了。所以他在文章最后提出，建议中央要重视发展副业和工业。二访江村的结果你晓得的，费老开的药方，毛主席非但没有采纳，还把他给"打倒了"。

但是从二访江村的事情中，我们可以看到费老的高贵品质，就是实事求是的科学态度。费老自己晓得这篇文章是有分量的，他告诉过我。他在发表以前先将这篇文章给毛泽东看过，毛泽东说这篇文章写得很好，所以费老就放心发表了。但是发表以后，却成为了将他打成右派的证据材料，当然费老被打成右派并不完全只因这一篇，还有《知识分子的早春天气》、知识分子调查、六教授座谈会和恢复社会学等多方面的原因。但是从写这一篇文章的过程中，我们可以看到，费老还是把农民的利益放在第一位的，要是把个人的利益放在第一位他就不会这样写了。这就说明了费老的高尚品德。这也说明了一个问题，就是要坚持实事求是的科学态度是要付代价的，中国有不少人是在这个问题上付代价的，费老是其中的一位。

三访江村

接下来就到1981年了。费老三访江村时，我是第一次见到他，当时我在当县长，费老来是1981年的冬天吧。他讲到来访的目的，是要到英国去拿赫胥黎奖章，在那里发表演讲，作为演讲材料来考察。在这里，首先我们要看到费老为什么决定要讲江村的情况，他也可以讲其他问题，他对民族问题也很有研究，为什么他不讲这些方面，当然有人建议。我看他一个是志在富民，一直把农民的问题放在第一位，这是他的心性。另外他还是坚持自己先前的观点是正确的，虽然经过反右批判、文化大革命批判，都是批判这些观点，但是他不认为自己的观点是错误的。所以他坚持再次来到江村，假如他动摇的话，他完全可以不来这里，到其他地方去调查。但是费老并没有说。

费老三访江村，我认为他的心情是最好的，是他最高兴的一次来访，也可以说他这一次是用最好的语言来写江村的。

三访江村，他一来，我就汇报了我们全县三中全会以后发生的变化，乡村企业办起来了，副业发展了，通过家庭承包，农民的积极性提高了，各方面都起了变化。三中全会是一个转折点，因为解放以后我们一直在极"左"思想的影响下，农民的收入长期徘徊在120块左右，像开弦弓就是在这个水平上，算好的嘞，差的还不到嘞。到1982年一下子提高的200块，翻了一番，哪里来的？靠工业副业。所以那时候开弦弓已经有乡里办的缫丝厂了，村里也办了一个丝织厂。副业也发展得很好，养兔、养猪、养羊。三访江村，从费老心情的变化，就可以看出费老是怎么样的一个人，他是先天下之忧而忧，后天下之乐而乐。他和农民是心相连，心相近的，三访农民高兴他也高兴，二访农民不高兴他也不高兴。三访也可以看作是费老第二次学术生命的开始，乡村工业的发展使他看到他的观点实现了，所以他又重新拾起他的课题，为农民富起来的课题，这是从1981年开始的。第二次的学术生命主要是为农民富起来做工作，行行重行行就是为这个事情，所以三访江村应该看作是他第二次学术生命的开始。所以三访江村之后，费老情绪高涨，要为农民富起来做点事情。当时他还没有做出来，只是担任社会学所所长，后来才是政协副主席、人大副委员长、民盟主席，他的工作是用他的社会学，政协副主席、人大副委员长、民盟副主席、主席，这些职务为他的工作和课题提供了条件，呵呵，确实如此。比如说，他要来做调查，他是政协副主席，车子国家派了，他坐的车是国家的车，但他做的工作是社会学的工作，志在富民的工作，这些职位为他创造了好的条件，应该这样讲。

费老1981年以后在想怎么样要让乡镇企业发展得更快一点，发展得好一点，为此在做工作，使农民的生活能够提高得更快一点，应该说三访江村以后，他的精力就放在此。但是当时费老还是有一定压力的，因为乡镇企业在中央没有形成共识。当时有几种论调，一种认为乡镇企业发展把丝的资源浪费了，同样的化纤原料，或者真丝原料，拿到乡镇企业去做，和拿到大型国营工厂去做，认为前者不如后者，浪费资源了；第二种观点是认为有些乡镇企业是属于民营的，是资本主义的，支持乡镇企业就是支持资本主义，挖了社会主义的墙角，或者叫资本主义的温床。当时中央开会，费老讲话，有很多人反对。1984年以后社队工业通通叫乡村工业，半壁江山，产值超过全国工业产值的三分之一了。尽管中央有很多人反对他的观点，但他坚持要发展乡村企业。所以有几个东西可以看到，一个就是费老把乡镇企业称之为草根工业，这个比喻说明乡镇企业有强大的生命力，他将乡镇企业比喻为农民的贴身布衫，是农民最得益的，费老的这个观点深得人心。费老提出的草根工业现在被广泛应用了。第一个是乡村工业，第二个提出的就是"模式"，通过走访全国各地，总结了几个模式，主要有三种：苏南模式，以集体经济为主，这个没有争论；第二个，温州模式，前店后坊，个体经济；第三个，三来一补，珠江模式，中外合资。一个在珠江、一个在苏州、一个在浙江。还有几套，耿车模式，大车拉小车，公司加农户，河南的民权模式，很多，在行行重行行中，主要是三种。费老有一个概念，认为这些模式都是好的，都能达到富民的目的，我们当时认为我们这里的苏南模式是最好的，是社会主义的，浙江的是资本主义的，不行的，但是费老认为都是好的，费老为浙江的温州模式正名，这对浙江经济的发展起到积极的作用，中央在费老为此事表态之前，没人敢表态，可以去翻报纸，所以费老跑到温州去，当地人都很感谢他，费老支持我们，没有费老支持他们当时可能立不住脚。第三个问题，就是费老为了乡镇企业的发展，发起了小城镇议题。

四访江村

费老四访江村是在 1982 年。他拿到了赫胥黎奖章，呆了好几天，他主要是拿赫胥黎奖章给我们看，共享他的快乐。他来的第一天，我们都去看他了，他很高兴地把赫胥黎奖章拿给我们看，我们就询问这次去怎么样，把那里的情况讲了讲，因为我们并不了解赫胥黎是什么情况，这个人怎么样，赫胥黎在英国很有名啊，是好几代的学者啊，能够拿到赫胥黎奖章不容易啊。每年都要评一个，但目前只有费老拿到过，皇家学会颁发的。

四访江村的时候，费老还有一个插曲，他从澳洲带来一个菌种，凤尾菇。他是早半年时间到澳大利亚去的，澳大利亚一个教授，跟费老很要好，就给了他一个菌种，这个菌种可以放在北京或者其他地方，他先想到我们拿回来，交给我的。我交给农业局一个叫何元恒的，很快，一年的时间凤尾菇在市场上发展起来了，大家都买，后来卖不掉了，太多了。松陵镇有个镇委书记叫徐大伟，写信给费老，要求费老帮忙，到上海的罐头厂要去做罐头，叫费老帮着解决，改为深加工。第二个问题到上海要三辆汽车，南京汽车制造厂的，费老都当个事办的。汽车问题解决了，上海的罐头厂也联系了，但是后来没有做成，我估计加工罐头厂没有同意。因为做了罐头以后卖的价格不高，成本比较大。但是还是说明，费老想着家乡。四访江村当中，费老到南京找许嘉纯，帮着开弦弓到震泽通了一条路，也是这个时候，我去勘测的，12.3 公里，震泽到庙港，1982 年落实，1983 年 2 月份通车的，很快。草根工业也在这次会议上我们召开了一次座谈会，中间大家都认为乡镇工业的叫法好，费老也讲了，野火烧不尽，春风吹又生。草根工业也是在这个时候提出来的。四访江村费老也为开弦弓缫丝厂奠基，写了两首诗，他到开弦弓也把他的赫胥黎奖章也带去了，跟村民和干部共享欢乐。那时候是庙港是徐胜祥时期。费老在 1 月 17 号还为我们吴江给机关干部作了一次报告，也在这个时候，这次报告他主要讲了三个乡，鱼米之乡、丝绸之乡、兔毛之乡，农民创出了新路子，费老对我们养兔子很赞扬，我记得当时农民收入仅养兔子就有6000万（整个县）。这里我讲个插曲给你听，我们松陵饭店外面不是造了一栋楼吗，整个楼怎么来的，就是养兔子来的。写不好写啊，怎么来的呢，养兔子卖兔毛，要奖励粮食，以前收购兔子的时候都没有兑现，后来就算了吧，这笔钱拿出来吧，大概60多万，就给松陵镇造了一座小楼。

五访江村：小城镇调查的开始

我们把五访江村聊一聊，五访江村很重要，1982年10月份，是小城镇研究的开始，我到小木楼来接待他，他带来一帮人，有社会学所的同志。他说我这次来，要了解小城镇问题，你们准备一下，做汇报。我在自己准备的过程中就发现问题了，解放的时候，吴江46万人，城镇人口9万~10万人，比例挺大，1982年的时候人口60万~70万，城镇人口没有增加，说明解放后三十三年城镇人口几乎没有增加，说明基层干部长期以来对小城镇不重视，城镇人口控制得太厉害，为什么城镇人口下降，一个上山下乡，第二个困难时期有些城市职工，下放到农村，第三个凡是和农村通婚的城市职工，农村户口不能签上来，而且子女都算农村的。长期以来，共产党重视农业，不重视工业和城市。后来我想了解费老，为什么一下子从农村转到小城镇，想一想有道理，这也是解决三农的一个药方，我刚才讲到了，现在来看，解决城镇化、工业化，农村现代化是很有意义的。费老当时头脑考虑的是乡村企业，工业放在乡里、村里，他认为，镇发展了，工业吸引到镇上，这个平台更好一点。因为村村冒烟了，从环境上来讲，可能更环保，费老可能考虑到这些问题，他想通过小城镇的发展，把工业集中到乡镇，比村村冒烟要更好。第二个意思就是劳动力转移，小城镇是人口的蓄水池。中国农民的人口当时8亿农民，要找出路，转移到大城市肯定不行，费老的观点，要转移到小城镇。转移到小城镇的成本要低一些。后来他来调查我汇报以后，我汇报了这些数字，他也没有再问什么，听了之后就再去调查，那时几个镇都参与了，七个大镇都跑了。他认为盛泽镇工业发展得很快，但是人口下降了，费老就抓住了这个问题，他认为这里有文章可做。实际上，五访、六访、七访、八访都是围绕小城镇来的。在南京的会议上发起重视小城镇的问题，小城镇研究的重要性，以吴江的材料为基础，并找了省委的领导，省委领导很支持。胡耀邦在云南的一个小城镇的批示，与费老观点不谋而合。他那里看到了镇的破烂不堪，认为这样怎么能发展经济呢，商品经济发展不起来。后来省里拿了两万元给沈关宝，小城镇调研经费，拿来之后，我交给他调查用的，实际上是不够的，但是证明省里是表示支持的。后来到1983年的时候，组织的大帮人，省委政研室朱通华、吴江政研室、社科院、社科联，小城镇研究在吴江驻地。小城镇研究从吴江开始，为什么从吴江开始，费老有个讲法，他已经决定要做小城镇研究，他要制造舆论啊，到吴江调查来了。刚才说的，五访开始，有一些资料，看了盛泽镇、平望镇、震泽镇、松陵镇，一看他心里有数了再到江苏两个会议上发言，省委领导听到。要在吴江搞点，来自几十个人，分了若干组，一个组到一个镇，我记得朱通华是负责同里镇的。我当时负责县里的工作，没有下去。他们决定用一个人负责资料，我安排他住在小木楼，具体名字我忘了。统计局也参加了。费老当时有个很有影响的讲话，"多子女"——吴江的小城镇比较多，而且特点各异，七个大镇：盛泽、松陵、平望、芦墟、震泽、同里、黎里，人口都在1万左右，盛泽2万以上；四个小镇：桐庐、北厍、八坼、横扇。所以说是"多子女"的。他讲了，小城镇都是商品经济发展地方，开始大家都是赶集形成的，有了交往，这是小城镇的由来。为什么吴江有七大镇四小镇呢？因为吴江是水网地区，就是要用船的。比如，家里住在农村，今天要到平望去，上午去，下午要回来，一般二十公里左右要有一个镇，就是这样形成的。这就是吴江镇多的原因。他的调查很细的，每个镇都要去，听汇报，他还印了很多表格、问卷，统计局都有的。这个调查每个镇都有资料的，我后来交给政研室，这些资料现在不明确在哪里。费老当时就根据在吴江调查的材料，在南京的会议上讲了小城镇大问题。讲了之后具体整理内容的时候又到吴江，住在庙港的天一阁，跟沈关宝在一起，他负责整理的。

三个追踪：小城镇、乡镇企业、江村

刚才讲到费老喜欢跟踪调查，他的小城镇问题的跟踪调查，他是从1982年就开始了，一直到费老离开人世，直到最后，2003年在北京开了一次小城镇二十年的会议（在钓鱼台开的）。十年的那次是在南京开的。所以说费老对小城镇问题很重视，是作为一个大问题来看待的。

费老的跟踪调查实际上还有一个，就是乡镇企业。费老在80年代初发现了乡镇企业，怎么兴起的？费老也讲到了，靠的是一些下放的老工人，特别是吴县。吴县是乡镇企业的发源地，70年代的时候，是偷偷摸摸地搞，当时叫社队工业。因为那时候叫公社，大家都是以粮为纲。在人民公社化的时候，种粮食是社会主义的，假设你粮地里、桑地里种了西瓜、种了毛豆，就是资本主义的，呵呵，社会主义农村只能搞粮食，不能搞其他。后来，毛泽东逝世以后，社会阶级斗争松了一点，那时候无锡下放的老工人比较多，偷偷摸摸就搞。那么我们开弦弓村靠什么呢？缫丝厂。费老1981年来也看到了缫丝厂，这个缫丝厂靠的是什么呢？就是他的姐姐在抗战之前搞的缫丝厂那个时候的老工人。他的姐姐搞缫丝厂的时间很长，特别在吴江，后来在无锡也搞了一个，一直到抗战的时候，这个厂坏掉了。有人说这个厂是被日本鬼子烧掉的，其实不是，是怕日本鬼子来了之后破坏，就把它拆掉了。但是这些老工人还在，后来八十年代缫丝厂恢复了，这些老工人就进去当师傅了，搞起来了。所以这是最早的乡镇企业，也叫社队企业，就是靠这些老工人发展起来的。资金靠什么呢？靠农业的原始积累，很少的，有的几万块钱，有的几十万块钱，这是非常好的了，一般都是靠几万块钱起家，所以费老有很多文章也是写到了乡镇企业。

乡镇企业发展到后来，是厂厂联营，和研究所联营。七访江村，开弦弓丝织厂和苏州光明丝织厂联营，费老是特地来参加的，叫横向联营，费老都和他们负责人座谈，鼓励他们。后来，江村丝织厂和新民丝织厂联营，也是费老鼓励搞起来的，搞得挺大，有100多台机器。费老在开弦弓之外，还看了一些其他的联营厂，那时候他是作为一个专题来调查的。看了一个分湖芦虚同上海有一个联营厂，就是电缆厂，费老也去过几次，我陪他去的，上海有一个电缆研究所，研究所的所长是吴江七都人，他和七都联营，实际上他是技术下乡了，搞了一个七都的电缆厂，费老都去了。这个厂应该说是七都乡镇企业最早的厂，七都的电缆厂，现在在全国来说是有名的，亨通啊，没有这个一个厂的联营厂，就没有后面的这些厂了。程惠明当时当书记，费老对这个乡镇企业的联营，费老也很重视，费老在这一段时间，好几年，来吴江都是围绕乡镇企业和外面联营，厂厂联营，和研究所联营的事。他看了一个宛平的缝纫机厂，这个厂产的是工业用缝纫机。这个厂是上海的，迁到陕西临潼，是内迁厂，后来一些年纪大的人都想回来，去的时候都很年轻，年纪大了都想回到自己家乡，这时候正巧宛平有个经销人员，坐车坐在了一起，就说到宛平这里来，后来就真的来了，这些老的技术人员、老的干部、车间主任就来了一批，那么我们这里出土地，他们出技术，就把一个厂搞起来了，这个缝纫机厂搞得挺大，这样发展起来的。费老也去看了。乡镇企业从资金的积累，办乡镇厂，后来发展到横向联营，这都是在80年代的时候。后来就搞集团性的厂，比如盛泽的徐冠强，他开始是织布，后来搞印染，再搞化纤，就成为集团性的厂，从一样发展到多样。

　　后来到90年代开始，1995年左右，乡镇企业起变化了。什么变化呢？一个是好多工厂出现亏损，为什么会出现亏损，主要是大量的挤压，产量过剩。开弦弓村几个厂就是这样子的，档次低，产量过剩，卖出去都要亏本。费老很着急，他1999年3月份曾经到吴江来，找了我们，还找了乡镇的一些人，讨论乡镇企业遇到的问题，究竟怎么办。费老对这个问题很重视。大家分析下来，为什么产量过剩，出现亏损？八十年代属于短缺经济，生产什么都行，都卖得了，只要有产品，都能赚钱。后来，工厂发展了，小厂变大厂，大厂变新厂，这样子越弄越大，生产量大了，也有一些产品比较单一的，市场饱和了。短缺经济的时代过去了。这是第一个原因。所以形势逼得要及时进步了，这个事情也说明了一个道理，世界上没有不变的事，你想一点事情办个厂一劳永逸，不可能的事。你不改进，不想市场，总有一天要倒台的。乡镇企业只有十多年的历史，这是最好的十年，十年以后就不行了。1981年到1991年还可以，到1995年就不行了。第二个原因，我们叫"负赢不负亏"，亏损就不负责了。这也是苏南模式的缺点，公家的事情，我们是集体经济，亏损了他没有责任，都由政府来买单，银行贷款来负责，这样处理这个问题。第三个问题，这些厂的领导者思想也起了变化，亏损厂他工资少拿一点，没有关系，但是有一些搞得比较好的厂，一年要几百万上千万的利润，他只能拿几万块，或者十多万块，甚至拿一百多万，他都不满足，厂里的利润多，比如厂里利润1000万，给100万还可以，如果只给10万，他就不满足了。思想起变化了。那个时候乡镇企业法已经有了，但是在这个问题上，还没有讲到怎么分配的问题。那时候奖励已经有了，生产好的、效益好的厂奖励是有的，但是满足不了。特别是到了外乡，看看浙江，私人企业生产利润都是自己的，我们生产的利润都是国家的、集体的，思想起变化了，所以这个时候，逼着改制。1995年之后，到1999年、2000年的时候，不改制的话，有盈利的厂也要亏损！利润要缩小，而亏损的厂越亏越多，所以这个时候逼着要改制。费老听了之后，也认为要改制，不改不行。

当时开弦弓的几个丝织厂都不行了，都有亏损，不改制不行了，所以都停下来了，不停下来亏损会越来越大，已经扭转不了了，没有一个神仙可以把亏损的厂变为盈利的厂，不大可能。所以那个时候只能关了。当然，有开弦弓村的原因，还有其他的，有些厂的厂长、支部书记的素质也差，亏损算是集体的，钞票、利润算是自己的，也有的。只有改制，改制以后，出现大量私营经济。我那时候给费老看，开弦弓看了几个私营厂，私人织机，包括周玉官的线路板厂，还有几个横机，费老都去看了，特别是看了横扇，哎呀，横扇的羊毛衫厂，发展得厉害，家家户户搞，叶家港村，而且规模挺大，费老当时讲了"新一茬的草根工业"，这费老也肯定。最早是集体经济，后来变成个体经济，从工业经济的GDP上来讲是增加的，从所有制上由集体变为个体，我们来讲是倒退了，但费老不这么看，费老认为还是在进步、在发展的。他为什么这样看，因为他的观点是富民，只要能富民，就是好的，就是在前进。过去集体能富民，工人拿工资，现在个体，也能拿工资，也能富民，作用是一样的。所以费老对我们的思想解放还是有帮助，我们那时的思想还受到框框的限制，实际上思想没有解放。这就是费老对乡镇企业的跟踪。从依靠老工人办厂，原始农业积累办厂，从小发展到大厂，再发展到联营厂，从联营厂再发展到大型集团，这一路费老都在跟着，再出现改制，改制以后出现新一轮的草根工业，这么一个过程。

现在来讲，我们的乡村工业已经变成以个体为主，个体经济加上集团。其中有老的、有新的。现在从整体、总量来讲，大大超过过去。费老已经离开了，当时的这些发展得好的新老厂他都去过。费老到吴江也好，到江村调查也好，他都围绕着乡镇企业的发展在跟踪。

那么第三条线呢，就是江村。费老把江村作为调查基地，1936年调查到1957年调查，比较有影响的，1981年调查，三访，这都是有历史性的。后来到五十周年，费老曾经想写一本比较像样的《江村五十年》，在写的过程中，他原来想这样的，他靠三个助手，一个刘豪兴，一个沈关宝，一个李友梅。李友梅从家庭出发，刘豪兴做农副业，其他都是沈关宝来，像乡镇工业等，三个人写。费老开始是想，"你们写，写好了材料交给我，我统一改"，而且这本《江村五十年》曾经准备计划翻译成英文，由美国的Lisa翻译。她为了翻译这本书，提前到吴江来调查调查吴江的情况，和潘乃穆一起。她要有一个感性的认识，她接受这个翻译任务。潘乃穆的英语比较好，我接待她们了，到开弦弓、几个乡镇都跑跑，看看吴江的经济。江苏人民出版社来出版，都讲好了，可在这个过程当中，出现矛盾了，刘豪兴的交了，李友梅的交了，沈关宝的没有交。没有交的话费老没有办法写，噢，后来费老还决定改成这样，干脆你们都写好，分几个目录，写好之后我来看一看，串一串，作者写清楚，第一部分是谁写的，第二部分是谁写的，第三部分是谁写的，把他们的名字都写上去，主编是费老。开头是想费老写，最后把三个人都写上去。这样出一本书。中间，沈关宝去英国讲学，把材料都带走了，讲的就是这些材料。

总的来说，费老跟踪调查的，一个是小城镇，一个是开弦弓，一个是乡镇企业。

心系家乡

其中，还有一些小事情。一个是说，费老在开弦弓村调查的时候，一访的时候，他已经把震泽镇定性为农副产品的集散地。为什么他会有这样的看法，因为他坐航船到震泽，开弦弓村的农民买点香烟呀，老酒呀，都要到震泽去。自己不能经常去，就通过航船，农民家里有些东西要卖，也到震泽镇去交换。后来费老几次到震泽镇，看到震泽镇的功能变化了，退化了。变化有几个因素，其中之一是行政区划的因素，震泽是震泽镇，开弦弓是归庙港了。解放前，行政区划的影响小。

费老曾经为我们吴江经济的发展也出了点子。一个是金家坝，有一个缝纫机厂，缝纫机的台板厂，用的木材是一般的木材，集成的，不会翘起，质量一般，但是用量很大，一年可能要上千立方米的木材，费老到东北、内蒙古、海拉尔，海拉尔有木材，他说我们那里有一个台板厂。他写的信，来了就告诉我，我那时候已经在人大了，我组织供销社的、金家坝的一百人吧，我们去，那边已经弄了一个台板厂，金家坝台板厂，在哈尔滨了，好几年了。后来缝纫机器变化了。你们做社会学的，婚嫁的嫁妆以前都是"几个桶"，马桶啊、米桶啊等。等到后来，不讲"桶"了，讲多少"腿"，缝纫机几个腿，桌子四个腿，凳子几个腿。后来发展到缝纫机也不要了，要冰箱、电脑这些了。所以变化了，缝纫机过去很紧俏，买个缝纫机要多少票，后来没有人要了。所以以前我们吴江有缝纫机厂，蜜蜂牌缝纫机，和上海联营的，在平望，台板销量就很多，几个厂都用他的，后来不行了。所以这个事情也没有做下去。

第二件事，他看到我们北厍有一个皮鞋厂，用量挺大，大量出口的，费老曾经参加过他们厂的十周年，后来他到内蒙古帮忙联系了，那里有皮革，羊皮，牛皮也有。费老特地去，后来我们也去了，还碰到费老了，我们晓得他要来。这个生意也成功的，他们的皮革给我们。不过这个厂后来也不行了，所以没有不变的事情。后来皮鞋厂不做皮鞋了，厂长儿子在加拿大，搞热塑管，改行了。费老牵的几个事情，我们都做了。费老对家乡是很热心的，为家乡出智，家乡有什么事他都积极办，但是有些事情情况有变化也是没有办法的。

兔毛现在又兴起来了，我们吴江本来兔毛每年收购多少斤，最高的时候可以带给农民每年的收入六七万，不得了。我们的兔毛大部分都出口到日本，后来从兔毛开始，我们吴江有很有名的几条龙：一条龙是兔毛，从日本买来了毛纺机，当时我当县长。我们是1983年引进了两台，1984年还引进了两台，一共四台机器。开始效益很好，养兔子、养羊，毛纺、毛织一条龙，这一条龙一直到90年代都蛮大的。中间还有一个兔毛加工厂，后来不行了，兔毛要加工的，好的归好的，差的归差的，并起来打包。兔毛很难保管，要一定的温度和湿度，还有抽湿机，我都去看过。后来市场起变化了，一下子就不行了。最近兔毛纺又好了，我孙女刚穿了一件，我说你这件衣服兔毛不错。一会儿好，一会儿差，现在又好了。兔毛有一个缺点，容易掉，饱和力差，但是很好看，很柔软。过去我们到日本去，我去看过，有不少妇女都喜欢穿这个。第二条龙，就是丝绸一条龙，这是一条老龙。还有一条龙是蔺草，日本编榻榻米的，从生产蔺草，到织，一条龙，现在吴江基本上没有了。蔬菜加工一条龙。皮革加工一条龙。现在这几条龙都不行了，蔺草没有了，皮革也没有了，蔬菜不成气候，丝绸很多都被化纤代替了。现在比较大的几条龙，第一，电缆光纤；第二，化纺化纤；第三，电子产品，计算机、手机，这些玩意，大得不得了；第四，机械制造，机电设备；现在这几个大产业比过去大了，都替代了原来的。所以世界上的事情没有变化是不可能的，想一劳永逸，费老以前总结"两条丝"，一个是化纤丝，一个是真丝，后来总结了一条铜丝，现在铜丝也不行了，玻璃丝（光缆）。费老讲真丝是费达生手里的，后来到费老来是化纤丝了，再到铜丝，铜丝不行了，现在是玻璃丝，将来要搞什么也不清楚了，呵呵。所以情况都要变，不变是不可能的。

开弦弓农民的收入，经济发展，我倒不担心，总是要发展的，就是要几个建设同时要抓上去，经济建设、文明建设、生态建设、文化建设，都要上去才行。现在很难说开弦弓的文明建设在提高啊，将来这几个建设都要发展。收入水平应该不低于平均水平。吴江，开弦弓村应该说是区委区政府的重点，应该是放在位置上的，但是要拿多少钱出来支持它也很难的，比如几任书记一到，都要到开弦弓去的看的。最近，美丽乡村，把开弦弓放进去了，尽管它的经济比较薄弱但还是放进去了，另外有个费老纪念馆在那儿，所以它在我们区委区政府还是比较受重视的。

附录 3

《吴江县庙港公社开弦弓村接待外宾情况汇报》(1981 年)

应中国科协邀请，经国务院万里副总理同意，美国科学促进协会常务理事南茜·冈萨勒斯教授，在去年 9 月 20 日至 24 日来我公社开弦弓村（即现在的荷花湾大队 6 个生产队和开弦弓大队），进行了为期四天的考察访问。现在我把这次接待外宾的情况，汇报一下。

首先汇报一下，外宾为什么要到开弦弓村来？

在我们公社开弦弓村地处太湖之滨，交通不便，比较偏僻。解放以来前后共接待了两次外国学者，一次是 1956 年，新西兰奥克兰大学校长、澳大利亚人盖尼斯，另一次就是去年美国的南茜·冈萨勒斯。这两人都是人类社会学家。

外国社会学家来开弦弓，我们认为，主要是因为费孝通教授在开弦弓村作过比较全面的社会调查，写成《江村经济》一书，名闻中外，早在二十年代初，费孝通教授的姐姐费达生先生就受她的老师郑辟疆指派，在开弦弓村办蚕丝推广部，1935 年办生丝精制合作社。毕业于燕京大学社会学系的费孝通，在出国留学前，决定在国内做一两项社会调查。1936 年夏，他回家养伤，来到了姐姐工作的开弦弓村。利用一个月的休养时间，对该村进行了比较全面的社会调查。在去伦敦留学的旅途中整理了中国太湖地区农民生活的调查初稿。后来，在他的导师，现代应用人类学奠基人之一的马林诺夫斯基教授指点下，写成了《中国的农民生活》即《江村经济》的博士论文，获得了英国伦敦大学哲学博士学位。《江村经济》1939年在英国由罗脱兰奇出版社出版，被认为是国际社会学的一个里程碑，成为这门科学的名著之一。

二十年后（即1956年），澳大利亚学者盖尼斯沿着费孝通教授的足迹，首先来到开弦弓村考察，写了《共产党领导下的中国农民生活》一书。1957年费孝通教授也再次访问开弦弓村，写出了《重访江村》的论文。去年6月，费教授又接到英国皇家人类学会关于授予赫胥黎奖章——人类学最高荣誉的通知。开弦弓村成了研究国际现代社会学的一个典型地区，被各国社会学、人类学家所注目。冈萨勒斯教授就是在这样的背景下来开弦弓村进行调查考察的。

南茜·冈萨勒斯来华访问的另一个主要原因，是由于党的三中全会以后，我国农村发生了巨大的变化，引起了国际上注意。作为美国农业发展委员会亚洲主席的南茜·冈萨勒斯就更为关心。因此，她来华之后先后访问了北京、辽宁、安徽、广州、上海、江苏等地的农村人民公社，包括安徽的凤阳，和我们公社的开弦弓村。对我国农业改革的发展和演变，对推行责任制的情况和收效，以及农村人口变化和生产技术的普及等等，都十分感兴趣。由于其他地方都是吃住在宾馆，到农村调查时早出晚归，而在我们这里是，完全吃住在大队，甚至还在社员家里吃了三顿饭，这就给我们的接待工作增加了很大的难度。

二、我们是怎样做好这次外宾接待工作的。

这次接待外宾的工作前后时间较长，从八月十五日起到九月二十四日止，共四十天时间。8月15日开始，省、地、县有关部门领导十分重视，先后来我社队接待准备工作进行指导。公社组成了接待班子，在介绍材料、治安保卫、卫生后勤等方面确定了专人负责，着手开展工作。

在整个接待工作中，我们主要做了以下几件事：

（一）作好介绍材料的准备。开始由于是项新工作，心里没有底，我们根据万副总理关于要实事求是的指标，又考虑到外事工作的特殊性，整理了开弦弓村情况简介初稿，我们还曾参照费孝通三访江村的提纲,设计了十多套表格,组织两个大队的大、小会计集中搞了好几天,把基本数字凑齐核准。另一方面,我们前后共开了9次各种对象的座谈会。参加者有过去接待过费教授、盖尼斯的老干部、老社员;有在职的大小队干部,有解放前后变化较大的社员家庭代表;有三中全会后人均收入较高的社员个人,共计约70多人。还作为典型调查了三个生产队和14户社员家庭经济收支情况,并绘制了反映开弦弓村面貌的图表21幅。到9月初,经过多次修改,才基本完成了介绍材料的准备工作。在此同时,又帮助两个大队准备了有关问答资料。

(二)广泛深入地开展宣传教育工作。在开弦弓两个大队,我们前后共开了大、小队干部会、社员会20多次,重点围绕十六个字进行教育,即:实事求是,内外有别,以礼相待,讲究国格。使每个人基本明白本村本家自解放以来,特别是三中全会以来的变化。明白搞好这次接待是一件光荣严肃的政治任务,明白对外宾要热情大方,讲文明、讲礼貌、讲卫生,回答问题要实事求是,要表现出社会主义新农民的精神面貌。

(三)发动群众大搞环境卫生。开弦弓村社员住房十分紧张,且布局凌乱,屋内多数人家东西杂乱无章,还有不少陈旧的标语、相片;室外,到处是草堆、泥炭堆还有尿粪坑,8、9月份苍蝇还很多。为了干干净净迎外宾,在9月上、中旬,两个大队连续突击搞了三次卫生活动,以生产队为单位,集中人力清场、清坑搬迁、清灰潭垃圾、清标语,以每个家庭为单位,清杂物、掸灰尘、墙壁、扫角角落落。在外宾来的四天中,每队还确定一名卫生员负责场地清洁和家庭卫生检查监督。同时,在县防疫站同志的帮助下,全面开展了药物灭蝇、灭蛆工作,使全村卫生面貌大有改观。

(四)做好外宾的住宿准备和服务工作。为了使外宾有个好的工作休息环境,我们选择了荷花湾大队部,在县委、县政府的支持下,房内外作了整修,还打了一口水井,安装了自来水、卫生间、洗澡间,布置了卧室。

(五)加强安全保卫工作。外宾来访前,我们就由公社负责公安的两名同志和大队治保主任组成安全保卫小组，及时处理了一些可疑的环节；外宾来访后，坚持日夜值班，保证安全无事。

（六）安排好外宾的访问活动。南茜·冈萨勒斯教授在开弦弓村4天时间，共进行了34次调查活动，其中包括访问社员家庭5户，参观工副业10处，召开座谈会3次，参加社员大会1次，还调查访问了学校、合作医疗站、商店等单位，并在三户社员家里吃了午餐。通过这些活动，直接接触社员群众约300余人，涉及开弦弓村的经济发展，责任制的推行，人口的变迁，以及风土民情等等。外宾活动有时是按我们的计划进行，有些是外宾临时动议。由于我们预先作了较为充分准备，在该村范围内，任其自便，她走到那里看到哪里，问到哪里，使她对调查对象、提问要求、接待礼节都感到满意。她在临走前，曾高兴地说，多年来访问的许多国家和地区中，开弦弓人好客、自由、直言，印象很深。

尽管我们接待外宾是第一次，没有经验，但由于上级领导和外事部门同志的指导，这次接待工作还比较顺利，总的来看，效果是好的。通过这次接待，也使我们学到了不少东西，懂得了一些外事知识，对今后的工作会有启示。

庙港公社管理委员会
一九八二年二月十日

后记

本书是在我的博士论文的基础上改成的，这篇论文能够得以实现并完成，我要感谢所有鼓励我的选题，帮助我的田野工作，以及在写作中给予我指导和支持的人。

首先，我要感谢我的导师赵旭东教授，我的本科论文、硕士论文以及博士论文都是在赵老师的指导下完成的，可以说，是他启发了我对社会学、人类学的兴趣，并在这条学术道路上悉心地指引着我踏下的每一步脚印。我的硕士论文是对家乡陕西一个村落面食文化的考察，到了博士论文的选题时，赵老师就有意希望我能够跳出自己所熟悉的文化环境，在我国的江南或者西南地区选择田野地点，他认为如此一方面能够加强自身的调查技能，另一方面也可以激发我对文化差异的敏感性，更好地进行人类学的研究。恰逢此时费孝通先生的女儿费宗惠、女婿张荣华希望能够有学者重访江村，延续费孝通对江村的追踪研究并进行较为细致的考察，赵老师作为费先生的弟子义不容辞地接下了这个任务，而我也就有幸能够以江村作为自己博士论文的田野点。

对前人学者研究过的学术名村进行重访或再研究是人类学的一种重要研究范式，但对于后续研究者而言，这样的研究往往更加艰难并具有挑战性，我从最初定选题、进行田野调查期间到最后的论文写作过程一直都倍感艰辛和压力，我想，如果没有赵老师的信任和教导，我是难以完成这篇论文的。令我特别感动的是，我在江村进行田野工作时，赵老师借来吴江开会之便，与我在吴江见面详谈田野收获，并前往江村，实地指导我的田野工作。在论文写作期间，赵老师阶段性地要求我在公正读书小组上汇报研究进展和写作情况，并不断启发我在理论上的阅读和思考，帮助我推进论文的广度和深度。

  在这里，我要特别感谢费孝通先生的女儿费宗惠、女婿张荣华老师对此次研究的帮助和支持，是他们给了我访问江村的机会，并为我提供了最好条件的照顾。还记得 2013 年 10 月我第一次去江村的时候，费宗惠老师亲自到苏州北站接我，令我感动至极。在江村的田野期间，费老师和张老师不仅引荐我拜访了吴江老县长于孟达、江村原村主任王建明、村书记周培全、村干部姚富坤等重要信息提供人，同时还有意安排我住在了费老重访江村时所居住过的老房东家，并带我熟悉他们在江村的"老朋友"。这样的帮助使我能够更加快速、顺利地在村中展开调查。我对他们的感激之情难以言表。今年年初费老师因病驾鹤西去，谨以本书告慰她的在天之灵。

  感谢所有在我的江村田野期间给我提供过帮助的人，房东周小芳阿姨和蒋金娥奶奶在生活上给予了我体贴入微的照顾，感谢那些愿意接受我的询问和访谈的江村村民，以及江村村干部们对我调查工作的支持。此外，我还要感谢于吴江老县长对我的关心，感谢朱云云老师、姚富坤叔叔、吴江档案局于振华主任给我提供的丰富的地方材料。

  感谢庄孔韶教授、景军教授、王延中教授、包智明教授、王建民教授、潘蛟教授和思沁夫教授对本书的指导，他们提出的修改意见都令我受益匪浅。

  此外，在学苑出版社的大力支持下，本书才能得以付梓出版，感谢孟白社长与陈佳编辑对我的认可与信任，以及他们在出版过程中所做的大量细致工作。

  最后，衷心感谢我的家人，外祖父王振昌、外祖母王丽曼将我养育成人，他们给予了我无尽的爱与信念，感谢爱人余越洋对我的关心和支持。

王莎莎

2017 年 2 月 12 日

图书在版编目（CIP）数据

江村八十年：费孝通与一个江南村落的民族志追溯／王莎莎著．—北京：学苑出版社，2017.4（2017.11重印）

ISBN 978-7-5077-5195-6

Ⅰ.①江⋯ Ⅱ.①王⋯ Ⅲ.①农村—社会调查—吴江 Ⅳ.①D668

中国版本图书馆CIP数据核字（2017）第057006号

出 版 人：	孟　白
责任编辑：	陈　佳
美术编辑：	齐立娟
装帧设计：	逸品书装
出版发行：	学苑出版社
社　　址：	北京市丰台区南方庄2号院1号楼
邮政编码：	100079
网　　址：	www.book001.com
电子信箱：	xueyuanpress@163.com
联系电话：	010-67601101（营销部）、010-67603091（总编室）
经　　销：	新华书店
印 刷 厂：	北京建宏印刷有限公司
开本尺寸：	710×1000mm　　1/16
印　　张：	20　　彩插4
字　　数：	287千字
版　　次：	2017年5月北京第1版
印　　次：	2017年11月北京第2次印刷
定　　价：	50.00元